2274
+K.

ESPRIT
ET
GENIE
DE M. L'ABBÉ REYNAL,

Tiré de ses Ouvrages.

L'Image auguste de la vérité m'a toujours été présente. O vérité sainte! C'est toi seule que j'ai respectée. Si mon Ouvrage trouve encore quelques Lecteurs dans les siècles à venir, je veux qu'en voyant combien j'ai été dégagé des passions & des préjugés, ils ignorent la contrée où j'ai pris naissance ; sous quel Gouvernement je vivois, quelles fonctions j'exerçois dans mon pays, quel culte je professois : je veux qu'ils me trouvent tous leur concitoyen, leur ami.

A GENÈVE.

Chez JEAN-LÉONARD, Imprimeur de la Ville & de l'Académie.

M. DCC. LXXXII.

TABLE.

DE l'homme & de ses facultés...	Page 1
Des femmes.	14
De l'amour.	21
Des vices.	24
De la gloire.	25
De l'honneur.	27
De la liberté de l'homme.	29
De la civilisation.	35
De l'hospitalité.	36
De la sociabilité.	38
Des sociétés politiques.	41
Du Peuple.	48
Des propriétés.	50
Des Nations.	53
De l'esprit national.	54
Des antipaties nationales.	56
Des Gouvernemens.	57
Des Rois & des Souverains.	63
Du despotisme & de la tyrannie.	75
De l'oppression.	89
De la politique.	90
De l'administration des Etats.	93
De l'administration de la justice.	104
Des Capitales.	109
Des titres & des distinctions.	111
De la guerre & de l'art militaire.	112
Des grandes armées.	115
De la marine.	117
De l'or & des richesses.	118

TABLE.

Des corvées. 119
Des impôts. 121
Des richesses & du crédit. 128
De l'économie domestique. 129
Du luxe. 130
Du droit d'aubaine. 131
De la population. 132
Des émigrations. 136
Du patriotisme. 139
Des hôpitaux. 141
Des religions. 144
De Rome & des Papes. 159
Du jeûne & de l'abstinence. 166
Des Moines. 169
Des Théologiens. 173
Des Jésuites. 174
Des Missionnaires. 176
Du célibat. 178
Du fanatisme & de la superstition. . . 179
Du tolérantisme. 184
Des arts & des sciences. 192
De l'agriculture & du cultivateur. . . 207
De la Philosophie & des Philosophes. . 214
De la liberté de la Presse, & d'écrire. . 222
Des langues. 228
Du commerce. 230
De la découverte du Nouveau-Monde. . 244
Des colonies. 251
Des Nègres & de l'esclavage. 268
Des Juifs. 278
De l'Empire des Grecs. 279
Des Romains. 281
De l'Europe. 282
De l'Allemagne. 284

De la Pologne.	285
De la Suède.	287
De la France & des François.	288
De l'Angleterre & des Anglois.	296
De la Hollande & des Hollandois.	304
Des Espagnols.	307
De Mahomet & des Turcs.	312
Des Puissances Barbaresques.	314
De l'Indostan.	316
Des Chinois & des Japonois.	318
Des Indiens & des sauvages de l'Amérique.	320
Des Flibustiers.	327
Des Insulaires.	328
Tableaux.	330
Descriptions.	340
Mœurs, usages & coutumes.	345
Portraits & caractères.	364
Anecdotes.	372
Pensées, maximes & réflexions.	390

Fin de la Table.

ESPRIT

ESPRIT
ET
GÉNIE.

De l'homme et de ses Facultés.

LES quadrupèdes sociables relégués dans des climats inhabités & contraires à leur multiplication, se sont trouvés par-tout isolés, incapables de se réunir en communauté & d'étendre leurs connoissances ; & l'Homme qui les a réduits à cet état précaire s'applaudit de la dégradation où il les a plongés, pour se croire d'une nature supérieure, & s'attribuer une intelligence qui forme une barrière éternelle entre son espèce & toutes les autres.

L'homme...... ne doit-il pas principalement à cet avantage de son organisation la supériorité de son espèce sur toutes les autres ? Ce n'est point parce qu'il lève les yeux au ciel, comme tous les oiseaux, qu'il est le roi des animaux ; c'est parce qu'il est armé d'une main souple, flexible, industrieuse, terrible & secourable. Sa main est son sceptre.

A.

Quoi ! il n'y a donc que le mal qu'on dit de l'Homme qui soit vrai ? il n'y a que sa misere & sa méchanceté qui ne puissent être contestées ? Cet être, né pour la vertu, dont il s'efforceroit inutilement d'étouffer le germe qu'il en a reçu, qu'il ne blesse jamais sans remords, & qu'il est forcé de respecter lors même qu'elle l'afflige ou l'humilie, est donc méchant par-tout. Cet être qui soupire sans cesse après le bonheur, la base de ses vrais devoirs & de sa félicité, est donc malheureux par-tout. Par-tout il gémit sous des maîtres impitoyables ; par-tout il tourmente ses égaux en & il est tourmenté; par-tout l'éducation le corrompt, & le préjugé l'empoisonne en naissant ; par-tout il est livré à l'ambition, à l'amour de la gloire, à la passion de l'or, bourreaux qui se relaient pour nous déchirer, nous, tristes victimes, qu'elles n'abandonnent qu'au bord du tombeau. Quoi! le crime s'est emparé de toute la terre ?

Par-tout où les Hommes ne peuvent élever une fortune stable, ni la transmettre à leurs descendans, ils se hâtent de rassembler toutes leurs jouissances dans le seul moment où ils en sont sûrs. Ils épuisent au milieu des parfums & des femmes, & tous les plaisirs & tout leur être.

Il y eut, & dans tous les tems il y aura des Hommes entreprenans. L'Homme porte en lui même une énergie naturelle qui le tourmente, & que le goût, le caprice & l'ennui tournent vers les tentatives les plus singulieres ; il est curieux, il desire de s'instruire, de voir. La soif des connoissances est moins générale, mais elle est plus impérieuse que celle de l'or. On va recueillir au loin de quoi dire & de quoi faire parler de soi dans son pays. Ce que le desir de la gloire produit dans l'un, l'impatience de la misere le fait dans un autre; on imagine la fortune plus facile dans les contrées éloignées que proche de soi. On marche beaucoup, pour trouver sans fatigue ce qu'on n'obtiendroit que d'un travail assidu. On voyage par paresse. On cherche des ignorans & des dupes. Il est des êtres malheureux qui se promettent de tromper le destin en fuyant devant lui. Il y en a d'intrépides qui courent après les dangers. Quelques-uns sans courage & sans vertus ne peuvent supporter une pauvreté qui les rabaisse dans la société au-dessous de leur condition ou de leur naissance. Les ruines amenées subitement, ou par le jeu ou par la dissipation, ou par des entreprises mal calculées, en reduisent d'autres à une indigence à laquelle ils sont étrangers & qu'ils vont cacher au pole ou sous la ligne. A ces causes ajoutez toutes celles des émigrations constantes, les vexations des mauvais gouvernemens, l'intolérance religieuse, & la fréquence des peines infamantes qui pousse le coupable d'une région où il seroit obligé de marcher la tête baissée, dans une région où il puisse effrontément se donner pour un homme de bien & regarder ses semblables en face.

On a mal vu l'Homme, quand on a imaginé que pour le rendre heureux, il falloit, l'accoutumer aux privations. Il est vrai que l'habitude de nos privations diminue la somme de nos malheurs : mais en retranchant encore plus sur nos plaisirs que sur nos peines, elle conduit l'Homme à l'insensibilité plutôt qu'au bonheur. S'il a reçu de la nature un cœur qui demande à sentir, si son imagination le promène sans cesse malgré lui sur des projets ou des fantômes de félicité qui le flattent, laissez à son ame inquiete un vaste champ de jouissance à parcourir. Que notre intelligence nous apprenne à voir dans les biens dont nous jouissons, des motifs de ne pas regretter ceux aux quels nous ne pouvons atteindre : c'est-là le fruit de la sagesse. Mais exiger que la raison nous persuade de rejetter ce que nous pourrions ajouter à ce que nous possédons, c'est contredire la nature, c'est anéantir peut-être les premiers principes de la sociabilité; c'est transformer l'univers en un vaste monastère, & les Hommes en autant d'oiseux & tristes anachorètes. Supposons ce projet rempli, & jettant un coup-d'œil sur le globe, demandons-nous à nous-mêmes, si nous l'aimerions mieux tel que nous le verrions que tel qu'il étoit.

Comment réduire l'Homme à se contenter de ce peu que les moralistes prescrivent à ses besoins ? Comment fixer les limites du nécessaire qui varient avec sa situation, ses connoissances & ses desirs ? A peine eut-il simplifié, par son industrie, les moyens de se procurer la subsistance, qu'il employoit le temps qu'il venoit de gagner, à étendre les bornes de ses facultés & le domaine de ses jouissances. De-là naquirent tous les besoins factices. La découverte d'un nouveau genre de sensations excita le desir de les conserver, & la curiosité d'en imaginer d'une autre espèce. La perfection d'un art introduisit la connnoissance de plusieurs. Le succès d'une guerre occasionnée par la faim ou par la vengeance, donna la tentation des conquêtes. Les hasards de la navigation jetterent les Hommes dans la nécessité de se détruire ou de se lier. Il en fut des traités de commerce entre les nations séparées par la mer, comme des pactes de société entre les Hommes semés & rapprochés par la nature sur une même terre. Tous ces rapports commencerent par des combats, & finirent par des associations. La guerre & la navigation ont mêlé les sociétés & les peuplades. Dès-lors les Hommes se sont trouvés liés par la dépendance ou la communication. L'alliage des nations confondues ensembles dans l'incendie des guerres, s'épura & se polit par le commerce. Dans sa destination, le commerce veut que toutes les nations se regardent comme une société unique, dont tous les membres ont également droit de participer aux biens de tous les autres. Dans son objet & ses moyens, le commerce suppose le desir & la liberté concertée entre tous les peuples, de faire tous les échanges qui peuvent convenir à leur satisfaction mutuelle. Desir de jouir, Liberté de jouir, il n'y a que ces deux principes de sociabilité, parmi les Hommes.

Ce sont presque toujours des mots qui conduisent les Hommes, & qui dirigent leurs démarches & leurs opinions.

L'Homme épouvanté voit dans un seul mal le germe de mille autres. Il en attend de la terre & des cieux; il croit voir la mort sur sa tête & sous ses pieds. Des événemens que le hasard a rapprochés lui paroissent liés dans la nature même & dans l'ordre des choses. Comme il n'arrive jamais rien sur la terre, sans qu'elle se trouve sous l'aspect de quelque constellation, on s'en prend aux étoiles de tous les malheurs dont on ignore la cause; & de simples rapports de situation & de planètes, ont pour l'esprit humain, qui a toujours cherché dans les ténèbres l'origine du mal, une influence immédiate & nécessaire sur toutes les révolutions qui les suivent ou les accompagnent.

Mais les événemens politiques, comme les plus intéressans pour l'Homme, ont toujours eu à ses yeux une dépendance très-prochaine du mouvement des astres. De-là les fausses prédictions & les terreurs qu'elles ont inspirées : terreurs qui ont toujours troublé la terre, & dont l'ignorance est tout-à la fois le principe & la mesure.

Ce n'est pas assez pour le bonheur de l'Homme d'avoir ce qu'il lui suffit ; il lui faut encore de quoi donner.

Comment le hasard a-t-il toujours plus de part dans les découvertes que l'esprit ? C'est que le hasard travaille sans cesse, tandis que l'esprit s'arrête par paresse, change d'objets par inconstance, se repose par lassitude ou par ennui, & est jetté dans l'inaction par une infinité de causes morales & physiques, domestiques ou nationales. C'est donc au hasard, ou à cette fourmilière d'Hommes innombrable qui s'agitent en tout sens & qui répandent leurs regards sur tous les objets qui les environnent ou les frappent, souvent sans dessein de s'instruire, sans projets de découvrir, & par la seule raison qu'ils ont des yeux : c'est à eux que l'on doit la plupart des découvertes. Chez la plupart des hommes, l'honneur est plutôt la crainte de la honte qu'amour de la gloire.

Il n'y a que l'Homme qui soit digne d'intéresser l'Homme.

Hommes, vous êtes tous freres. Jusques-à quand différerez-vous à vous reconnoître ? jusques-à quand ne verrez-vous pas que la nature, votre mere commune, présente également la nourriture à tous ses enfans ? pourquoi faut-il que vous vous entre-déchiriez, & que les mamelles de votre nourrice soient continuellement teintes de votre sang ? Ce qui vous revolteroit dans les animaux, vous le faites presque depuis que vous existez. Craindriez-vous de devenir trop nombreux ? Eh ! reposez-vous sur les maladies pestilentielles, sur l'inclémence des élémens, sur vos travaux, sur vos passions, sur vos vices, sur vos préjugés, sur la foiblesse de vos organes, sur la briéveté de votre durée, du soin de vous exterminer. La sagesse de l'être à qui vous devez l'existence, a prescrit à votre population & à celle de toutes les espèces vivantes, des limites qui ne seront jamais franchies. N'avez-vous pas dans vos besoins, sans cesse renaissans, assez d'ennemis conjurés contre vous, sans faire une ligue avec eux ? L'Homme se glorifie de son excellence sur tous les êtres de la nature ; & par une férocité qu'on ne remarque pas même dans la race des tigres, l'Homme est le plus terrible fléau de l'Homme : si son vœu secret étoit exaucé, bien-tôt il n'en resteroit qu'un seul sur toute la surface du globe.

L'Homme contemplatif est sédentaire, & le voyageur est ignorant ou menteur. Celui qui a reçu le génie en partage, dédaigne les détails minutieux de l'expérience ; & le faiseur d'expériences est presque toujours sans génie. Entre la multitude des agens que la nature emploie, nous n'en connoissons que quelques-uns, & encore ne les connoissons-nous qu'imparfaitement. Qui sait si les autres ne font pas de nature à échapper pour jamais à nos sens, à nos instrumens, à nos observations & à nos essais ? La nature des deux êtres qui composent le monde, l'Esprit & la Matiere, sera toujours un mistère.

Chez presque tous les Hommes les idées se dévéloppent en raison des choses.

Rien n'est plus insolent que l'Homme qui vit presque toujours avec ses intérieurs.

L'Homme ne souffre que parce qu'il ignore les moyens de faire cesser sa peine. S'il languit dans le mal-aise, c'est par imbécilité. L'imaginer dans cet état brut, comme on le voit dans l'état policé, s'agitant, observant sans cesse, & se portant à toutes sortes d'excés, ce seroit une erreur grossière. L'expérience prouve qu'il lui faut des siécles pour sortir de sa torpeur naturelle, & que son industrie une fois captive, sous une routine étroite & circonscrite par le petit nombre de ses besoins, ne s'éveillera jamais d'elle-même. Quel est donc le moyen d'abréger la durée de son oisiveté, de sa stupidité, de sa misere ? c'est de lui montrer des êtres actifs ; c'est de le mettre en communication suivie avec des peuples laborieux. Bien-tôt il ouvrira des yeux étonnés, il sentira qu'il a des bras aussi. Il aura peine à concevoir comment il ne s'est pas avisé plutôt d'en faire usage. Le spectacle des jouissances qu'on obtient du travail lui inspirera le desir de les partager, & il travaillera. L'invention est le propre du génie. L'imitation est le propre de l'Homme. c'est par l'imitation que toutes les choses rares sont devenues & deviendront communes.

Celui que vous avez avili à ses propres yeux

par la méfiance, n'ayant rien à perdre dans votre esprit, ne se fera aucun scrupule de se montrer dans l'occasion, fourbe, lâche, traître, imposteur tel qu'il est, ou même peut-être tel qu'il n'est pas, mais tel qu'il sait que vous l'avez jugé; tandis que celui auquel vous avez témoigné de l'estime, ne se dégradera pas s'il le méritoit ou se piquera d'honneur s'il ne le méritoit pas. Supposer aux Hommes des vertus ou des vices c'est souvent un moyen de leur en donner

Dans le seizieme siecle en Italie, & sous celui de Louis XIV en France, on vit le génie s'emparer à la fois de toutes les facultés de l'Homme; il respira dans le marbre & sur la toile; dans les édifices & les jardins publics comme dans l'éloquence & la poésie. Tout lui fut soumis, & les arts ingénieux qui dépendent de la main, & ceux qui sont uniquement du domaine de la pensée; tout sentit son empreinte. Les couleurs visibles de la nature vinrent animer les ouvrages de l'imagination & les passions humaines vivifierent les desseins du crayon. L'homme donna de l'esprit à la matiere & du corps à l'esprit. Mais qu'on l'observe bien, ce fut dans un moment où l'amour de la gloire échauffoit une nation grande & puissante par la situation & l'étendue de son empire; l'honneur qui l'elevoit à ses propres yeux, qui la caractérisoit alors aux yeux de toute l'Europe, l'honneur étoit son ame, son instinct, & lui tenoit lieu de cette liberté qui avoit créé tous les arts du génie dans les républiques d'Athênes & de Rome, qui les avoit fait revivre dans celle de Florence, qui les forçoit de germer sur les bords nébuleux & froids de la Tamise.

C'est dans la nature de l'Homme qu'il faut chercher son bonheur. Que lui faut-il pour être aussi heureux qu'il peut l'être ? la subsistance pour le présent & s'il pense à l'avenir, l'espoir & la certitude de ce premier bien. Or l'Homme sauvage, que les sociétés policées n'ont pas repoussé ou contenu dans les zones glaciales, manque-t-il de ce nécessaire absolu ? S'il ne fait pas des provisions, c'est que la Terre & la Mer sont des magazins & des reservoirs toujours ouverts à ses besoins. La pêche & la chasse sont de toute l'année, ou suppléent à la stérilité des saisons mortes. Le sauvage n'a pas des maisons bien fermées ni des foyers commodes; mais ses fourures lui servent de toit, de vêtement & de poële. Il ne travaille que pour sa propre utilité, dort quand il est fatigué, ne connoit ni les veilles, ni les insomnies. La guerre est pour lui volontaire ; le péril, comme le travail est une condition de sa nature, & non une profession de sa naissance ; un devoir de la nation, non une servitude de famille. Le sauvage est sérieux, & point triste : on voit rarement sur son front l'empreinte des passions & des maladies qui laissent des traces si hideuses ou si funestes. Il ne peut manquer de ce qu'il ne désire point, ni désirer ce qu'il ignore. Les commodités de la vie sont la plupart des remedes à des maux qu'il ne sent pas. Les plaisirs sont un soulagement des appétits, que rien n'excite dans ses sens. L'ennui n'entre guère dans son ame, qui n'éprouve ni privations, ni besoin de sentir ou d'agir, ni ce vuide créé par les préjugés de la vanité ; en un mot, le sauvage ne souffre que les maux de la nature.

Mais l'Homme civilisé, qu'a-t-il de plus heureux? sa nourriture est plus saine & plus délicate que celle de l'Homme sauvage; il a des vêtemens plus doux, un asyle mieux défendu contre l'injure des saisons. Mais le peuple, qui doit faire la base & l'objet de la police sociale; cette multitude d'Hommes qui dans tous les états, supporte les travaux pénibles & les charges de la société, le peuple vit-il heureux, soit dans ces empires où les suites de la guerre & l'imperfection de la police l'ont mis dans l'esclavage, soit dans ces gouvernemens où les progrès du luxe & de la politique l'ont conduit à la servitude? Les gouvernemens mitoyens laissent entrevoir quelques rayons de félicité dans une ombre de liberté; mais à quel prix est-elle achetée cette sécurité? par des efforts qui repoussent quelques instans la tyrannie pour la laisser tomber avec plus de fureur & de férocité sur une nation tôt ou tard opprimée. Voyez comment les Caligula, les Néron ont vengé l'expulsion des Tarquins, & la mort de Cesar.

Depuis trop long-temps on cherche à dégrader l'Homme. Ses détracteurs en ont fait un monstre. Dans leur humeur ils l'ont accablé d'outrages. La coupable satisfaction de le rabaisser a seule conduit leurs noirs crayons. Qui es-tu donc toi qui oses insulter ainsi ton semblable? quel sein te donna le jour! est-ce au fond de ton cœur que tu puisas tant de blasphèmes? Si ton orgueil eut été moins aveugle ou ton caractere moins féroce, barbare, tu n'aurois vu qu'un être toûjours foible, souvent séduit par l'erreur, quelquefois égaré par l'imagination, mais sorti des mains de la nature avec des penchans honnêtes.

L'homme naît avec un germe de vertu quoiqu'il ne naisse pas vertueux. Il ne parvient à cet état sublime qu'après avoir contracté l'habitude de le remplir. La science qui conduit à ce haut degré de perfection s'appelle Morale. C'est la regle des actions & si l'on peut s'exprimer ainsi l'art de la vertu. On doit des en couragemens, on doit des éloges à tous les travaux entrepris pour écarter les maux qui nous affligent, pour augmenter la masse de nos jouissances, pour embellir le songe de notre vie, pour élever, pour perfectionner, pour illustrer notre espèce. Bénis & bénis soient à jamais ceux dont les veilles ou le génie ont procuré au genre humain quelques-uns de ces avantages; mais la premiere couronne sera pour le sage dont les écrits touchants & lumineux auront eu un but plus noble, celui de nous rendre meilleurs.

Malgré la diversité de systêmes religieux & de cultes toutes les nations ont senti qu'il falloit être juste; toutes les nations ont honoré comme des vertus la bonté, la commisération, l'amitié, la fidélité la sincérité, la reconnoissance, l'amour de la patrie, la tendresse paternelle, le respect filial, tous les sentimens, enfin, qu'on peut regarder comme autant de liens propres à unir les Hommes. L'origine de cette unanimité de jugemens si constante & si générale, ne doit donc pas être cherchée au milieu d'opinions contradictoires & passageres.

Au tribunal de la philosophie & de la raison, la morale est une science dont l'objet est la conservation & le bonheur commun de l'espèce humaine. C'est à ce double but que ses regles doivent se rapporter; leur principe physique, constant & éternel est dans l'Homme même, dans la similitude d'organisation d'un Homme à un autre; similitude d'organisation qui entraine celle des mêmes besoins, des mêmes plaisirs, des mêmes peines, de la même force, de la même foiblesse, source de la nécessité de la société ou d'une lutte commune contre les dangers communs & naissans du sein de la nature même qui menace l'Homme de cent côtés différens. Voila l'origine des liens particuliers & des vertus domestiques ; voila l'origine des liens généraux & des vertus publiques ; voila la source de la notion d'une utilité personnelle & générale ; voila la source de tous les pactes individuels & de toutes les loix.

La plupart des Hommes ne sont pas nés méchans, ne veulent pas faire le mal : mais parmi ceux mêmes que la nature semble avoir formés justes & bons, il en est peu qui aient assez de désintéressement, de courage & de grandeur d'ame, pour faire le bien au dépens de quelques sacrifices.

L'effet des grandes passions & des grands dangers est souvent d'étonner l'ame, & de la jetter dans une sorte d'engourdissement qui la prive de l'usage de ses forces. Peu-à-peu elle revient à elle même, & se reconnoit ; toutes ses facultés suspendues un moment, se développent avec plus de vigueur ; elle tend tous ses ressorts, & sa force se met au niveau de sa situation.

DES FEMMES.

Dans toutes les religions les Femmes ont influé sur le culte, comme prêtresses ou comme victimes des Dieux. La constitution physique de leur sexe les expose à des infirmités singulières, dont les causes & les accidens ont quelque chose d'inexplicable & de merveilleux. Dès lors, c'est par elles, c'est en elles, que s'opèrent ces prodiges, que l'ascendant de leurs charmes ne tarde pas à faire adopter aux Hommes, doublement fascinés par l'amour & par l'ignorance. Les imposteurs ont toujours profité de ces dispositions, pour étayer leur puissance sur la foiblesse des Femmes pour le merveilleux, & sur la foiblesse des Hommes pour les Femmes. Les extases, les apparitions, les frayeurs, & les ravissemens, toutes les sortes de convulsions appartiennent à la sensibilité du genre nerveux. Comme c'est sur-tout après la puberté que les spasmes & les vapeurs se manifestent; le célibat est très-propre à les entretenir dans le sexe le plus susceptible de ces symptomes. Aussi la virginité fut-elle de tout temps convenable à la religion. La dévotion s'empare aisément d'un jeune cœur qui n'a point encore d'autre amour. Toutes les personnes nubiles en qui les visions se sont manifestées, ont prétendu ne connoître point d'Hommes; elles en ont été plus respectées par les deux sexes.

Comment celle qui a vendu publiquement son honneur à son souverain, balanceroit-elle de vendre l'honneur de son souverain à celui qui sauroit mettre un prix proportionné à sa perfidie ? Si une Femme étoit capable d'inspirer de grandes choses à son Roi, elle auroit assez d'élévation dans l'ame pour dédaigner de devenir sa courtisane ; & lors qu'elle se résoudra à accepter ce titre avilissant, lorsque peut-être elle sera assez lâche pour s'en tenir honorée, que peut en attendre la nation ? la corruption des mœurs de son amant ; la corruption des mœurs de ses favoris ; la déprédation du fisc ; l'élévation des hommes les plus ineptes & les plus infâmes aux places les plus importantes ; la honte d'un long règne. Souverains, un Homme de mœurs austères vous interdiroit toutes liaisons illicites : mais si vos pénibles fonctions sollicitent notre indulgence, du moins que votre vice soit couvert par de grandes vertus. Ayez une maîtresse s'il faut que vous en ayez : une mais qu'étrangère aux affaires publiques, son district soit restraint à la surintendance momentanée de vos amusemens.

Il est plus facile aux Hommes de prendre les goûts & les foibles des Femmes, que de les en guérir.

En général, dans le commencement des sociétés, les Femmes sont les premieres à se policer, leur foiblesse même, & leur vie sédentaire, plus occupée de détails variés & de petits soins, leur donnent plutôt ces lumieres & cette expérience, ces attachemens domestiques qui sont les liens les plus forts de la sociabilité. C'est peut-être pour cela qu'on voit chez plusieurs peuples sauvages, les Femmes chargées des premiers objets de l'administration civile, qui sont une suite de l'économie domestique. Tant que l'état n'est qu'une espèce de ménage, elles gouvernent l'un & l'autre. C'est alors sans doute que les peuples sont les plus heureux, surtout quand ils vivent sous un climat où la nature n'a presque rien laissé à faire aux Hommes.

Les Femmes sont dans l'oppression sur l'Orénoque, comme dans toutes les régions barbares. Tout entier à ses besoins, le sauvage ne s'occupe que de sa sûreté & de sa subsistance. Il n'est sollicité aux plaisirs de l'amour que par le vœu de la nature qui veille à la perpétuité de l'espèce. L'union des deux sexes, ordinairement fortuite, prendroit rarement quelque solidité, dans les forêts si la tendresse paternelle & maternelle n'attachoit les époux à la conservation du fruit de leur union. Mais avant qu'un premier enfant puisse se suffire à lui-même, il en naît d'autres aux quels on ne peut refuser les mêmes soins. Il arrive enfin le moment où cette raison sociale cesse d'exister ; mais alors la force d'une longue habitude, la consolation de se voir entouré d'une famille plus ou moins nombreuse, l'espoir d'être secouru dans ses derniers ans par sa postérité : tout ôte la pensée & la volonté de se séparer. Ce sont les hommes qui retirent les plus grands avantages de cette cohabitation. Chez les peuples qui n'accordent leur estime qu'à la force & au courage, la foiblesse est toujours tyrannisée pour prix de la protection qu'on lui accorde. Les Femmes y vivent dans l'opprobre. Les travaux, regardés comme abjects, sont leur partage ; des mains accoutumées à manier des armes ou la rame, se croiroient avilies par des occupations sédentaires, par celles même de l'agriculture.

Les Femmes sont moins malheureuses parmi les peuples pasteurs, à qui une existence plus assurée

assurée permet de s'occuper un peu davantage du soin de la rendre agréable. Dans l'aisance & le loisir dont ils jouissent, ils peuvent se faire une image de la beauté, apporter quelque choix dans l'objet de leurs désirs, & ajouter à l'idée du plaisir physique celle d'un sentiment plus noble.

Les rélations des deux sexes se perfectionnent encore aussi-tôt que les terres commencent à être cultivées. La propriété qui n'existoit pas chez les peuples sauvages, & qui étoit peu de chose chez les peuples pasteurs, commence à devenir importante chez les peuples Agricoles. L'inégalité qui ne tarde pas à s'introduire dans les fortunes, en doit occasionner dans la considération. Alors les nœuds du mariage ne se forment plus au hasard, & l'on veut qu'ils soient assortis : pour être accepté il faut plaire, & cette nécessité attire des regards aux Femmes, & leur donne quelque dignité.

Les Femmes reçoivent une nouvelle importance de la création des arts & du commerce ; alors les affaires se multiplient, les rapports se compliquent. Les Hommes, que des rélations plus étendues éloignent souvent de leur attelier ou de leurs foyers, se trouvent dans la nécessité d'associer à leurs talens la vigilance des Femmes. Comme l'habitude de la galanterie, du luxe, de la dissipation, ne les a pas encore dégoûtées des occupations obscures ou sérieuses, elles se livrent sans réserve & avec succès à des fonctions dont elle se trouvent honorées. La retraite qu'exige ce genre de vie, leur rend chère & familière la pratique de toutes les vertus domestiques ; l'autorité, le respect & l'attachement de tout ce qui les entoure, sont la récompense d'une conduite si estimable.

Vient enfin le temps où l'on est dégoûté du travail par l'accroissement des fortunes. Le soin principal est de prévénir l'ennui ; de multiplier les amusemens, d'étendre les jouissances ; à cette époque les Femmes sont recherchées avec empressement, & pour les qualités aimables qu'elles tiennent de la nature, & pour celles qu'elles ont reçues de l'éducation. Leurs liaisons s'étendent, la vie retirée ne leur convient plus. Il leur faut un rôle plus éclatant ; jettées sur le théatre du monde, elles deviennent l'ame de tous les plaisirs, & le mobile des affaires les plus importantes. Le bonheur souverain est de leur plaire, & la grande ambition d'en obtenir quelques préférences ; alors renaît entre les deux sexes la liberté de l'état de la nature, avec cette différence remarquable que, dans la Cité, souvent l'époux tient moins à sa Femme & la Femme à son époux, qu'au fond des fôtêts ; que les enfans confiés en naissant à des mercénaires ne sont plus un lien, & que l'inconstance qui n'auroit aucune suite fâcheuse chez la plupart des peuples sauvages, influe sur la tranquilité domestique, & sur le bonheur chez les nations policées, où elle est un des principaux symptômes d'une corruption générale & de l'extinction de toutes les affections honnêtes.

Dogeron, Gouverneur de l'île de la Tortue, s'imagina que les Femmes pouvoient seules cimenter le bonheur des Hommes & la prospérité de la colonie, par les doux plaisirs qui amènent la population. Cette idée étoit naturelle : mais quelles devoient être les Femmes dont on pouvoit se promettre des effets aussi doux ? Dès Femmes nées de parens honnêtes & bien élevées ; des Femmes sages & laborieuses ; des Femmes qui devinssent un jour dignes épouses & tendres mères. La disette absolue d'un sexe, dans le nouvel établissement, condamnoit l'autre au célibat. Dogeron songea à remédier à cette espèce d'indigence, qui est la plus cruelle à supporter, & qui précipite l'Homme dans la mélancolie & dans le dégoût d'une vie qui manque pour lui de l'attrait le plus puissant.

La Femme se détermine beaucoup plus difficilement que l'Homme ; mais lors qu'elle a pris son parti, elle est bien plus déterminée : elle ne rougit plus, lors qu'une fois elle a cessé de rougir. Que ne foulera-t'elle pas aux pieds lorsqu'elle aura triomphé de sa vertu ? Que pensera-t-elle de cette dignité, de cette décence, de cette délicatesse de sentimens, qui dans ses jours de candeur, étoient ses propos, composoient son maintien, ordonnoient de sa parure ? Ce ne seront plus que de l'enfantillage, de la pusillanimité, le petit manège d'une fausse innocente qui a des parens à contenter & un époux à séduire. Mais d'autres temps, d'autres mœurs ; quelle que soit sa perversité, ce ne sera point aux grands attentats qu'elle se portera : sa foiblesse ne lui laisse pas le courage de l'atrocité, mais l'habituelle hypocrisie de son rôle, si elle n'a pas tout-à-fait levé le masque, jettera une teinte de fausseté sur son caractère.

O temps heureux & grossiers de nos pères, où il n'y avoit que des femmes honnêtes ou malhonnêtes ; où toutes celles qui n'étoient pas honnêtes étoient malhonnêtes !

Mais enfin quelle est la source de ces passions

délicates, formées par l'esprit, le sentiment, la sympathie des caractères? La manière dont elles se terminent toujours marque bien que ces belles expressions ne sont employées que pour justifier la défaite. Également à l'usage des Femmes reservées & des Femmes dissolues, elles sont devenues presque ridicules.

Quel est le résultat de cette galanterie nationale? Un libertinage précoce qui ruine la santé des jeunes gens avant la maturité de l'âge, & fane la beauté des Femmes à la fleur de leurs années. Une race d'Hommes sans instruction, sans force & sans courage, incapables de servir la patrie; des Magistrats sans dignité & sans principes; la préférence de l'esprit au bon sens, de l'agrément au devoir, de la politesse au sentiment de l'humanité, de l'art de plaire aux talens, à la vertu; des Hommes personnels substitués à des Hommes officieux; des offres sans réalité; des connoissances sans nombre & point d'amis; des maîtresses & point d'épouses; des amans & plus d'époux; des séparations, des divorces, des enfans sans éducation; des fortunes dérangées; des mères jalouses & des Femmes vaporeuses; des maladies de nerfs, des vieillesses chagrines & des morts prématurées.

Les Femmes galantes échappent difficilement au péril du temps critique. Le dépit d'un abandon qui les menace achève de vicier le sang & les humeurs, dans un moment où le calme qui naît de la conscience d'une vie honnête seroit salutaire. Il est affreux de chercher inutilement en soi les consolations de la vertu, lorsque les maux de la nature viennent nous assaillir.

DE L'AMOUR.

Dans les pays où la Religion ne peut réprimer l'amour, il y a peut-être de la sagesse de le changer en culte. Quel sujet de reconnoissance envers l'Etre des êtres, que d'attendre & recevoir, comme un présent de sa main, le premier objet par qui l'on goûte une nouvelle vie, l'épouse ou l'époux qu'on doit chérir, les enfans, gages d'un bonheur qu'ils sentiront à leur tour ! Que de biens dont la religion pouroit faire des vertus, & les récompenses de la vertu ; mais qu'elle profane & dénature, quand elles les représente comme un sentier de crimes, de malheurs & de peines ! Ah que les Hommes se sont éloignés des fondemens de la morale, en s'écartant des premiers sentimens de la nature ! Ils ont cherché les liens de la société dans des liens périssables & funestes. Si l'Homme avoit besoin d'illusions pour vivre en paix avec l'Homme, que ne les prennoit-il dans les plus délicieux penchans de son cœur ? Quel moraliste, quel législateur sublime, saura trouver, dans les besoins qui tendent à la conservation, à la réproduction de l'espèce, les moyens les plus sûrs de multiplier les individus & de les rendre heureux ? Qu'il faut plaindre les ames froides, insensibles, malheureuses & dures, à qui ces sentimens, ces vœux d'un cœur honnête, paroîtroient un délire ou même un attentat.

Dans toutes les régions, le plaisir de l'amour

est le premier des plaisirs; mais le desir n'en est pas aussi ardent, dans une zone que dans une autre. Tandis que les peuples du septentrion usent si modérément de ce délicieux présent de la nature, ceux du midi s'y livrent avec une fureur qui brise tous les ressorts. La politique a quelquefois tourné ce penchant à l'avantage de la société: mais les législateurs de l'Inde paroissent n'avoir eu en vue que d'augmenter les funestes influences d'un climat brûlant. Les Mogols, derniers conquérans de ces contrées, ont été plus loin: l'amour n'est pour eux, qu'une débauche honteuse & destructive, consacrée par la religion, par les loix, par le gouvernement. La conduite militaire des peuples de l'Indostan, soit Gentils, soit Mahométans, est digne de pareilles mœurs.

L'amour, comme la mort, se plaît à confondre les conditions.

Est-ce dans les siécles où le luxe favorise l'incontinence, qu'on voit les Hommes aimer le plus les Femmes, & les Femmes porter le plus d'enfans? Dans quel pays l'amour fut-il une source d'héroïsme & de vertu? quand les Femmes y encourageoient leurs amans, par les refus de la pudeur, par la honte qu'elles attachoient aux foiblesses de leur sexe? C'est à Sparte, c'est à Rome, c'est en France même, dans les temps de la Chevalerie, que l'amour a fait entreprendre de grandes choses. C'est-là que se mêlant à l'esprit public, il aidoit ou suppléoit au patriotisme; comme il étoit plus difficile de plaire toujours à une Femme que d'en séduire plusieurs, le règne de l'amour moral prolongeoit le pouvoir de l'amour physique, en le réprimant, en le dirigeant, en le trompant même par des espérances, qui perpétuoient les desirs & conservoient les forces. Mais cet amour qui jouissoit peu, produisoit beaucoup. Aimer n'étoit pas un art, c'etoit une passion engendrée par l'innocence même ; elle se nourrissoit de sacrifices, au lieu de s'éteindre dans les voluptés.

DES VICES.

IL est bien rare que le corrupteur ne soit pas châtié lui-même par celui qu'il a corrompu. On en a fréquemment l'exemple dans les enfans envers les pères qui ont négligé leur éducation ; dans les Femmes envers leurs maris, lorsqu'ils ont de mauvaises mœurs ; dans les esclaves envers leurs maîtres ; dans les sujets envers les Souverains négligens ; dans les peuples assujettis envers les usurpateurs. Nous avons porté nous-mêmes le châtiment des vices que nous avons semés dans l'autre hémisphère. Nous l'avons porté chez nous & chez les peuples du Nouveau-Monde que nous avons subjugués : chez nous par la multitude des besoins factices que nous nous sommes faits : chez eux en cent manières diverses, entre lesquelles on peut compter l'usage des liqueurs fortes que nous leur avons appris à connoître, & qui souvent leur a inspiré une fureur artificielle qu'ils ont tourné contre nous. De quelque manière qu'on s'y prenne, soit par la superstition, soit par le patriotisme même, soit par les breuvages spiritueux, on n'ôte point à l'Homme sa raison sans de fâcheuses conséquences. Si vous l'enivrez, quelque soit son ivresse, ou elle cessera promptement, ou vous vous en trouverez mal.

L'ivrognerie, ou l'excès habituel des liqueurs fortes, est un vice grossier & brut, qui ôte la vigueur à l'esprit, & au corps une partie de ses forces. C'est une brèche faite à la loi naturelle qui défend à l'Homme d'aliéner sa raison, le seul avantage qui le distingue des autres animaux qui peuplent le Globe.

DE LA GLOIRE.

LA Gloire est un sentiment qui nous élève à nos propres yeux, & qui accroît notre considération aux yeux des Hommes éclairés. Son idée est indivisiblement liée avec celle d'une grande difficulté vaincue, d'une grande utilité subséquente au succès, & d'une égale augmentation de bonheur pour l'univers ou pour la patrie. Quelque génie que je reconnoisse dans l'invention d'une arme meurtrière, j'exciterois une juste indignation si je disois que tel Homme, ou tel nation eut la gloire de l'avoir inventée. La Gloire, du moins selon les idées que je m'en suis formées, n'est pas la récompense du plus grand succès dans les sciences. Inventez un nouveau calcul; composez un poëme sublime; ayez surpassé Ciceron ou Démosthène en éloquence, Thucydide ou Tacite dans l'histoire, je vous accorderai la célébrité, mais non la Gloire. On ne l'obtient pas davantage de l'excellence du talent dans les arts. Je suppose que vous ayez tiré d'un bloc de marbre, ou le Gladiateur, ou l'Appollon du belvedère; que la Transfiguration soit sortie de votre pinceau, ou que vos chants simples, expressifs & mélodieux vous aient placé sur la ligne de Pergolése; vous jouirez d'une grande réputation, mais non de la gloire. Je dis plus, égalez Vauban dans l'art de fortifier les places; Turenne ou Condé dans l'art de commander les armées; toutes ces actions seront belles sans doute, & votre nom passera à la postérité la plus reculée : mais c'est à d'autres qualités que la gloire est reservée. On n'a pas de la gloire pour avoir ajouté à celle de sa nation. On est l'honneur de son corps, sans être la gloire de son pays. Un particulier peut souvent aspirer à la réputation, à l'immortalité, à la renommée ; il n'y a que des circonstances rares, une heureuse étoile qui puissent le conduire à la gloire.

La gloire appartient à Dieu dans le ciel : sur la terre, c'est le lot de la vertu & non du génie ; de la vertu utile, grande, bienfaisante, éclatante, héroique. C'est le lot d'un Monarque qui s'est occupé pendant un règne orageux du bonheur de ses sujets, & qui s'en est occupé avec succès ; c'est le lot d'un sujet qui auroit sacrifié sa vie au bonheur de ses concitoyens ; c'est le lot d'un peuple qui aura mieux aimé mourir libre que de vivre esclave ; c'est le lot, non d'un César ou d'un Pompée, mais celui d'un Régulus ou d'un Caton ; c'est le lot d'un Henri IV.

DE L'HONNEUR.

L'HONNEUR a paru à quelques personnes une ressource plus efficace que toutes les autres. Notez, ont-elles dit, notez d'infamie le débiteur qui manque à ses engagemens ; déclarez-le incapable de jamais exercer aucune fonction publique, & ne craignez pas qu'il se joue de ce préjugé. Les Hommes les plus avides ne sacrifient une partie de leur vie à des travaux pénibles, que dans l'espoir de jouir de leur fortune. Or il n'est point de jouissance dans l'opprobre. Voyez avec quelle exactitude les dettes du jeu sont payées : ce n'est pas un excès de délicatesse, ce n'est pas l'amour de la justice qui ramène dans les vingt-quatre heures un joueur ruiné aux pieds d'un créancier quelquefois suspect ; c'est l'honneur, c'est la crainte d'être exclus de la société. Mais dans quel siècle, en quel temps invoque-t-on le nom sacré de l'Honneur ? N'est-ce pas au Gouvernement à donner l'exemple de la justice qu'il veut qu'on pratique ? Seroit-il possible que l'opinion publique tînt pour flétris des particuliers qui n'auroient fait que ce que l'Etat se permet ouvertement ? Lorsque l'opprobre s'introduit dans les grandes maisons, dans les premières places, dans les camps, & dans le sanctuaire, fait-on rougir encore ? Qui pourra craindre d'être déshonoré, si ceux qu'on appelle Gens d'honneur n'en connoissent plus d'autre que celui d'être riches pour être placés, ou placés pour s'enrichir ; si pour s'élever il faut ramper ; si pour servir l'Etat, il faut plaire aux Grands & aux Femmes, & si tous les dons de plaire supposent au moins de l'indifférence pour toutes les vertus.

DE LA LIBERTÉ DE L'HOMME.

IL fuffit qu'une nation puiffante & peu éclairée adopte une première erreur, pour que l'ignorance l'accrédite : bientôt cette erreur, devenue générale, va fervir de bafe à tout le fyftême moral & politique : bientôt les penchans les plus honnêtes vont fe trouver en contradiction avec les devoirs. Pour fuivre le nouvel ordre moral, il faudra fans ceffe faire violence à l'ordre phyfique. Ce combat perpétuel fera naître dans les mœurs les contradictions les plus étonnantes ; & la nation ne fera plus qu'un affemblage de malheureux, qui pafferont leur vie à fe tourmenter tour-à-tour, en fe plaignant de la nature. Voilà le tableau de tous les peuples de la terre, fi vous en exceptez peut-être quelques Républiques de fauvages. Des préjugés abfurdes ont dénaturé partout la raifon humaine, & étouffé jufqu'à cet inftinct qui révolte tous les animaux contre l'oppreffion & la tyrannie. Des peuples immenfes fe regardent de bonne-foi comme appartenans en propriété au petit nombre d'hommes qui les oppriment.

Tels font les funeftes progrès de la première erreur que l'impofture a jettée où nourrie dans l'efprit humain. Puiffent les vraies lumières faire rentrer dans leurs droits des êtres qui n'ont befoin que de les fentir pour les reprendre ! Sages de la terre, Philofophes de toutes les nations, c'eft à vous feuls à faire des loix, en les indiquant à vos citoyens. Ayez le courage d'éclairer vos frères, & soyez persuadés que si la vérité est plus lente à se répandre, à s'affermir que l'erreur, elle est aussi plus solide & plus durable. Les erreurs passent & la vérité reste. Les hommes intéressés par l'espoir du bonheur, dont vous pouvez leur montrer la route, vous écouteront avec empressement. Faites rougir ces milliers d'esclaves soudoyés, qui sont prêts à exterminer leurs concitoyens, aux ordres de leurs maitres. Soulevez dans leurs ames la nature & l'humanité contre ce renversement des loix sociales. Apprenez-leur que la liberté vient de Dieu, & l'autorité des hommes. Révélez tous les mystères qui tiennent l'Univers à la chaîne & dans les ténèbres; & s'appercevant combien on se joue de leur crédulité, les peuples éclairés tous à-la-fois, enfin la gloire de l'espèce humaine.

Les premières éteincelles de liberté qui aient éclairé l'Europe, furent l'ouvrage inattendu des Croisades; & la folie des conquêtes contribua, pour la première fois, au bonheur des hommes.

Quel est parmi nous l'effet du despotisme paternel? Le respect extérieur & une haine impuissante & secrète pour les pères. Quel a été & quel est chez toutes les nations l'effet du despotisme civil? La bassesse & l'extinction de toute vertu

La liberté est la propriété de soi. On distingue trois sortes de libertés : la liberté naturelle, la liberté civile & la liberté politique, c'est-à-dire, la liberté de l'Homme, celle d'un Citoyen & celle d'un Peuple. La liberté naturelle est le droit que la nature a donné à tout Homme de disposer de soi à sa volonté. La liberté civile, est le droit que la société doit garantir à chaque citoyen de pouvoir faire tout ce qui n'est pas contraire aux loix. La liberté politique est l'état d'un peuple qui n'a point aliéné sa souveraineté, & qui fait ses propres loix, ou est associé en partie à sa législation.

La première de ces libertés est, après la raison, le caractère distinctif de l'Homme. On entraîne & on assujettit la brute, parce qu'elle n'a aucune notion du juste & de l'injuste, nulle idée de grandeur & de bassesse. Mais en moi la liberté est le principe de mes vices & de mes vertus. Il n'y a que l'Homme libre qui puisse dire, *je veux* ou *je ne veux pas*, & qui puisse par conséquent être digne d'éloge ou de blâme.

Sans la liberté ou la propriété de son corps & la jouissance de son esprit, on n'est ni époux, ni père, ni parent, ni ami. On n'a ni patrie, ni concitoyen, ni Dieu. Dans la main d'un méchant, instrument de sa scélératesse, l'esclave est au-dessous du chien que l'Espagnol lâchoit contre l'Américain : car la conscience qui manque au chien, reste à l'Homme. Celui qui abdique lâchement sa liberté, se voue aux remords & à la plus grande misère qu'un être pensant & sensible puisse éprouver. S'il n'y a sous le ciel aucune puissance qui puisse changer mon organisation & m'abrutir, il n'y en a aucune qui puisse disposer de ma liberté. Dieu est mon père, & non pas mon maître. Je suis son enfant, & non son esclave. Comment accorderois-je donc au pouvoir de la politique ce que je refuse à la Toute-Puissance Divine ?

En Europe, comme en Amérique, les Peuples font esclaves. L'unique avantage que nous ayons sur les nègres, c'est de pouvoir rompre une chaîne pour en reprendre une autre.

Il n'est que trop vrai, la plupart des nations sont dans les fers. La multitude est généralement sacrifiée aux passions de quelques oppresseurs privilégiés. On ne connoît guère de région où un Homme puisse se flatter d'être le maître de sa personne, de disposer à son gré de son héritage, de jouir paisiblement des fruits de son industrie. Dans les contrées mêmes les moins asservies, le citoyen dépouillé du produit de son travail, par les besoins sans cesse renaissans d'un Gouvernement avide ou obéré, est continuellement gêné sur les moyens les plus légitimes d'arriver au bonheur. Par-tout des superstitions extravagantes, des coutumes barbares, des loix surannées étouffent la liberté. Elle renaîtra sans doute un jour de ses cendres. A mesure que la morale & la politique feront des progrès, l'Homme recouvrera ses droits.

Qu'est-ce donc qu'un homme? Qu'est-ce que ce sentiment originel & profond de dignité qu'on lui suppose? Est-il né pour l'indépendance ou pour l'esclavage? Qu'est-ce que cet imbécile troupeau, qu'on appelle une nation? Et lorsqu'en parcourant le Globe, le même phénomène & la même bassesse se montrent plus ou moins marqués de l'un à l'autre pôle, est-il possible que la commisération ne s'éteigne pas, & que dans le mépris qui lui succède, on ne soit tenté de s'écrier: Peuples lâches! Peuples stupides! puisque la continuité de l'oppression ne vous rend aucune énergie ; puisque vous vous en tenez à d'inutiles gémissemens, lorsque vous pourriez rugir ; puisque vous êtes par millions, & que vous souffrez qu'une douzaine d'enfans, armés de petits bâtons, vous mènent à leur gré. Obéissez, marchez sans nous importuner de vos plaintes ; & sachez du moins être malheureux, si vous ne savez pas être libres.

Je suis toujours étonné de la patience des opprimés ; je me demande pourquoi ils ne se rassemblent pas tous, & se transportant chez l'homme du ministère qui les gouverne, ils ne lui disent pas : " Nous sommes las d'une autorité qui
" nous vexe. Sortez de notre Contrée, & allez
" dire à celui que vous représentez ici, que nous
" ne sommes pas des rebelles, parce que c'est
" contre un bon Roi qu'on se révolte, & qu'il
" n'est qu'un tyran contre lequel nous avons le
" droit de nous soulever. Ajoutez que s'il est
" jaloux de posséder une contrée déserte, il sera
" bientôt satisfait : car nous sommes tous résolus à périr, plutôt que de vivre plus long-temps
" malheureux sous une administration injuste.

Dieu a imprimé au fond du cœur de l'homme cet amour sacré de la liberté ; il ne veut pas que la servitude avilisse & défigure son plus bel ouvrage. Si l'apothéose est due à l'homme, c'est à celui sans doute qui combat & meurt pour son pays. Mettez son image dans vos temples, & ce sera le culte de la patrie. Formez un calendrier politique & religieux, où le jour soit marqué par le nom de quelqu'un de ces Héros qui aura versé son sang pour vous rendre libres. Votre postérité les lira un jour avec un saint respect : elle dira, voilà ceux qui ont affranchi la moitié du monde, & qui, travaillant à notre bonheur, quand nous n'étions pas encore, ont empêché qu'à notre naissance nous n'entendissions des chaînes retentir sur notre berceau.

Le nom de liberté est si doux, que tous ceux qui combattent pour elle, sont sûrs d'intéresser nos vœux secrets. Leur cause est celle du genre-humain tout entier ; elle devient la nôtre. Nous nous vengeons de nos oppresseurs, en exhalant du moins en liberté notre haine contre les oppresseurs étrangers. Au bruit des chaînes qui se brisent, il nous semble que les nôtres vont devenir plus légères ; & nous croyons quelques momens respirer un air plus pur, en apprenant que l'Univers compte des tyrans de moins. D'ailleurs ces grandes révolutions de la liberté sont des leçons pour les despotes : elles les avertissent de ne pas compter sur une trop longue patience des peuples & sur une éternelle impunité. Ainsi, quand la société & les loix se vengent des crimes des particuliers, l'homme de bien espère que le châtiment des coupables peut prévenir de nouveaux crimes. La terreur quelquefois tient lieu de justice au brigand, & de conscience à l'assassin ; telle est la source de ce vif intérêt que font naître en nous toutes les guerres de liberté.

DE LA CIVILISATION.

Quand la nature a donné à un peuple une inflexibilité de courage, il peut être exterminé mais non foumis par la force. Il n'y a que l'humanité, l'attrait des richeſſes ou de la liberté, l'exemple des vertus & de la modération, une adminiſtration douce, qui puiſſe le civiliſer ; il faut le rendre ou le laiſſer à lui-même avant de former avec lui des liaiſons qu'il repouſſe. La voix de la conquête ſeroit peut-être la dernière qu'il faudroit tenter : elle ne feroit qu'exalter en lui l'horreur d'une domination étrangère, qu'effaroucher tous les ſentimens de la ſociabilité.

Tous les monumens atteſtent que la civiliſation des états a plus été l'ouvrage des circonſtances que de la ſageſſe des ſouverains.

DE L'HOSPITALITÉ.

L'HOSPITALITÉ est un des plus sûrs indices de l'instinct & de la destination de l'homme pour la sociabilité.

Née de la commisération naturelle, l'hospitalité fut générale dans les premiers temps. Ce fut presque l'unique lien des nations; ce fut le germe des amitiés les plus anciennes, les plus révérées, les plus durables entre des familles séparées par des régions immenses. Un homme persécuté, par ses concitoyens, ou coupable de quelque délit, alloit chercher au loin ou le repos ou l'impunité. Il se présentoit à la porte d'une Ville ou d'une Bourgade, & il disoit. " Je suis un tel, fils d'un tel; je viens pour telle ou telle raison, & il arrangeoit son histoire ou son mensonge de la manière la plus merveilleuse, la plus pathétique, la plus propre à lui donner de l'importance. On l'écoutoit avec avidité & il ajoutoit. " Recevez-
" moi; car si vous ou vos enfans, ou les enfans
" de vos enfans sont jamais conduits par le mal-
" heur en mon pays, ils me nommeront & les
" miens les recevront. " On s'emparoit de sa personne. Celui auquel il donnoit la préférence s'en tenoit honoré. Il s'établissoit dans les foyers de son hôte; il en étoit traité comme un des membres de la famille; il devenoit quelquefois l'époux, le ravisseur ou le séducteur de la fille de la maison.

Dans les siécles antérieurs à la civilisation, au commerce, à l'invention des signes représentatifs de la richesse, lorsque l'intérêt n'avoit point encore préparé d'asyle au voyageur, l'hospitalité y suppléa; l'accueil fait à l'étranger fut une dette sacrée que les descendans de l'homme accueilli acquitoient souvent après le laps de plusieurs siécles. De retour dans son pays, il se plaisoit à raconter les marques de bienveillance qu'il avoit reçues, & la mémoire s'en perpétuoit dans la famille.

Ces mœurs touchantes se sont affoiblies à mesure que la communication des peuples s'est facilitée. Des hommes industrieux, rapaces & vils ont formés de tous côtés des établissemens, où l'on descend, où l'on ordonne, où l'on dispose des commodités de la vie comme chez soi. Le maître de la maison où l'hôte n'est ni votre bienfaiteur, ni votre frere, ni votre ami ; c'est votre domestique. L'or que vous lui présentez vous autorise à le traiter comme il vous plaît. C'est de votre argent & non de vos égards qu'il se soucie. Lorsque vous êtes sorti, il ne se souvient plus de vous, & vous ne vous souvenez de lui qu'autant que vous en avez été mécontent ou satisfait. La sainte hospitalité, éteinte par-tout où la police & les institutions sociales ont fait des progrès, ne se retrouve plus que chez les nations sauvages.

DE LA SOCIABILITÉ.

IL n'y a point d'être ni de qualité qui soient isolés dans la nature.

Jamais les hommes ne furent isolés, ils portent en eux un germe de sociabilité qui tend sans cesse à se développer ; ils auroient voulu se séparer qu'ils ne l'auroient pu ; ils l'auroient pu qu'ils ne l'auroient pas dû ; les vices de leur association se compensant par de plus grands avantages. La foiblesse & la longueur de l'enfance de l'homme, la nudité de son corps, la perfectibilité de son esprit, suite de la durée de sa vie, l'amour maternel qui croît avec les soins & les peines ; l'attachement réciproque né de cette habitude entre deux êtres qui se soulagent & se caressent ; la multiplication des signes communicatifs dans une organisation qui joint aux accens de la voix, communs à tant d'animaux, le langage des doigts & des gestes particuliers à l'espèce humaine ; les événemens naturels qui peuvent rapprocher de cent façons & réunir des individus errans & libres ; les accidens & les besoins imprévus qui les forcent à se rencontrer pour la chasse, la pêche ou même pour leur défense ; enfin l'exemple de tant d'espèces qui vivent en troupes, telles que les amphibies & les monstres marins, les insectes mêmes qu'on trouve en bande & en essaims, tous ces faits semblent prouver que l'homme tend de sa nature à la sociabilité. Si la nature pousse l'homme vers l'homme, c'est sans doute par une suite de cette attraction universelle qui tend à la réproduction & à la conservation. Tous les penchans que l'homme porte dans la société, tous les plis qu'il y prend devroient être subordonnés à cette première impulsion. Vivre & peupler étant la destination de toutes les espèces vivantes, il semble que la sociabilité, si c'est une des premières facultés de l'homme, devroit concourir à cette double fin de la nature, & que l'instinct qui le conduit à l'état social devroit diriger nécessairement toutes les loix morales & politiques au résultat d'une existence plus longue & plus heureuse pour la pluralité des hommes. Cependant à ne considérer que l'effet, on diroit que toutes les sociétés n'ont pour principe ou pour suprême loi que la sûreté de la puissance dominante. D'où vient ce contraste singulier entre les loix de la nature & celles de la politique ? C'est une question à laquelle il est difficile de répondre solidement sans se former des notions justes de la nature, de la succession des différens gouvernemens, & l'histoire ne nous est presque d'aucun secours sur ce grand objet.

Les obligations de l'homme isolé nous sont inconnues, je n'en vois ni l'origine ni le terme; puisqu'il vit seul, il a droit de ne vivre que pour lui seul. Nul être n'est en droit d'exiger de lui des secours qu'il n'implore pas; c'est tout le contraire pour celui qui vit dans l'état social; il n'est rien par lui-même; c'est ce qui l'entoure qui le soutient. Ses possessions, ses jouissances, ses forces & jusqu'à son existence, il doit tout au corps politique auquel il appartient.

Les maux de la société deviennent les maux du citoyen; il court risque d'être écrasé, quelque partie de l'édifice qui s'écroule. L'injustice qu'il commet le menace d'une injustice. S'il se livre au crime, d'autres pouront devenir criminels à son préjudice ; il doit donc tendre constamment au bien général, puisque c'est de cette prospérité que dépend la sienne.

Le devoir de l'homme social peut donc être défini l'obligation rigoureuse de faire ce qui convient à la société. Il renferme la pratique de toutes les vertus, puisqu'il n'en est aucune qui ne soit utile au corps politique : il exclut tous les vices puisqu'il n'en est aucun qui ne leur soit nuisible. Ce seroit raisonner pitoyablement que de se croire en droit de mépriser avec quelques pervers toutes les vertus, sous prétexte qu'elle ne sont que des institutions de convenance. Malheureux ! tu vivrois dans cette société qui ne peut subsister sans ces institutions ; tu jouirois des avantages qui en sont le fruit, & tu te croirois dispensé de les pratiquer, même de les estimer ! eh quel pouroit être leur objet, si elles étoient sans rélation avec les hommes ? eût-on accordé ce beau nom à des actes purement stériles ? c'est leur nécessité qui en fait l'essence & le mérite.

DES SOCIÉTÉS POLITIQUES.

LA chimère de l'égalité est la plus dangereuse de toutes dans une société policée. Prêcher ce système au peuple, ce n'est pas lui rappeller ses droits, c'est l'inviter au meurtre & au pillage; c'est déchaîner des animaux domestiques, & les changer en bêtes féroces. Il faut adoucir ou éclairer les maîtres qui les gouvernent, ou les loix qui les conduisent : mais il n'y a dans la nature qu'une égalité de droit, & jamais une égalité de fait. Les sauvages mêmes ne sont pas égaux, dès qu'ils sont rassemblés en hordes. Ils ne le sont que lorsqu'ils errent dans les bois; & alors même celui qui se laisse prendre sa chasse n'est pas l'égal de celui qui l'emporte; voilà la première origine de toutes les sociétés.

Les grands Hommes qui peuvent former & mûrir une nation naissante ne sauroient rajeunir une nation vieillie & tombée.

Il s'en présente un grand nombre de raisons, toutes également palpables. Le fondateur s'adresse à un homme neuf, qui sent son malheur, dont la leçon continue le dispose à la docilité; il n'a qu'à présenter le visage & le caractère de bienfaisance, pour se faire écouter, obéir & chérir; l'expérience journalière donne de la confiance en sa personne & de la force à ses conseils. On est bientôt forcé de reconnoître en lui une grande supériorité de lumières. Il prêche la vertu qui sera d'autant plus impérieuse que le disciple sera plus simple. Il ne lui est pas difficile de décrier le vice dont le vicieux est la première victime. Il n'attaque de vive force que les préjugés qu'il se promet de renverser. Il emploie la main du temps pour couper la racine des autres ; & l'ignorance qui ne sauroit démêler le but de ses projets, lui en assure le succès. Sa politique lui suggere cent moyens d'étonner, & il ne tarde pas à obtenir de la vénération. Alors il commande, & ses ordres seront appuyés, selon la circonstance, de l'autorité du ciel. Il est grand-prêtre & législateur pendant sa vie ; après sa mort, il a des autels, il est invoqué, il est Dieu. La condition du restaurateur d'une nation corrompue est bien différente. C'est un architecte qui se propose de bâtir sur une terre couverte de ruines. C'est un médecin qui tente la guérison d'un cadavre gangrené. C'est un sage qui prêche la réforme à des endurcis. Il n'a que de la haine & des persécutions à obtenir de la génération présente. Il ne verra pas la génération future. Il produira peu de fruits, avec beaucoup de peine pendant sa vie, & n'obtiendra que de stériles regrets après sa mort. Une nation ne se régénère que dans un bain de sang. C'est l'image du vieil Éson, à qui Médée ne rendit la jeunesse qu'en le dépéçant & en le faisant bouillir. Quand elle est déchue il n'appartient pas à un homme de la relever. Il semble que ce soit l'ouvrage d'une longue suite de révolutions : l'homme de génie passe trop vîte, & ne laisse point de postérité.

Un citoyen jouit de son opulence à l'abri des loix. La société de ses voisins peut s'accroître sans inconvénient pour la sienne. Il n'en est pas ainsi des nations. . . . . . & pourquoi n'en est-il pas ainsi des nations ? . . . . . C'est qu'il n'existe aucun tribunal devant lequel on puisse les citer. . . Pourquoi ont elles besoin de ce tribunal ? . . . . parce qu'elles sont injustes & pusillanimes. . . . . & que leur revient-il de leur injustice & de leur pusillanimité ? . . . . . Des guerres interminables, une misère qui ne cesse de se renouveller. . . . . . Et vous croyez que l'expérience ne les corrigera pas ? . . . . . J'en suis très-persuadé. . . . . Et pour quelle raison ? . . . . Parce qu'il ne faut qu'une tête folle pour déconcerter la sagesse de toutes les autres, & qu'il en restera toujours sur les trônes plus d'une à la fois.

Cependant on entendra de tous les côtés les nations, & sur-tout les nations commerçantes, crier la paix ! la paix ! & elles continueront à se conduire les unes envers les autres de manière à n'en jouir jamais. Toutes voudront être heureuses & chacune d'elles voudra l'être seule. Toutes détesteront également la tyrannie, & toutes l'exerceront sur leurs voisins. Toutes traiteront d'extravagance la Monarchie universelle, & la plupart agiront comme si elles y étoient parvenues, ou comme si elles en étoient menacées.

Une nation qui s'élève sur les ruines de toutes celles qui l'environnent est un colosse d'argile, qui étonne un moment & qui tombe en poussière.

Les nations policées doivent désirer la multiplication des hommes, parce que, gouvernées par des chefs ambitieux d'autant plus portés à la guerre qu'ils ne la font pas, elles sont réduites à la nécessité de combattre pour envahir ou pour repousser, parce qu'elles n'ont jamais assez de terrein & d'espace pour leur vie entreprenante & dispendieuse. Mais les peuples isolés, errans, gardés par les déserts qui les séparent, par les courses qui les dérobent aux irruptions, par la pauvreté qui les garantit de faire ou de souffrir des injustices, ces peuples sauvages n'ont pas besoin d'être multipliés. Pourvu qu'ils le soient assez pour résister aux animaux féroces, pour repousser un ennemi qui n'est jamais fort, pour se secourir mutuellement, tout est bien. Plus ils le seroient au-de-là, plus promptement ils auroient dévasté les lieux qu'ils habitent, plutôt ils seroient forcés de les quitter pour en aller chercher d'autres, le seul, du moins le plus grand inconvénient de leur vie précaire.

Il n'est pas vrai que les hommes occupés des pénibles arts de la société, vivent aussi long-temps que ceux qui jouissent du fruit de leurs sueurs. Le travail modéré fortifie, le travail excessif accable. Un paysan est un vieillard à 60 ans, tandis que les citoyens de nos Villes, qui vivent dans l'opulence, avec quelque sagesse, atteignent & passent souvent 80 ans. Les gens de lettres même, dont les occupations sont peu favorables à la santé, comptent dans leur classe un grand nombre d'octogénaires. Loin des livres modernes, ces cruels sophismes dont on berce les riches & les grands qui s'endorment sur les labeurs du pauvre, ferment leurs entrailles à ses gémissemens, & détournent leurs sensibilité de dessus leurs vassaux, pour la porter tout entière sur leurs chiens & sur leurs chevaux.

Tous les peuples policés ont été sauvages, & tous les peuples sauvages, abandonnés à leur impulsion naturelle, étoient destinés à devenir policés. La famille fut la première société, & le premier gouvernement fut le gouvernement patriarchal, fondé sur l'amour, l'obéissance & le respect. La famille s'étend & se divise ; des intérêts opposés suscitent la guerre entres des frères qui se méconnoissent ; un peuple fond les armes à la main sur un autre ; le vaincu devient esclave du vainqueur, qui se partage dans ses campagnes, ses femmes & ses enfans. La Contrée est gouvernée par un Chef, par ses Lieutenans & par ses soldats, qui représentent la partie libre de la nation, tandis que tout le reste est soumis aux atrocités, aux humiliations de la servitude. Dans cette Anarchie, mêlée de jalousie & de férocité, la paix est bientôt troublée : ces hommes inquiets marchent les uns contre les autres, ils s'exterminent ; avec le temps il ne reste qu'un Monarque ou un Despote. Sous le Monarque il est un ombre de justice ; la législation fait quelques pas ; des idées de propriété se développent, le nom d'esclave est changé en celui de sujet. Sous la suprême volonté du Despote ; ce n'est que terreur, bassesse, flatterie, stupidité, superstition. Cette situation intolérable cesse ou par l'assassinat du tyran, ou par la dissolution de l'empire, & la Démocratie s'élève sur ce cadavre. Alors pour la première fois, le nom sacré de patrie se fait entendre ; alors l'homme courbé relève sa tête & se montre dans toute sa dignité ; alors les fastes se remplissent de faits héroïques ; alors il y a des pères, des mères, des enfans, des amis, des concitoyens, des vertus publiques & domestiques; alors les loix règnent, le génie prend son essor, les sciences naissent, les travaux utiles ne sont plus avilis.

L'homme jetté au hasard sur ce globe, environné de tous les maux de la nature; obligé sans cesse de défendre & de protéger sa vie contre les orages & les tempêtes de l'air, contre les inondations des eaux, contre les feux & les incendies des volcans, contre l'intempérie des zones ou brûlantes ou glacées, contre la stérilité de la terre qui lui refuse des alimens, ou sa malheureuse fécondité qui fait germer sous ses pas des poisons; enfin contre les dents des bêtes féroces qui lui disputent son séjour & sa proie, & le combattant lui-même semblent vouloir se rendre les dominatrices de ce globe dont il croit être le maître: l'homme dans cet état, seul & abandonné à lui-même, ne pouvoit rien pour sa conservation. Il a donc fallu qu'il se réunît & s'associât avec ses semblables, pour mettre en commun leur force & leur intelligence. C'est par cette réunion qu'il a triomphé de tant de maux, qu'il a façonné ce globe à son usage, contenu les fleuves, asservi les mers, assuré sa subsistance, conquis une partie des animaux, en les obligeant de le servir, & repoussé les autres loin de son empire, au fond des déserts ou des bois, où leur nombre diminue de siècle en siècle. Ce qu'un homme seul n'auroit pu, les hommes l'ont exécuté de concert, & tous ensemble ils conservent leur ouvrage. Telle est l'origine, tels sont les avantages & le but de la société.

Ainsi la société est née des besoins des hommes, le gouvernement est né de leurs vices. La société tend toujours au bien; le gouvernement doit toujours tendre à réprimer le mal. La société est la premiere; elle est dans son origine indépendante & libre; le gouvernement a été institué pour elle & n'est que son instrument. C'est à l'une à commander, c'est à l'autre à la servir. La société a créé la force publique, le gouvernement qui l'a reçue d'elle doit la consacrer toute entiere à son usage. Enfin, la société est essentiellement bonne; le gouvernement, comme on le sait, peut être & n'est que trop souvent mauvais.

DU PEUPLE.

Dans les temps malheureux, il en est des espérances du peuple comme de ses terreurs, comme de ses fureurs. Dans ses fureurs, en un clin-d'œil, les places sont remplies d'une multitude qui s'agite, qui menace. Le citoyen se barricade dans sa maison. Le Magistrat tremble dans son hôtel. Le Souverain s'inquiète dans son Palais. La nuit vient, le tumulte cesse & la tranquilité renaît. Dans ses terreurs, en clin-d'œil, la consternation se répand d'une ville dans une autre ville, & plonge dans l'abbattement toute la nation. Dans les espérances, le fantôme du bonheur non moins rapide se présente par-tout; par-tout il relève les esprits, & les bruyans transports de l'allégresse succèdent au morne silence de l'infortune. La veille, tout étoit perdu; le jour suivant, tout est sauvé.

En vain l'habitude, les préjugés, l'ignorance & le travail abrutissent le peuple jusqu'à ne pas sentir sa dégradation: ni la religion, ni la morale, ne peuvent lui fermer les yeux sur l'injustice de la répartition des maux & des biens de la condition humaine dans l'ordre politique. Combien de fois a-t-on entendu l'homme du peuple demander au ciel quel étoit son crime, pour naître sur la terre dans un état d'indigence & de dépendance extrême? Y eût-il de grandes peines inséparables des conditions élevées, ce qui peut-être anéantit tous les avantages & la supériorité de l'état civil sur l'état de la nature, l'homme me obscur & rampant, qui ne connoît pas ces peines, ne voit dans un haut rang qu'une abondance qui fait sa pauvreté, il envie à l'opulence des plaisirs, dont l'habitude même ôte le sentiment au riche qui peut en jouir. Quel est le domestique qui peut aimer son maître ? & qu'est-ce que l'attachement des valets ?

DES PROPRIÉTÉS.

On a toujours constamment pensé qu'un peuple ne s'éleveroit jamais à quelque force, à quelque grandeur d'ame que par le moyen des propriétés fixes, même héréditaires. Sans le premier de ces moyens l'on ne verroit sur le globe que quelques sauvages errans & nuds, vivans misérablement de fruits, de racines, produit unique & borné de la nature brute ; sans le second, nul mortel ne vivroit que pour lui-même. Le genre humain seroit privé de tout ce que la tendresse paternelle, l'amour de son nom & le charme inexprimable de faire le bonheur de sa postérité font entreprendre de durable. Le système de quelques spéculateurs hardis, qui ont regardé les propriétés & sur-tout les propriétés héréditaires, comme des usurpations de quelques membres de la société sur d'autres, se trouve réfuté par le sort de toutes les institutions où l'on a réduit leurs principes en pratique. Elles ont toutes misérablement péri, après avoir langui quelque temps dans la dépopulation & dans l'anarchie.

Dans un monastère, tout est à tous, rien n'est individuellement à personne ; les biens forment une propriété commune, c'est un seul animal à 20, 30, 40, 100, 1000 têtes. Il n'en est pas ainsi d'une société. Ici chacun a sa tête & sa propriété, une portion de la richesse générale, dont il est le maître & maître absolu, dont il peut user ou même abuser à sa discrétion. Il faut qu'un particulier puisse laisser sa terre en friche, si cela lui convient, sans que l'administration s'en mêle. Si le Gouvernement se constitue juge de l'abus, il ne tardera à se constituer juge de l'us; & toute véritable notion de propriété & de liberté sera détruite. S'il peut exiger que j'emploie ma chose à sa fantaisie; s'il inflige des peines à la contravention, à la négligence, à la folie, & cela sous prétexte de la notion d'utilité générale & publique, je ne suis plus le maître absolu de ma chose; je n'en suis que l'administrateur au gré d'un autre. Il faut abandonner à l'homme en société la liberté d'être mauvais citoyen en ce point; parce qu'il ne tardera pas à en être sévérement puni par la misère, & par le mépris plus cruel encore que la misère. Celui qui brûle sa denrée, ou qui jette son argent par la fenêtre, est un stupide trop rare pour qu'on doive le lier par des loix prohibitives; & ces loix prohibitives seroient trop nuisibles par leur atteinte à la notion universelle & sacrée de la propriété. Dans toute constitution bien ordonnée, les soins du Magistrat doivent se borner à ce qui intéresse la sûreté générale, & la tranquilité intérieure, la conduite des armées, l'observation des loix. Partout où vous verrez l'autorité aller plus loin, dites hardiment que le Peuples sont exposés à la déprédation; parcourez les temps & les nations, & cette grande & belle idée d'utilité publique, se présentera à votre imagination, sous l'image symbolique d'un Hercule qui assomme une partie du Peuple aux cris de joie & aux acclamations de l'autre partie, qui ne sent pas qu'incessamment elle tombera écrasée sous la même massue.

Dans les premiers âges du monde, avant qu'il se fût formé des sociétés civiles & policées, tous les hommes en général avoient droit sur toutes les choses de la terre. Chacun pouvoit prendre ce qu'il vouloit pour s'en servir, & même pour consumer ce qui étoit de nature à l'être. L'usage que l'on faisoit ainsi du droit commun tenoit lieu de propriété. Dès que quelqu'un avoit pris une chose de cette manière, aucun autre ne pouvoit la lui ôter sans injustice. C'est sous ce point de vue, qui ne convient qu'à l'état de nature, que les nations de l'Europe envisagèrent l'Amérique, lorsqu'elle eut été découverte, comptant les naturels du pays pour rien, Il leur suffisoit pour s'emparer d'une terre qu'aucun Peuple de notre hémisphère n'en fût en possession. Tel fut le droit public, constant & uniforme qu'on suivit dans le Nouveau-Monde.

DES NATIONS.

Les Nations en général sont plus faites pour sentir que pour penser. La plupart ne se sont jamais avisé d'analyser la nature du pouvoir qui les gouverne. Elles obéissent sans réflexion, & parce qu'elles ont l'habitude d'obéir. L'origine & l'objet des premières associations nationales leur paroît un crime. C'est principalement où les principes de la législation se confondent avec ceux de la religion, que cet aveuglement est ordinaire. L'habitude de croire favorise l'habitude de souffrir. L'homme ne renonce pas impunément à un seul objet, il semble que la nature se venge de celui qui ose ainsi se dégrader. Cette disposition servile de l'ame s'étend à tout. Elle se fait un devoir de résignation comme de bassesse, & baisant toutes les chaînes avec respect, elle tremble d'examiner ses loix comme ses dogmes. De même qu'une seule extravagance dans les opinions religieuses, suffit pour en faire adopter sans nombre à des esprits une fois déçus; une premiere usurpation du Gouvernement ouvre les portes à toutes les autres. Qui croit le plus, croit le moins; qui peut le plus, peut le moins. C'est par ce double abus de la crédulité & de l'autorité, que toutes les absurdités en matière de culte & de politique, se sont introduites dans ce monde pour écraser les hommes. Ainsi le premier signal de la liberté chez les Nations, les a portées à secouer ces deux jougs à la fois; & l'époque où l'esprit humain commença à discuter les abus de l'église & du clergé, est celle où la raison sentit enfin les droits des Peuples, & où le courage essaya de poser les premières bornes au despotisme.

DE L'ESPRIT NATIONAL.

L'ESPRIT national est le résultat d'un grand nombre de causes, dont les unes sont constantes & les autres variables. Cette partie de l'histoire d'un Peuple est peut-être la plus intéressante & la moins difficile à suivre. Les causes constantes sont fixées sur la partie du globe qu'il habite ; les causes variables sont consignées dans ses annales, & manifestées par les effets qu'elles ont produits. Tant que ces causes agissent contradictoirement, la nation est insensée. Elle ne commence à prendre l'esprit qui lui convient, qu'au moment où ses principes spéculatifs conspirent avec sa position physique. C'est alors qu'elle s'avance à grands pas vers la splendeur, l'opulence & le bonheur qu'elle peut se promettre du libre usage de ses ressources locales.

Mais cet esprit qui doit présider au conseil des Peuples, & qui n'y préside pas toujours, ne règle presque jamais les actions des particuliers ; ils ont des intérêts qui les dominent, des passions qui les tourmentent ou les aveuglent ; & il n'en est presque aucun qui n'élevât sa prospérité sur la ruine publique. Les métropoles des empires sont les foyers de l'esprit national, c'est-à-dire les endroits où il se montre avec le plus d'énergie dans les discours, & où il est le plus parfaitement dédaigné dans les actions ; je n'en excepte que quelques circonstances rares, où il s'agit du salut général : à mesure que la distance de la capitale s'accroît, ce masque se détache.

Il tombe sur la frontière. D'un hémisphère à l'autre que devient-il ? rien.. . . . Passé l'équateur, l'homme n'est ni Anglois, ni Hollandois, ni François, ni Espagnol, ni Portugais. Il ne conserve de sa patrie que les principes & les préjugés qui autorisent ou excusent sa conduite ; rampant quand il est foible, violent quand il est fort : pressé d'acquérir, pressé de jouir, & capable de tous les forfaits qui le conduiront le plus rapidement à ses fins. C'est un tigre domestique qui rentre dans la forêt. La soif du sang le reprend. Tels se sont montrés tous les Européens, tous indistinctement, dans les contrées du nouveau-monde, où ils ont porté une fureur commune, la soif de l'or.

DES ANTIPATHIES NATIONALES.

IL en est des antipathies nationales, ou des jalousies des couronnes, comme des passions aveugles des particuliers. Il ne faut qu'un malheureux événement pour mettre des barrières éternelles entre des familles, & des Peuples, dont le plus grand intérêt est de s'aimer, de s'entr'aider & de concourir au bien universel. La haine & la vengeance consentent à souffrir, pourvu qu'elles nuisent ; elles se nourrissent mutuellement des plaies qu'elles se font, du sang qu'elles s'arrachent. Quelle différence entre l'homme de la nature & l'homme corrompu dans nos malheureuses sociétés ! Ce dernier paroît digne de tous les maux qu'il s'est forgés.

DES GOUVERNEMENS.

Le Gouvernement républicain suppose une contrée assez étroite pour le prompt & facile concert des volontés ; le Gouvernement patriachal, un petit Peuple nomade renfermé sous des tentes.

Un Gouvernement militaire tend au despotisme, & réciproquement dans tout Gouvernement despotique, le soldat dispose tôt ou tard de l'autorité souveraine ; le Prince, affranchi de toute loi qui restraigne son pouvoir, ne manque pas d'en abuser, & ne commande bientôt qu'à des esclaves qui ne prennent aucun intérêt à son sort. Celui qui écrase ne trouve point de défenseur, parce qu'il n'en mérite point : sa grandeur manque de base ; il craint, par la raison même qu'il s'est fait craindre. L'usage de la milice contre ses sujets apprend à cette milice même ce qu'elle peut contre lui ; elle essaie ses forces, elle se mutine, elle se révolte ; l'impuissance du Prince la rend insolente, son esprit devient celui de la sédition, & c'est alors qu'elle décide & du Maître & de ses Ministres.

Dès que le Prince institue les loix, les abolit, les restraint, les suspend à son gré ; dès que l'intérêt de ses passions est la seule règle de sa conduite ; dès qu'il devient un être unique & central, où tout aboutit ; dès qu'il crée le juste & l'injuste ; dès que son caprice devient loi, & que sa faveur est la mesure de l'estime publique ; si ce n'est pas là le despotisme, qu'on nous dise quelle espèce de Gouvernement ce pourroit être ?

Une constitution où le pouvoir législatif & le pouvoir exécutif sont séparés, porte en elle-même le germe d'une division perpétuelle : il est impossible que la paix règne entre des corps politiques opposés ; il faut que la prérogative cherche à s'étendre & presse la liberté ; il faut que la liberté cherche à s'étendre & presse la prérogative.

Ne croyez pas, comme on le dit souvent, que les Gouvernemens soient à-peu-près les mêmes, sans autre différence que celle du caractère des hommes qui gouvernent : cette maxime est peut-être vraie dans les Gouvernemens absolus, chez les Nations qui n'ont pas en elles mêmes le principe de leur volonté ; elles prennent le pli que le Prince leur donne. Elevées, fières & courageuses sous un Monarque actif, amoureux de la gloire ; indolentes & mornes sous un Roi superstitieux ; pleines d'espérance ou de crainte sous un jeune Prince ; de foiblesse & de corruption sous un vieux Despote ; ou plutôt alternativement confiantes & lâches sous les Ministres que l'intrigue suscite. Dans ces états, le Gouvernement prend le caractère de l'administration ; mais dans les états libres, l'administration prend le caractère du Gouvernement.

Quand une nation est grande & puissante, que doivent être ceux qui la gouvernent ? La Cour & le Peuple le disent, mais en deux sens bien opposés. Les Ministres ne voient dans leur place que l'étendue de leurs droits ; le Peuple n'y voit que l'étendue de leurs devoirs ; le Peuple a raison, parce qu'enfin les devoirs & les droits de chaque Gouvernement devroient être réglés par les besoins & la volonté de chaque Nation ; mais ce principe de droit naturel n'est point applicable à l'état social. Comme les sociétés, quelque soit leur origine, sont gouvernées presque toutes par l'autorité d'un seul homme, les mesures de la politique sont subordonnées au caractère des Princes.

Qu'un Roi soit foible & changeant, son Gouvernement variera comme ses Ministres & sa politique avec son Gouvernement : il aura tour-à-tour des Ministres aveugles, éclairés, fermes, légers, fourbes ou sincères, durs ou humains, enclins à la guerre ou à la paix, tels en un mot, que la vicissitude des intrigues les lui donnera. Un tel Gouvernement n'aura ni système, ni suite dans sa politique ; avec un tel Gouvernement tous les autres ne pourront asseoir des vues & des mesures constantes. La politique alors ne peut qu'aller selon le vent du jour & du moment, c'est-à-dire, selon l'humeur du Prince. On ne doit avoir que des intérêts momentanés & des liaisons subordonnées à l'instabilité du ministère, sous un règne foible & changeant.

Dans les Gouvernemens les plus absolus, on fait quelquefois, par esprit d'ambition, ce que les Gouvernemens justes & modérés font par principe de justice.

L'injustice ne fut jamais la base d'aucune société. Un Peuple, créé par un pacte aussi étrange, auroit été en même-temps, & le plus dénaturé & le plus malheureux des Peuples ; ennemi déclaré du genre-humain, il eut été également à plaindre, & par les sentimens qu'il auroit inspirés,

& par ceux qu'il auroit éprouvés; craint & haï de tout ce qui l'eût environné, il n'auroit jamais cessé de haïr & de craindre; on se seroit réjoui de ses malheurs, on se seroit affligé de sa prospérité. Un jour les Nations se seroient réunies pour l'exterminer, mais le temps auroit rendu cette ligue inutile : il auroit suffi, pour l'anéantir & le venger, que chacun des membres eût conformé sa conduite aux maximes de l'Etat; animés de l'esprit de leur institution, tous se seroient empressés de s'élever sur la ruine les uns des autres; aucun moyen ne leur eût paru trop odieux; c'auroit été la race engendrée des dents du dragon que Cadmus sema sur la terre, aussi-tôt détruite que créée.

Combien différente seroit la destinée d'un Empire fondé sur la vertu! L'agriculture, les arts, les sciences, le commerce, encouragés à l'ombre de la paix, en écarteroient l'oisiveté, l'ignorance & la misère. Le Chef de l'Etat en protégeroit les différens ordres, & en seroit adoré : il auroit conçu qu'aucun des membres de la société ne pouvoit souffrir, sans quelque dommage pour le corps entier, & il s'occuperoit du bonheur de tous. L'impartiale équité présideroit à l'observation des traités qu'elle dicteroit, à la stabilité des loix qu'elle auroit simplifiées, à la répartition des impôts qu'elle auroit proportionnés aux charges publiques. Toutes les Puissances voisines, intéressées à la conservation de celle-ci, au moindre péril qui la menaceroit, s'armeroient pour sa défense; mais au défaut de secours étrangers, elle pourroit elle-même opposer à l'agresseur injuste la barrière impénétrable d'un Peuple riche & nombreux, pour lequel le mot de patrie ne seroit pas un vain nom, & voilà ce qu'on peut appeler le beau idéal en politique.

Ces deux sortes de Gouvernemens sont également inconnues dans les Annales du monde : elles ne nous offrent que des ébauches imparfaites, plus ou moins rapprochées de l'atroce sublimité, plus ou moins éloignées de la beauté touchante de l'un ou de l'autre de ces grands tableaux. Les Nations qui ont joué le rôle le plus éclatant sur le théatre de l'Univers, entraînées par une ambition dévorante, présentèrent plus de traits de conformité avec le premier. D'autres, plus sages dans leurs constitutions, plus simples dans leurs mœurs, plus limitées dans leurs vues, envéloppées d'un bonheur secret, s'il est permis de parler ainsi, paroissent ressembler davantage au second.

Si les Peuples sont heureux sous la forme de leur Gouvernement, ils le garderont; s'ils sont malheureux, ce ne seroit ni vos opinions ni les miennes, ce sera l'impossibilité de souffrir davantage & plus long-temps, qui les déterminera à la changer; mouvement salutaire que l'oppresseur appellera révolte, bien qu'il ne soit que l'exercice légitime d'un droit inaliénable & naturel de l'homme qu'on opprime, & même de l'homme qu'on n'opprime pas.

Il est dans la nature des Gouvernemens vraiment libres d'être agités pendant la paix ; c'est par ces mouvemens intestins que les esprits conservent leur énergie & le souvenir toujours présent des droits de la nation ; mais dans la guerre il faut que toute fermentation cesse, que les haines foient étouffées, que les intérêts fe confondent & fe fervent les uns les autres.

Il faut la paix & la sûreté aux Monarchies; il faut des inquiétudes & un ennemi à redouter pour les Républiques. Rome avoit befoin de Carthage; & celui qui détruifit la liberté Romaine, ce ne fut ni Sylla, ni Céfar, ce fut le premier Caton, lorfque fa politique étroite & farouche ôta une rivale à Rome, en allumant dans le fénat les flambeaux qui mirent Carthage en cendres. Venife elle-même, depuis quatre cens ans, peut-être eût perdu fon Gouvernement & fes loix, fi elle n'avoit à fa porte, & prefque fous fes murs, des voifins puiffans qui pourroient devenir fes ennemis ou fes maîtres.

DES ROIS ET DES SOUVERAINS.

TANT que les loix ne seront faites que pour les sujets, ceux-ci s'appelleront comme ils voudront, ils ne seront que des esclaves : la loi n'est rien, si ce n'est pas un glaive qui se promène indistinctement sur toutes les têtes, & qui abat tout ce qui s'élève au-dessus du plan horisontal sur lequel il se meut. La loi ne commande à personne ou commande à tous ; devant la loi, ainsi que devant Dieu, tous sont égaux. Le châtiment particulier ne venge que l'infraction de la loi ; mais le châtiment du Souverain en venge le mépris. Qui osera braver la loi, si le Souverain même ne la brave pas impunément ? La mémoire de cette grande leçon dure des siècles, & inspire un effroi plus salutaire que la mort de mille autres coupables.

C'est le devoir de conserver les Peuples qui fait le droit des Rois.

Dans tous nos Gouvernemens d'Europe, il est une classe d'hommes qui apportent en naissant une supériorité indépendante de leurs qualités morales : on n'approche de leur berceau qu'avec respect ; dans leur enfance, tout leur annonce qu'ils sont faits pour commander aux autres ; bientôt ils s'accoutument à penser qu'ils sont d'une espèce particulière ; & sûrs d'un état & d'un rang, ils ne cherchent plus à s'en rendre dignes.

Le Monarque qui n'a que des vertus pacifiques, peut se faire aimer de ses sujets ; mais il n'y a que la force qui le fasse respecter de ses voisins. Les Rois n'ont point de parens, & les pactes de famille ne durent qu'autant que les contractans y trouvent leur intérêt. Un Roi, le seul Homme qui ignore s'il a à ses côtés un véritable ami, n'en a point hors de ses Etats, & ne doit compter que sur lui-même. Un Empire ne peut pas plus subsister sans mœurs & sans vertus qu'une famille particulière ; il s'avance, comme elle, à sa ruine par les dissipations, & ne se peut relever comme elle que par l'économie. Un Roi (Saint-Louis) ne se montra jamais plus grand que lorsqu'accompagné de quelques gardes, qui lui étoient inutiles, plus simplement vêtu qu'un de ses sujets, le dos appuyé contre un chêne, il écoutoit les plaintes & décidoit les différends.

Celui à qui tout appartient comme Souverain, ne doit rien avoir comme particulier.

Lorsque je pense à ces monumens publics, consacrés à un Souverain de son vivant, je ne puis me distraire de son manque de pudeur ; en les ordonnant lui-même, le Prince semble dire à ses Peuples : » je suis un grand Homme, je suis
» un grand Roi, je ne saurois aller tous les jours
» me présenter à vos yeux & recevoir le témoi-
» gnage éclatant de votre admiration & de votre
» amour ; mais, voilà mon image, entourez-la,
» satisfaites-vous ; quand je ne serai plus, vous
» conduirez votre enfant aux pieds de ma sta-
» tue, & vous lui direz : tiens, mon fils, re-
» gardes-le bien, c'est celui-là qui repoussa les
» ennemis de l'Etat, qui commanda ses armées
» en personne, qui paya les dettes de ses ayeux,
» qui fertilisa nos champs, qui protégea nos agri-
» culteurs, qui ne gêna point nos consciences,
» qui

« qui nous permit d'être heureux, libres & ri-
» ches; & que son nom soit à jamais béni ».

Quel insolent orgueil, si cela est! quelle impudence, si cela n'est pas! mais combien y auroit-il peu de ces monumens, si l'on n'en eût élevé qu'aux Princes qui les méritoient? si l'on abattoit tous les autres, combien en resteroit-il? si la vérité avoit dicté les inscriptions dont ils sont environnés, qu'y liroit-on? » A Néron, après avoir
» assassiné sa mère, tué sa femme, égorgé son
» instituteur, & trempé ses mains dans le sang
» des citoyens les plus dignes ». Vous frémissez d'horreur. Eh viles nations, que ne m'est-il permis de substituer les véritables inscriptions à celles dont vous avez décoré les monumens de vos souverains! On n'y liroit pas les mêmes forfaits, mais on y en liroit d'autres; & vous frémiriez encore.

Le cœur des Rois est un sanctuaire impénétrable, d'où l'estime & le mépris s'échappent rarement pendant leur vie, & dont la clef ne se perd que trop souvent à leur mort. D'ailleurs, ne sont-ils pas exposés comme nous aux prestiges de la passion, & sont-ils de meilleurs dispensateurs de l'éloge & du blâme? Les jugemens de leurs sujets sont également suspects. Entre des voix confuses & contradictoires qui s'élèvent en même temps, qui démêlera le cri de la vérité, du murmure sourd & secret de la calomnie, ou le murmure sourd & secret de la vérité, du cri de la calomnie.

Les Princes sont sur-tout ceux qu'on peut le moins se flatter de bien connoître; la renommée en parle rarement sans passion: c'est le plus souvent d'après les bassesses de la flatterie, d'après les injustices de l'envie, qu'ils sont jugés. Le cri confus de tous les intérêts, de tous les sentimens qui s'agittent & changent autour d'eux, trouble ou suspend le jugement des sages mêmes.

O que les maîtres du Monde feront de bien, qu'ils feront honorés, lorsque ce qu'ils prodiguent à un luxe gigantesque, à d'avides favoris, à de vains caprices, fera consacré à l'amélioration de leur empire ! Un hopital sain, construit avec intelligence & bien administré ; la cessation de la mendicité, ou l'emploi de l'indigence ; l'extinction de la dette de l'Etat ; une imposition modérée & équitablement repartie ; la réforme des loix par la confection d'un code simple & clair : ces institutions feroient plus pour leur gloire que des palais magnifiques, que la conquête d'une province, que des batailles gagnées, que tous les bronzes, tous les marbres & toutes les inscriptions de la flatterie.

Souverains, qu'est-ce que la mauvaise honte qui vous arrête ? puisque l'équité n'est pour vous qu'un vain nom, déclarez-le. A quoi servent ces traités qui ne garantissent point de paix, auxquels le plus foible est contraint de céder ; qui ne marquent dans l'un & dans l'autre des contractans que l'épuisement des moyens de continuer la guerre, & qui font toujours enfreints ? Ne signez que des suspensions d'armes, & n'en fixez point la durée ; si vous avez cessé d'être justes cessez au moins d'être perfides : la perfidie est si lâche, si odieuse ; le vice ne convient pas à des potentats. Le renard sous la peau du lion, le lion sous la peau du renard, sont deux animaux également ridicules. Hommes d'état, puiſſent les vœux de la philoſophie, puiſſent les vœux d'un citoyen aller juſqu'à vous! S'il eſt beau de changer la face du monde pour faire des heureux; ſi l'honneur qui en revient appartient à ceux qui tiennent les rènes des empires, ſachez qu'ils ſont comptables à leur ſiècle & aux générations futures, non-ſeulement de tout le mal qu'ils font, mais de tout le bien qu'ils pourroient faire, & qu'ils ne font pas. Vous êtes jaloux d'une véritable gloire parmi vos contemporains: & qu'elle plus grande gloire que celle que je vous propoſe? vous déſirez que votre nom s'immortaliſe: ſongez que les monumens élevés en bronze, ſont plus ou moins rapidement détruits par le tems. Confiez le ſoin de votre réputation à des êtres qui ſe perpétueront en ſe régénérant. Le marbre eſt muet, l'homme parle: faites-le donc parler de vous avec éloge; ſi la corruption s'introduit dans la légiſlation ſage que vous aurez inſtituée, c'eſt alors que vous ſerez véritablement révérés; c'eſt alors qu'on reviendra ſur le ſiècle où vous exiſtâtes, & qu'on donnera des larmes à votre mémoire; je vous promets les pleurs de l'admiration pendant votre vie, & les pleurs du regret après votre mort.

Rien n'eſt grand, rien ne proſpère dans les Monarchies ſans l'influence du maître qui les gouverne: mais il ne dépend pas uniquement d'un Monarque de faire tout ce qui convient au bonheur de ſes peuples: il trouve quelquefois de puiſſans obſtacles dans les opinions, dans le caractere, dans les diſpoſitions de ſes ſujets; ces opinions, ce caractere, ces diſpoſitions peuvent sans doute être corrigés : mais la révolution se fait souvent long-temps attendre.

Il ne suffit pas d'offrir aux Peuples un souverain qu'ils ne puissent pas méconnoître, il faut que ce souverain les rendent heureux.

Par un exemple de cette injustice & d'une ingratitude si commune dans les cours où le grand mérite ne peut rien contre la protection, où un grand général est remplacé, au milieu de ses triomphes, par un homme inepte, où une favorite dissipatrice & rapace dépose un Ministre économe de la finance, où le bien général & les services rendus sont également oubliés, & où les révolutions dans les grandes places de l'état deviennent si souvent des sujets de joie & de plaisanterie ; Pédrarias fut choisi pour remplacer Balboa.

Le meilleur des Princes laisse toujours beaucoup de bien à faire à ses successeurs ; un premier Despote ne laisse presque jamais de mal à faire à un second.

Le meilleur des Princes qui auroit fait le bien contre la volonté générale seroit criminel, par la seule raison qu'il auroit outre-passé ses droits ; il seroit criminel pour le présent & pour l'avenir ; car s'il est éclairé & juste, son successeur, sans être héritier de sa raison & de sa vertu, héritera sûrement de son autorité dont la nation sera la victime. Un premier Despote juste, ferme, éclairé est un grand mal ; un second Despote juste, ferme, éclairé, seroit un plus grand mal ; un troisieme qui leur succéderoit avec ces grandes qualités, seroit le plus terrible fléau dont une nation pourroit être frappée.

Peuples ne permettez pas à vos prétendus maîtres de faire même le bien contre votre volonté générale ; songez que la condition de celui qui vous gouverne n'est pas autre que celle de ce Cacique, à qui l'on demandoit s'il avoit des esclaves, & qui répondit, *des esclaves! je n'en connois qu'un dans ma contrée, & cet esclave c'est moi.*

La prévention ne laisse approcher la vérité tremblante du souverain, que pour lui imposer silence par des ménaces & des châtimens.

Si dans les Etats démocraiques, le Peuple vouloit régler lui-même son administration, il tomberoit nécessairement dans le délire, & le soin de sa conservation le force de se livrer à un sénat plus ou moins nombreux. Si dans les Monarchies les Rois prétendoient tout voir, tout faire eux-mêmes : rien ne se verroit, rien ne se feroit, & il a fallu recourir à des conseils pour préserver les Empires d'une stagnation plus funeste peut-être qu'une activité mal dirigée.

Les Rois qui, comme les autres hommes, s'attachent au ciel, quand la terre va leur manquer, semblent chercher dans leur vieillesse une nouvelle espèce de flatteurs, qui les bercent d'espérances au moment où toutes les réalités leur échappent ; c'est alors que l'hypocrisie, toujours prête à surprendre les deux enfances de la vie humaine, réveille dans l'ame des Princes les idées qu'elle y avoit semées ; & sous prétexte de les conduire au seul bonheur qui peut leur rester, elle gouverne toutes leurs volontés. Mais comme ce dernier âge est un état de foiblesse, ainsi que le premier, une variation continuelle règne dans le Gouvernement ; la brigue a plus d'ardeur & plus de pouvoir que jamais ; l'intrigue espère davantage, & le mérite obtient moins ; les talens se retirent, & les sollicitations de toutes espèces s'avancent ; les places tombent au hasard sur des hommes qui, tous également incapables de les remplir, ont la présomption de s'en croire dignes, fondant l'estime d'eux-mêmes sur le mépris qu'ils ont pour les autres. La nation dès-lors perd sa force avec sa confiance, & tout va comme tout est mené, sans dessein, sans vigueur & sans intelligence.

Tirer un Peuple de l'état de barbarie, le soutenir dans sa splendeur, l'arrêter dans le penchant de sa chûte, sont trois opérations difficiles ; mais la dernière l'est davantage : on sort de la barbarie par des élans intermittens ; on se soutient au sommet de la prospérité, par les forces que l'on a acquises ; on décline par un affaissement général, auquel on s'est acheminé par des symptômes imperceptibles. Il faut aux nations barbares de longs règnes ; il faut des règnes courts aux nations heureuses. La longue imbécilité d'un Monarque caduc prépare à son successeur des maux presque impossibles à réparer.

Rois, aimez le Peuple, aimez les hommes, & vous serez heureux. Ne craignez alors ni les esprits libres & chagrins, ni la révolte des méchans : celle des cœurs est bien plus dangereuse ; car la vertu s'aigrit & s'indigne jusqu'à l'atrocité.

Caton & Brutus étoient vertueux, ils n'eurent à choisir qu'entre deux grands attentats, le suicide ou la mort de César. Souvenez-vous que l'intérêt du Gouvernement n'est pas celui de la nation ; quiconque divise en deux cet intérêt si simple, le connoît mal, & ne peut qu'y préjudicier.

L'autorité divise ce grand intérêt, lorsque celui aux mains de qui la naissance ou l'élection ont mis les rênes du Gouvernement, les laisse flotter au gré d'un hasard aveugle, ou qu'il préfère un repos lâche à l'importance de ses fonctions.

Lorsque l'imposture allarmera le Souverain sur la fidélité de ses sujets, il est difficile qu'elle ne soit pas attentivement écoutée.

Les nations doivent-elles tout au Roi, & les Rois ne doivent-ils rien aux nations ? Que signifie donc le droit des gens ? n'est-il que le droit des Princes ? Ceux-ci ne tiennent, disent-ils, leur pouvoir que de Dieu seul : cette maxime, imaginée par le Clergé, qui ne met les Rois au-dessus les Peuples, que pour commander aux Rois mêmes au nom de la divinité, n'est donc qu'une chaîne de fer, qui tient une nation entière sous les pieds d'un seul homme ? Ce n'est donc plus un lien réciproque d'amour & de vertu, d'intérêt & de fidélité, qui fait régner une famille au milieu d'une société ? Si l'obéissance des Peuples est une loi de conscience imposée par Dieu seul, ils peuvent donc en appeler aux interprètes de cette volonté éternelle, contre l'abus de l'autorité subordonnée à ce grand Etre ? Si l'on fait de l'obéissance passive une loi de religion, dès-lors elle est soumise, comme toutes les loix religieuses, au tribunal de la conscience ; & dans un Etat où l'on connoît la loi de Dieu pour la première, il faut attendre que la décision de l'Eglise éclaire & dirige les consciences, sur l'étendue & la nature du pouvoir des Rois. En vain, dira-t-on, que les livres saints eux mêmes ordonnent d'obéir aux Puissances de la terre: les Rois, en s'appuyant des textes de la Bible, se remettent dès-lors sous la tutelle de l'Evangile; ainsi quand ils empruntent les armes du Clergé pour tenir les Peuples dans les fers, le Clergé peut retirer ses propres armes, & s'en servir contre les Rois : il trouvera dans l'Evangile même, où ils ont pris le droit de règner, un bouclier à opposer contre l'épée, & le glaive contre le glaive.

C'est donc en vain que les Princes ont recours au ciel pour rappeller leurs droits, quand ils manquent à leurs devoirs. La loi qu'ils invoquent s'élève contre eux : elle tonne & les foudroie par la bouche des pontifes ; elle crie au fond des cœurs d'un Peuple qui gémit. Ainsi leur puissance n'en est pas moins conditionelle, précaire, interprétative ; elle n'est pas moins limitée par le code religieux où ils l'ont puisée, qu'elle ne doit l'être par le code naturel des nations : car la religion étant l'unique frein du despotisme, seul pouvoir qui se croit établi de Dieu même, & les fondemens de ce pouvoir n'étant pas plus évidens que les dogmes & les principes de la religion qui lui sert de base, le despote tombe entre les mains du clergé, si le Peuple est dirigé par des prêtres, ou à la discrétion de ses sujets, parce qu'au défaut de pontifes, ils sont eux-mêmes les juges de la foi

Mais pourquoi l'autorité vaudroit-elle se déguiser qu'elle vient des hommes ? La nature, l'histoire, l'expérience, le sentiment intérieur, apprennent affez aux Rois, qu'ils tiennent des Peuples tout ce qu'ils poffèdent, foit qu'ils l'aient conquis par les armes, foit qu'ils l'aient acquis par des traités. Puifqu'on reçoit du Peuple tous les fruits de l'obéiffance, pourquoi ne pas accepter de lui tous les droits de l'autorité ? Qu'a-t-on à craindre des volontés qui fe donnent, & que gagne-t-on à l'abus d'une puiffance qu'on ufurpe ? Ne faut-il pas la retenir par la violence, quand on s'en eft emparé par furprife ? & quel eft le bonheur d'un Prince qui ne commande que par la force, & qui n'eft obéi que par la crainte ? eft-il tranquille fur le trône, lorfqu'il fe voit forcé de dire, pour regner, que c'eft de Dieu feul, qu'il a reçu fa couronne ? Tout ne tient-il pas encore plus de Dieu fa liberté & fa vie, le droit imprefcriptible de n'etre gouverné que par la raifon & la juftice ?

Mais qu'a-t-on befoin d'invoquer le facré nom de Dieu, dont il eft fi facile d'abufer ? Dans les fiècles malheureux de l'enthoufiafme de Religion, on a pu repaître de mots ambigus les efprits égarés par un fanatifme épidémique; mais dans le calme de la paix & de la raifon ; lorfqu'un Etat s'eft policé, agrandi, affermi par l'efprit de difcuffion & de calcul, par les recherches & la découverte des vérités utiles que la phyfique offre à la morale pour le maintien de la politique : eft-ce alors qu'il faut chercher dans les ténèbres de l'ignorance & de l'erreur, les fondemens d'une autorité légitime ? Le bien & le falut des Peuples, voilà la fupreme loi d'où toutes les autres dépendent & qui n'en connoît point audeffus d'elle. C'eft là fans doute, la véritable loi fondamentale de toutes les sociétés ; c'est par elle qu'il faut interpréter les voix particulieres qui doivent toutes émaner de ce principe, en être le dévéloppement & le soutien.

Or, en appliquant cette règle aux traités de partage & de cession que les Rois font entre eux, voit-on qu'ils aient le droit d'achetter, de vendre, & d'échanger les Peuples sans les consulter ? Quoi les Princes s'arrogeront le droit barbare d'aliéner ou d'hypothtéquer leurs provinces & leurs sujets, comme des biens meubles & immeubles, tandis que les appanages de leur maison, les forêts de leur domaine, les joyaux de leur couronne, sont des effets inaliènables & sacrés, auxquels on n'ose toucher dans les besoins les plus pressans d'un état !

Quel est le Prince vraiment chéri de ses courtisans même, lorsqu'il est haï de ses sujets.

DU DESPOTISME ET DE LA TYRANNIE.

Les Nations font quelquefois des tentatives pour se délivrer de l'oppression de la force, mais jamais pour sortir d'un esclavage auquel ils ont été conduits par la douceur. Tôt ou tard, le despote ou foible, ou féroce, ou imbécille, succède à une toute-puissance qui n'a point souffert d'opposition. Les Peuples qu'elle écrasent se croyent faits pour être écrasés ; ils ont perdu le sentiment de la liberté, qui ne s'entretient que par l'exercice : peut-être n'a-t-il manqué aux Anglois que trois Elisabeth pour être les derniers des esclaves.

Qu'est-ce donc qu'un Tyran ? ou plutôt qu'est-ce qu'un Peuple accoutumé au joug de la tyrannie ? est-ce le respect, est-ce la crainte qui le tient courbé ? Si c'est la crainte, le Tyran est donc plus redoutable que les Dieux, à qui l'homme adresse sa prière ou sa plainte dans les tems de la nuit ou dans les heures du jour ; si c'est le respect, on peut donc amener l'homme jusqu'à respecter les auteurs de sa misère, prodige que la superstition seule peut opérer. Qu'est-ce qui vous étonne le plus, ou de la férocité du Nabab qui dort, ou de la bassesse de celui qui n'ose le réveiller.

Etrange indignité, de vouloir exercer des vexations sans paroître injuste ; de vouloir retirer le fruit de ses rapines, & d'en rejetter l'odieux sur un autre ; de ne pas rougir de la tyrannie, &

de rougir du nom de Tyran. Oh ! combien l'homme est méchant, & combien l'homme le feroit encore davantage, s'il pouvoit avoir la conviction que fes forfaits feront ignorés, & qu'un innocent en fubira l'ignominie & le châtiment !

La révolte : eft une refource terrible, mais c'eft la feule qui refte en faveur de l'humanité, dans les pays opprimés par le defpotifme.

On fait que ces entreprifes font auffi faciles & auffi communes dans les pays foumis aux defpotes, qu'elles font difficiles & rares dans les pays où le Prince règne par la juftice ; dans les pays où fon autorité a pour principes, pour mefure & pour règle des loix fondamentales & immuables, dont la garde eft confiée à des corps de Magiftrature éclairés & nombreux. Là les ennemis du Souverain fe montrent les ennemis de la Nation ; là ils fe trouvent arrêtés dans leurs projets, par toutes les forces de la Nation, parce qu'en s'élevant contre le Chef de l'Etat, ils s'élèvent contre les loix, qui font les volontés communes & immuables de la Nation.

L'injuftice & la tyrannie aiment à fe renfermer dans l'ombre ; elles fe cachent à ceux qu'elles oppriment. Mais quand le Monarque ne veut agir que fous les yeux de fes fujets, c'eft qu'il n'a que du bien à leur faire. Infulter en face à des hommes raffemblés, c'eft une injure dont les Tyrans mêmes peuvent rougir.

La nature du defpotifme eft de n'enrichir des efclaves que pour les dépouiller.

Le rafinement le plus odieux du defpotifme eft de divifer fes efclaves.

La corruption est au comble quand le pouvoir annoblit ce qui est vil.

Tant que les Peuples n'éprouvent les injustices d'un Despote que par le canal des dépositaires de son autorité, ils se contentent de murmurer, en présumant que le Souverain les ignore, & ne les souffriroit pas : mais lorsqu'il vient les consacrer par sa présence & par ses propres décisions, il perd la confiance ; l'illusion cesse, c'étoit un Dieu ; c'est un imbécile ou un méchant.

La magnificence extérieure en impose au Peuple plus que la justice, parce que les hommes ont une plus grande opinion de ce qui les accable que de ce qui les sert ; la richesse fastueuse de la Cour du Prince, & la pompe qui l'environne, nourrissent dans l'esprit des Peuples ces préjugés de l'ignorance servile qui tremble devant les idoles qu'elle a faites.

Il est dans la nature du Gouvernement despotique de rompre les liens qui doivent unir les Nations ; & quand il a brisé ce ressort, il ne peut plus le rétablir. C'est la confiance qui rapproche les hommes, qui unit les intérêts : & le pouvoir arbitraire est incompatible avec la confiance, parce qu'il détruit toute sûreté.

Il n'est point de Nation qui, en se policant, ne perde de sa vertu, de son courage, de son amour pour l'indépendance ; & il est tout simple que les Peuples du midi de l'Asie, s'étant les premiers rassemblés en société, aient été les premiers exposés au despotisme ; telle a été depuis l'origine du monde la marche de toutes les associations. Une autre vérité également prouvée par l'histoire, c'est que toute puissance arbitraire se précipite vers sa destruction, & que des révolutions plus ou moins rapides, ramènent par-tout, un peu plutôt, un peu plus tard, le règne de la liberté.

On conçoit comment des citoyens achettent tous les jours, par le sacrifice de leur liberté, les douceurs & les commodités de la vie auxquelles ils sont accoutumés dès l'enfance : mais que des Peuples à qui la nature brute offroit plus de bonheur que la chaîne sociale qui les unissoit, restassent tranquillement dans la servitude, sans penser qu'il n'y avoit qu'une montagne ou une rivière à traverser pour être libres : voilà ce qui seroit incompréhensible, si l'on ne savoit combien l'habitude & la superstition dénaturent partout l'espèce humaine.

Les guerres civiles prennent ordinairement leur source dans la tyrannie & dans l'anarchie. Dans l'anarchie le Peuple se divise par pelotons; chaque petite faction a son Démagogue; chacune a ses prétentions sages ou folles, unanimes ou contradictoires, sans qu'on le sache. Il s'élève une multitude de cris confus; le premier coup est suivi de mille autres, & l'on s'entregorge sans s'entendre. Les intérêts particuliers & les haines personnelles font durer les troubles publics, & l'on ne commence à s'expliquer que quand on est las du carnage. Sous la tyrannie, il n'y a guère que trois partis, celui de la cour, celui de l'opposition & les indifférens, citoyens froids, sans doute, mais quelquefois très-utiles par leur impartialité & par le ridicule qu'ils jettent sur les deux autres partis. Dans l'anarchie, le calme renaît, & il n'en coûte la vie à personne ; sous la tyrannie, le calme est suivi de la chûte de plusieurs têtes ou d'une seule.

Les guerres civiles prennent leur esprit des causes qui les ont fait naître. Lorsque l'horreur de la tyrannie & l'instinct de la liberté mettent à des hommes braves les armes à la main, s'ils sont victorieux, le calme qui succède à cette calamité passagère, est l'époque du plus grand bonheur. Toutes les ames ont acquis de l'énergie & l'ont communiquée aux mœurs. Le petit nombre de citoyens qui ont été les témoins & les instrumens de ces honteux troubles, réunissent plus de forces morales que les Nations les plus nombreuses. L'homme le plus capable est devenu l'homme le plus puissant, & chacun est étonné de se trouver à la place que la nature lui avoit marqué.

Mais lorsque les dissentions ont une source impure ; lorsque les esclaves se battent pour le choix d'un tyran, des ambitieux pour opprimer, des brigands pour partager les dépouilles ; la paix qui termine ces horreurs est à peine préférable à la guerre qui les enfanta. Des criminels remplacent des juges qui les ont flétris, & deviennent les oracles des loix qu'ils avoient outragées. On voit des hommes, ruinés par leurs profusions & par leurs désordres, insulter par un faste insolent les vertueux citoyens dont ils ont envahi le patrimoine. Il n'y a dans ce cahos que les passions qui soient écoutées. L'avidité veut s'enrichir sans travail, la vengeance s'exercer sans crainte, la licence écarter tout frein, l'inquiétude tout renverser. De l'ivresse du carnage on passe à celle de la débauche. Le lit sacré de l'innocence ou du mariage, est souillé par le sang, l'adultère & le viol. La fureur brutale de la multitude se plaît à détruire tout ce dont elle ne peut jouir. Ainsi périssent, en quelques heures, les monumens de plusieurs siècles.

Si la lassitude, un épuisement entier, ou quelques heureux hasards suspendent ces calamités, l'habitude du crime, des meurtres, du mépris des loix, qui subsiste nécessairement après tant d'orages, est un levain toujours prêt à fermenter. Les généraux qui n'ont plus de commandement, les soldats licenciés sans paie, le Peuple avide de nouveautés, dans l'espérance d'un meilleur sort: ces matières & ces instrumens de trouble sont toujours sous la main du premier factieux qui saura les mettre en œuvre.

Les Péruviens, tous les Péruviens sans exception, sont un exemple de ce profond abrutissement, où la tyrannie peut plonger les hommes. Ils sont tombés dans une indifférence stupide & universelle. Eh que pourroit aimer un Peuple dont la religion élevoit l'ame, & à qui l'esclavage le plus avilissant a ôté tout sentiment de grandeur & de gloire. Les richesses que la nature a semées sous leurs pas ne les tentent point. Ils ont la même insensibilité pour les honneurs. Ils font ce que l'on veut, sans chagrin ni préférence, Serfs ou caciques, l'objet de la considération ou de la risée publique. Tous les ressorts de leur ame sont brisés. Celui de la crainte même est souvent sans effet par le peu d'attachement qu'ils ont à la vie. . . . Ils s'enivrent & ils dansent: voilà tous leurs plaisirs, quand ils peuvent oublier leurs malheurs. La paresse est leur état d'habitude.

bitude. *Je n'ai pas faim*, disent-ils, à qui veut les payer pour travailler.

Quoi que les Caraïbes n'eussent aucune espèce de Gouvernement, leur tranquilité n'étoit pas troublée. Ils devoient la paix, dont ils jouissoient, à cette pitié innée qui précède toute réflexion, & d'où découlent les vertus sociales. Cette douce compassion prend sa source dans l'organisation de l'homme, auquel il suffit de s'aimer lui-même pour haïr le mal de ses semblables. Ainsi, pour humaniser les despotes, il suffiroit qu'ils fussent eux-mêmes les boureaux des victimes qu'ils immolent à leur orgueil, & les exécuteurs des cruautés qu'ils ordonnent. Il faudroit qu'ils mutilassent de leurs mains voluptueuses les eunuques de leur sérail; qu'ils allassent dans les champs de bataille recueillir le sang, entendre les imprécations, voir les convulsions & l'agonie de leurs soldats mourans; qu'ils entrassent dans les hôpitaux pour y considérer à loisir les plaies, les fractures, les maladies occasionnées par la famine, par les travaux périlleux & mal-sains, par la dureté des corvées & des impôts, par les calamités qui naissent des vices de leur caractère. Combien ces sortes des spectacles ménagés à l'éducation des Princes épargneroient de crimes & de maux aux humains! Que les larmes des Rois vaudroient de biens aux Peuples!

Dans un Etat despotique il n'y a de coupable que le despote? le sujet d'un despote est, de même que les esclaves, dans un état contre nature. Tout ce qui contribue à y retenir l'homme est un attentat contre sa personne. Toutes les mains qui l'attachent à la tyrannie d'un seul font des mains ennemies.

Le tyran ne peut rien par lui-même; il n'est que le mobile des efforts que font tous ses sujets pour s'opprimer mutuellement. Il les entretient dans un état de guerre continuelle qui rend légitimes les vols, les trahisons, les assassinats. Ainsi que le sang qui coule dans ses veines, tous les crimes partent de son cœur & reviennent s'y concentrer. Caligula disoit que si le genre-humain n'avoit qu'une tête il eût pris plaisir à la faire tomber; Socrate auroit dit que si tous les crimes pouvoient se trouver sur une même tête, ce seroit celle-là qu'il faudroit abattre.

Ce n'est point à des marins, à des insulaires, aux Peuples des montagnes, que le despotisme peut en imposer long-temps.

La puissance absolue porte dans sa nature un poison si subtil, que les despotes mêmes qui s'embarquoient pour l'Amérique avec des vues honnêtes, ne tardoient pas de s'y corrompre. Quand l'ambition l'avarice ou l'orgueil ne les auroient pas entamés, pouvoient-ils resister à la flatterie, qui ne manque jamais d'élever sa bassesse sur la servitude générale, & d'avancer sa fortune dans les maux publics?

Ce ne sont pas des Hommes qui devroient gouverner des Hommes, c'est la loi. Otez aux administrateurs cette mesure commune, cette regle de leurs jugemens; il n'y aura plus de droit, plus de sûreté ni de liberté civile. Dès lors on ne verra qu'une foule de décisions contradictoires; que des réglemens passagers qui s'entrechoqueront; que des ordres qui, faute de maximes fondamentales, n'auront aucune liaison entr'eux. Si l'on déchiroit le corps des loix, dans l'empire même le mieux constitué par sa nature, on verroit bien-tôt que ce ne seroit pas assez d'être juste, pour le bien conduire. La sagesse des meilleurs têtes ne suffiroit pas. Comme elles n'auroient pas toutes le même esprit, & que l'esprit de chacun ne seroit pas toujours dans la même situation, l'état ne tarderoit pas à être bouleversé.

L'expérience de tous les âges a prouvé que la tranquilité qui naît du pouvoir absolu, refroidit les esprits, abat le courage, rétrécit le génie, jette une Nation entière dans une lethargie universelle. Mais exposons les dégrés successifs de cette misère, & que les Peuples connoissent le profond anéantissement dans lequel ils croupissent ou dont ils sont ménacés.

Au moment où s'est élevé au centre d'une Nation, le grand fantôme sur lequel on ne porte ses regards qu'en tremblant, les sujets se partagent en deux classes. Les uns s'éloignent par crainte, les autres s'approchent par ambition & ceux-ci se promettent la sécurité dans la conscience de leur bassesse : ils forment entre le Despote & le reste de la Nation, un ordre de tyrans subalternes, non moins ombrageux & plus cruels que leur maître : ils n'ont à la bouche que ces mots, le Roi; le Roi l'a dit; le Roi le veut; j'ai vu le Roi; j'ai soupé avec le Roi; c'est l'intention du Roi. Ces mots sont toujours écoutés avec étonnement, & finissent par être pris pour des ordres souverains. S'il reste quelque énergie, c'est dans le militaire, qui sent toute son importance, & qui n'en devient que plus insolent; & le Prêtre quel rôle joue-t-il ? Favorifé, il achève d'abrutir les Peuples par fon exemple & par fes difcours. Négligé, il prend de l'humeur, il devient facticux, & cherche un fanatique qui fe dévoue. Par-tout où il n'y a ni loix fixes, ni juftice, ni formes conftantes, ni propriétés réelles, le Magiftrat eft peu de chofe, ou n'eft rien ; il attend un figne pour être ce qu'on voudra. Le grand Seigneur rampe devant le Prince, & les Peuples rampent devant les grands Seigneurs. La dignité naturelle de l'homme s'eft éclipfée ; il n'a pas la moindre idée de fes droits. Autour du Defpote, de fes fuppôts, de fes favoris, les fujets font foulés aux pieds, avec la même inadvertance que nous écrafons les infectes qui fourmillent dans la poufière de nos campagnes. La morale eft corrompue ; il vient un moment où les vexations les plus criantes, les attentats les plus inouis ont perdu leur caractère d'atrocité, & ceffent de révolter. Celui qui prononceroit les noms de vertu, de patriotifme, d'équité, ne feroit qu'une tête exaltée, expreffion qui décèle toujours une indulgence abjecte pour des défordres dont on profite. La maffe de la Nation devient diffolue & fuperftitieufe : car le defpotifme ne peut ni s'établir fans l'entremife, ni fe foutenir fans l'étai de la fuperftition : car la fervitude conduit à la débauche, qui confole & qui n'eft jamais réprimée. Les hommes inftruits, quand il en refte, ont des vues, font la cour aux Grands & profeffent la religion politique. La tyrannie menant enfuite à l'efpionage & à la délation, il y a des délateurs & des efpions dans tous les états, fans en excepter les plus diftingués. La moindre indiscrétion prenant la teinte du crime de lèse-Majesté, les ennemis sont très-dangereux, & les amis deviennent suspects. On pense peu, on ne parle point, & l'on craint de raisonner; on s'effraie de ses propres idées. Le philosophe retient sa pensée, comme le riche cache sa fortune; la vie la plus sage est la vie la plus ignorée; la méfiance & la terreur forment la base des mœurs générales. Les citoyens s'isolent, & toute une Nation devient mélancolique, pusillanime, stupide & muette. Voilà les chaînes & les symptômes funestes, ou l'échelle de misère sur laquelle chaque Peuple connoîtra le dégré de la sienne.

Ce n'est que la tyrannie qui, après avoir excité la rebellion, veut l'éteindre dans le sang des opprimés. Le machiavélisme, qui enseigne aux Princes l'art de se faire craindre & détester, leur ordonne d'étouffer les victimes dont les cris les importunent. L'humanité prescrit aux Rois la justice dans la législation, la douceur dans l'administration, la modération pour ne pas occasionner des soulèvemens, & la clémence pour les pardonner. La religion ordonne l'obéissance aux Peuples: mais avant tout, Dieu commande aux Princes l'équité; s'ils y manquent, cent mille bras, cent mille voix s'éleveront contre un seul homme au jugement du ciel & de la terre.

L'injustice s'attache à l'homme par des nœuds qui ne se rompent qu'avec le fer. Le crime engendre le crime; le sang attire le sang; & la terre demeure un théâtre éternel de désolation, de larmes, de misère & de deuil, où les Nations viennent successivement se baigner dans le carnage, s'arracher les entrailles, & se renverser dans la poussière.

L'esclave est communément si abruti, qu'il n'ose braver son tyran ; il ne peut le haïr : mais le cœur de l'homme qui a vu tomber ses fers a plus d'énergie, il hait & brave les blancs.

Telle est donc la marche de l'homme vers l'indépendance, qu'après avoir secoué le joug, il veut l'imposer ; & que le cœur le plus impatient de la servitude devient le plus amoureux de la domination.

Dans cet état de dégradation (*le despotisme*) que font les hommes ? leurs regards contraints n'osent se lever vers la voute des cieux ; ils manquent également & de lumières pour voir leurs chaînes & d'ame pour en sentir la honte. Eteint dans les entraves de la servitude, leur esprit n'a pas assez d'énergie pour saisir les droits inséparables de leur être. On pourroit douter si ces esclaves ne sont pas aussi coupables que leurs tyrans, & si la liberté a plus à se plaindre de ceux qui ont l'insolence de l'envahir que de l'imbécilité de ceux qui ne la savent pas défendre. Cependant vous entendrez dire que le gouvernement le plus heureux seroit celui d'un Despote, juste, ferme, éclairé. Quelle extravagance ! Ne peut-il pas arriver que la volonté de ce Maître absolu soit en contradiction avec la volonté de ses sujets ? Alors, malgré toute sa justice & toutes ses lumières, n'auroit-il pas tort de les dépouiller de leurs droits, même pour leur avantage ? Est-il jamais permis à un homme, quel qu'il soit, de traiter ses commettans comme un troupeau de bêtes ? On force celles-ci à quitter un mauvais pâturage pour passer dans un plus gras; mais ne seroit-ce pas une tyrannie d'employer la même violence avec une société d'hommes? S'ils disent *nous sommes bien ici*; s'ils disent même d'accord *nous y sommes mal, mais nous y voulons rester*; il faut tâcher de les éclairer, de les détromper, de les amener à des vues saines par la voie de la persuasion, mais jamais par celle de la force.

Jamais les tyrans ne consentiront librement à l'extinction de la servitude, & pour les amener à cet ordre de chose, il faudra les ruiner ou les exterminer.

Le despotisme s'élève avec des soldats & se dissout par eux. Dans sa naissance c'est un lion qui cache ses griffes pour les laisser croître; dans sa force c'est un frénétique, qui déchire son corps avec ses bras; dans sa vieillesse c'est Saturne qui, après avoir dévoré ses enfans, se voit honteusement mutilé par sa propre race.

Les Souverains absolus ont craint que l'esprit républicain n'arrivât jusqu'à leurs sujets, dont tous les jours ils appésantissent de plus en plus les fers. Aussi s'apperçoit-on d'une conspiration secrette entre toutes les Monarchies, pour détruire & sapper insensiblement les Etats libres; mais la liberté naîtra du sein de l'opinion: elle est dans tous les cœurs; elle passera par les écrits publics dans les ames éclairées, & par la tyrannie dans l'ame du Peuple. Tous les hommes sentiront enfin, & le jour du reveil n'est pas loin, ils sentiront que la liberté est le premier don du ciel, comme le premier germe de la vertu. Les instrumens du despotisme en deviendront les destructeurs, & les ennemis de l'humanité, ceux qui ne semblent aujourd'hui armés que pour l'exterminer, combattront un jour pour sa défense.

La tyrannie, dit-on, *est l'ouvrage des Peuples & non des Rois.* Pourquoi la souffre-t-on ? Pourquoi ne réclame-t-on pas avec autant de chaleur contre les entreprises du despotisme, qu'il emploie de violence & d'artifice lui-même, pour s'emparer de toutes les facultés des hommes ? Mais est-il permis de se plaindre & de murmurer sous les verges de l'oppresseur ? N'est-ce pas l'irriter, l'exciter à frapper jusqu'au dernier soupir la victime ? A ses yeux, les cris de la servitude sont une rebellion. On les étouffe dans une prison, souvent même sur un échaffaut. L'homme qui révendiqueroit les droits de l'homme, périroit dans l'abandon ou dans l'infamie. On est donc réduit à souffrir la tyrannie, sous le nom de l'autorité ?

La Nation Despote est un hydre à mille têtes qui ne peuvent être coupées que par mille glaives levés à-la-fois.

DE L'OPPRESSION.

L'oppression n'est que dans les travaux & dans les tribus forcés; dans les levées arbitraires, soit d'hommes, soit d'argent, pour composer des armées destinées à périr; dans l'exécution violente des loix imposées sans le consentement des Peuples, & contre la réclamation des Magistrats; dans la violation des privilèges publics & l'établissement des privilèges particuliers; dans l'incohérance des principes d'une autorité qui, se disant établie de Dieu par l'épée, veut tout prendre avec l'une & tout ordonner avec l'autre, s'armer du glaive dans le sanctuaire, & de la religion dans les tribunaux. Voilà l'oppression : jamais elle n'est dans une soumission volontaire des esprits, ni dans la pente & le vœu des cœurs, en qui la persuasion opère & précède l'inclination, qui ne font que ce qu'ils aiment à faire, & n'aiment que ce qu'ils font. C'est-là le doux empire de l'opinion, le seul, peut-être, qui soit permis à des hommes d'exercer sur des hommes, parce qu'il rend heureux ceux qui s'y abandonnent.

DE LA POLITIQUE.

Il y a une infinité d'erreurs politiques qui, une fois adoptées, deviennent des principes.

Un Etat ne doit point se laisser gouverner par l'influence de ses voisins ; s'il est sage, il doit avoir des forces relativement à sa situation ; & il n'a jamais plus d'ennemis que de moyens, à moins que son ambition ne soit démésurée ; il a des alliés qui, pour leur propre sûreté, soutiennent ses intérêts avec autant de chaleur que de bonne-foi.

Ce n'est pas toujours un avantage pour une Nation de demeurer en paix lorsque tous les Peuples sont en armes. Dans le monde politique comme dans le monde physique, un grand événement a des effets très-étendus. L'élévation ou la ruine d'une puissance intéressent toutes les autres, celles mêmes qui sont les plus éloignées des champs du carnage, sont souvent les victimes de leur modération ou de leur foiblesse.

La Nation à laquelle une grande catastrophe n'apprend rien est perdue sans ressource, ou sa restauration est renvoyée à des siècles si reculés, qu'il est vraisemblable qu'elle sera plutôt anéantie que régénérée.

La politique a des yeux & point d'entrailles.

Une grande erreur domine dans la politique moderne, c'est celle d'affoiblir autant qu'on peut les ennemis ; mais aucune Nation ne peut travailler à la ruine des autres sans préparer & avancer son asservissement. Sans doute il est des momens où la fortune offre tout-à-coup un grand accroissement de puissance à un Peuple, mais une prospérité subite est peu durable; souvent il vaudroit mieux soutenir des rivaux que de les opprimer. Sparte refusa de rendre Athènes esclave, & Rome se répentit d'avoir ruiné Carthage.

Cette élévation de sentimens épargneroit bien des mensonges, bien des crimes à la politique, qui depuis deux ou trois siècles, a eu des objets plus variés & plus importans. Son action étoit autrefois très-resserrée; rarement passoit-elle les frontières de chaque Peuple. Sa sphère s'est singuliérement aggrandie à mesure que les Nations les plus éloignées les unes des autres ont formé des liaisons entr'elles: elle a sur-tout reçu un accroissement immense, lorsque, par des découvertes heureuses ou malheureuses, toutes les parties de l'Univers ont été subordonnées à celle que nous habitons.

Semblable à l'insecte insidieux qui fabrique ses filets dans l'obscurité, la politique tendit sa toile au milieu de l'Europe & l'attacha en quelque manière à toutes les Cours. On n'en peut toucher aujourd'hui un seul fil sans les tirer tous. Le moindre Souverain a quelqu'intérêt caché dans les traités entre les grandes Puissances. Deux petits Princes d'Allemagne ne peuvent faire l'échange d'un fief ou d'un domaine, sans être croisés ou secondés par les Cours de Vienne, de Versailles ou de Londres. Il faut négocier des années entières dans les cabinets pour un léger arrondissement de terrein. Le sang des Peuples est la seule chose qu'on ne marchande pas. Une guerre est décidée en deux jours, une paix traîne des années entières;

cette lenteur dans les négociations, qui vient de la nature des affaires, tient encore souvent au caractère des négociateurs.

Tel est le fruit des jalousies nationales, de cette cupidité des Gouvernemens qui dévore les terres des hommes. On compte pour une perte tout ce que gagne un voisin, pour un gain tout ce qu'on lui fait perdre ; quand on ne peut prendre une place, on l'affame pour en faire mourir les habitans : si l'on ne peut la garder, on la met en cendres ; on la rase plutôt que de se rendre ; on fait sauter un vaisseau, une fortification par le jeu des poudres & des mines. Le Gouvernement met de grands déserts entre ses ennemis & ses esclaves, pour empêcher l'irruption des uns & l'émigration des autres. L'Espagne a mieux aimé se dépeupler elle-même, & faire de l'Amérique une cimetiere, que d'en partager les richesses avec les Européens. Les Hollandois ont commis tous les crimes secrets & publics, pour dérober aux autres Nations commerçantes la culture des épiceries. Les François ont livré la Louysiane aux Espagnols, de peur qu'elle ne tombât entre les mains des Anglois. L'Angleterre fit périr les François neutres de l'Acadie, pour qu'ils ne retournassent pas à la France. Et l'on dit ensuite que la police & la société sont faites pour le bonheur de l'homme ! oui, de l'homme puissant, oui, de l'homme méchant.

DE L'ADMINISTRATION DES ETATS.

On fronde avec amertume les fausses opérations du Gouvernement; & lorsqu'il arrive par hasard, d'en faire une bonne, on garde le silence. Peuples dites-moi, est-ce donc la reconnoissance que vous devez à ceux qui s'occupent de votre bonheur ? Cette espèce d'ingratitude est-elle bien propre à les attacher à leurs pénibles devoirs ? Est-ce ainsi que vous les engagerez à les remplir avec distinction ? si vous voulez qu'ils soient attentifs au murmure de votre mécontentement lorsqu'il vous vexent, que les cris de votre joie frappent leurs oreilles avec éclat, lorsque vous en êtes soulagés. A-t-on allégé le fardeau de l'impôt, illuminez vos maisons ; sortez en tumulte ; remplissez vos temples & vos rues ; allumez des bûchers ; chantez & dansez à l'entour ; prononcez avec allégresse, benissez le nom de votre bienfaiteur. Quel est celui d'entre les administrateurs de l'empire qui ne soit flatté de cet hommage ? Quel est celui qui se résoudra, soit à sortir de place, soit à mourir, sans l'avoir reçu ? Quel est celui qui ne désirera pas d'augmenter le nombre de ces espèces de triomphes ? Quel est celui dont les petits fils n'entendront pas dire avec un noble orgueil : *son ayeul fit allumer 4 fois, 5 fois les feux pendant la durée de son administration ?* Quel est celui qui n'ambitionera pas de laisser à ses descendans cette sorte d'illustration ? Quel est celui sur le marbre funéraire duquel on oseroit annoncer le poſte qu'il occupa pendant ſa vie, ſans faire mention des fêtes publiques, que vous célébrâtes en ſon honneur ? Cette réticence transformeroit l'inſcription en une ſatyre. Peuples, vous êtes également vils, & dans la miſère, & dans la félicité : vous ne ſavez ni vous plaindre, ni vous rejouir.

Une liberté donnée à un Peuple ne fut jamais un privilège excluſif & perpétuel qui pût ôter au Prince de qui il émanoit, le droit de le communiquer à d'autres Peuples.

Si les puiſſances du premier ordre commettent rarement des fautes impunies, la moindre négligence de la part des Souverains ſubalternes, à qui de vaſtes & riches territoires n'offrent aucune prompte & grande reſſource, ne peut avoir que des ſuites funeſtes. Les petits Etats ſont deſtinés à s'aggrandir ou à diſparoître.

La proſpérité publique peut elle augmenter, lors qu'on foule aux pieds la juſtice ; lorſque le miniſtère encourage la mauvaiſe foi, en lui offrant un aſyle ſous la protection de la loi : car ſi la loi ne pourſuit pas, elle protège ; lors qu'on fomente entre les citoyens le germe d'une méfiance qui doit, en ſe développant, en faire autant de fripons ennemis les uns des autres ; lorſque des emprunts, ſans aucune ſorte de garantie, ſeront devenus impoſſibles ou ruineux ; lorſque le brigandage de l'uſure s'exercera ſans aucun frein qui le retienne ; lorſqu'il n'y aura plus de crédit, ni au-dedans ni au-dehors de l'Etat, & que la Nation entière paſſera pour un aſſemblage d'hommes, ſans mœurs & ſans principes ? Non, la félicité générale ne peut avoir de baſe ſolide, sans la validité des engagemens qui en sont la source. Le fisc lui-même doit se libérer par les voies & les regles de la justice. La banqueroute du Gouvernement est un scandale, une atteinte plus funeste encore à la morale de la société, qu'à la fortune des citoyens.

En quelque lieu du monde ou par quelque motif qui se puisse être, l'autorité ne doit point s'asseoir à la place de la justice, ni la probité ou la vertu, à la place de la loi; parce qu'il n'y a point d'autorité qu'on ne puisse corrompre; parce qu'il n'y a ni probité ni vertu qu'on ne puisse ébranler.

Personne n'a plus d'intérêt ni de droit au bon Gouvernement d'un pays, que ceux à qui la naissance y donne de plus grandes possessions.

La rage de jouir avant le tems, & sans mesure; cette maladie qui a gagné le Gouvernement d'une Nation, (la Nation Françoise) digne pourtant d'être aimée de ses maîtres, cette prodigalité qui moissonne quand il faudroit semer; qui détruit d'une main le passé, de l'autre l'avenir; qui seche & dévore le fond des richesses par l'anticipation des revenus; ce désordre qui résulte des besoins où le défaut de principes & d'expérience ne manque jamais de réduire un état qui n'a que des forces sans vues & des moyens sans conduite; l'anarchie qui règne au timon des affaires; la précipitation, la brigue subalterne, le vice ou le manque de projets; d'un côté, la hardiesse de tout faire impunément, & de l'autre, la crainte de parler, même pour le bien public: ce concours de maux qui s'entraînent de loin, fit passer la Grénade au pouvoir de la Grande

Brétagne qui fut maintenue dans sa conquête par le traité de 1763.

Un Etat où la prospérité de la Nation est sacrifiée à la forme du Gouvernement ; où l'art de tromper les hommes, est l'art de façonner les sujets ; où l'on veut des esclaves & non des citoyens ; où l'on fait la guerre & la paix, sans consulter, ni l'opinion, ni le vœu du public ; où les mauvais desseins ont toujours des appuis dans les intrigues, dans la débauche, dans la pratique du monopole ; où les bons sujets ne sont reçus qu'avec des moyens & des entraves qui le font avorter : est-là la patrie à qui l'on doit son sang.

L'intérêt du Gouvernement n'est que celui de la Nation. L'autorité divise ce grand intérêt, lorsque les volontés particulières sont substituées à l'ordre établi ; les loix & les loix seules doivent régner. Cette règle universelle n'est pas un joug pour le citoyen ; mais une force qui le protège, une vigilance qui assure sa tranquillité. Il se croit libre, & cette opinion qui fait son bonheur, décide de sa soumission. Les fantaisies arbitraires d'un administrateur inquiet & entreprennant viennent-elles renverser cet heureux système, les Peuples qui par habitude, par préjugé ou par amour-propre, sont assez généralement portés à regarder le Gouvernement sous lequel ils vivent comme le meilleur de tous perdent une illusion que rien ne peut remplacer.

L'autorité divise ce grand intérêt lorsqu'elle préserve opiniâtrément dans une erreur où elle est tombée. Qu'un fol orgueil ne l'aveugle pas, & elle verra que des variations qui la ramène-
ront

ront au vrai & au bon, loin d'affoiblir ses ressorts, les fortifieront. Revenir d'une méprise dangereuse, ce n'est pas se démentir, ce n'est pas étaler aux Peuples l'inconstance du Gouvernement, c'est leur en montrer la sagesse, la droiture ; si leur respect devoit diminuer, ce seroit pour la puissance qui ne connoîtroit jamais ses torts, ou les justifieroit toujours, & non pour celle qui les avoueroit & s'en corrigeroit.

L'autorité divise ce grand intérêt, lorsqu'elle sacrifie à l'état terrible & passager des exploits guerriers la tranquillité, l'aisance & le sang des Peuples. Vainement cherche-t-on à justifier ces penchans destructeurs par des statues & des inscriptions. Ces monumens de l'arrogance & de la flatterie seront détruits un jour par le temps, ou renversés par la haine ; il n'y aura de mémoire respectée que celle du Prince qui aura préféré la paix qui devoit rendre ses sujets heureux, à des victoires qui n'eussent été que pour lui ; qui aura regardé son Empire comme sa famille ; qui n'aura usé de son pouvoir que pour l'avantage de ceux qui le lui avoient confié ; son nom & son caractère seront généralement chéris. Les pères instruiront leur postérité du bonheur dont ils ont joui ; ces enfans le rediront à leurs neveux, & ce délicieux souvenir, conservé d'âge en âge, se perpétuera dans chaque foyer & dans tou les siècles.

L'autorité divise ce grand intérêt, lorsque les places qui décident du repos public sont confiées à des intrigans vils & corrompus ; lorsque la faveur obtient les récompenses dues aux services.

G

Un bon Gouvernement peut quelquefois faire des mécontens, mais quand on fait beaucoup de malheureux sans aucune sorte de prospérité publique, c'est alors que le Gouvernement est vicieux de sa nature.

Le genre-humain est ce qu'on veut qu'il soit, c'est la manière dont on le gouverne qui le décide au bien ou au mal.

Un Etat ne doit avoir qu'un objet, & cet objet est la félicité publique. Chaque Etat a sa manière d'aller à ce but, & cette manière est son esprit, son principe auquel tout est subordonné.

Un Peuple ne peut avoir d'industrie pour les arts, ni de courage pour la guerre sans commerce & sans amour pour le Gouvernement. Mais dès que la crainte a rompu tous les autres ressorts de l'ame, une nation n'est plus rien, un Prince est exposé à mille entreprises au-dehors, à mille dangers au-dedans ; méprisé de ses voisins, haï de ses sujets, il doit trembler jour & nuit sur le sort de son royaume & sur sa propre vie. C'est un bonheur pour une Nation que le commerce, les arts & les sciences y fleurissent. C'est même un bonheur pour ceux qui la gouvernent quand ils ne veulent pas la tyranniser ; rien n'est si facile à conduire que des esprits justes, mais rien ne hait autant qu'eux la violence & la servitude ; donnez des Peuples éclairés au Monarque, laissez les brutes aux Despotes.

Il est des Empires où l'on vend également le droit de se ruiner, celui de se libérer & celui de s'enrichir, parce que le bien & le mal, soit public, soit particulier, peuvent y devenir un objet de finance.

Tel est l'enchaînement nécessaire des événemens qui changent sans cesse les intérêts des Empires, qu'il est souvent arrivé, & qu'il arrivera souvent que les spéculations les plus profondes, que les combinaisons les plus sages en apparence, ont été trompées & le seront encore. On ne saisit que l'avantage du moment dans la chose où rien n'est si commun que de voir le bien naître du mal & le mal naître du bien. S'il est vrai des particuliers qu'ils ont long-temps soupiré après leur malheur, cela l'est plus encore des Souverains. On ne fait jamais entrer en calcul les caprices du sort si sujet à se jouer de la prudence des hommes, & l'on a raison de penser toutes les fois qu'un facheux hasard se cache dans un avenir éloigné & obscur, qu'il est presque sans vraisemblance, & qu'en le supposant arrivé, il ne s'ensuivra pas une ruine totale. Mais un Peuple sera gouverné par un Ministre insensé, lorsqu'on fermera les yeux sur la tranquillité, sur la sûreté de l'Etat, pour ne les tenir ouverts que sur son agrandissement; lorsque sans considération, une malheureuse petite Isle occasionnera des soins & des dépenses qui ne seront compensées par aucun fruit, & qu'on se laissera éblouir de la gloire frivole de l'avoir ajoutée à la domination nationale; lorsqu'en se refusant à des restitutions stipulées, on cimentera entre la puissance usurpatrice & la puissance lésée des haines, qui seront suivies tôt ou tard d'effusion de sang sur les mers & sur le continent; lorsque pour la conservation de quelques places, on sera forcé d'y emprisonner des soldats qui s'abâtardiront dans une longue oisiveté; lorsqu'on suscitera des jalousies durables, ou des prétentions toutes prêtes à se renouveller & à mettre deux Peuples en armes ; lorsqu'on oubliera qu'entre deux Nations établies, un autre Empire est quelquefois la meilleure barrière qu'ils puissent avoir, & qu'il est imprudent & dangereux de se donner, par l'extinction de la Nation interposée, un voisin ambitieux, turbulent, guerrier & puissant ; que tout domaine séparé d'un Etat par une grande distance, est précaire, dispendieux, mal défendu & mal administré ; que ce seroit sans contredit, un vrai malheur pour deux Nations qu'une possession en-deçà ou au-delà du fleuve qui leur sert de limite ; que renoncer à une contrée que diverses Puissances révendiquent, c'est communément s'épargner des peines superflues, des allarmes & des guerres ; & la céder à un de ceux qui l'envient, c'est lui faire présent des mêmes calamités ; en un mot, qu'un Souverain qui auroit vraiment du génie, le montreroit peut-être même encore plus à saisir les avantages réels de son pays, qu'à abandonner à des Nations rivales des avantages trompeurs, dont elles ne sentiroient qu'avec le temps les conséquences funestes : c'est une espèce de piège sur lequel la fureur de s'étendre les aveuglera toujours.

On ne voit point de terme au mal-être des Peuples ; le terme de leur bien-être est au contraire toujours prochain. Il faut une longue suite d'événemens favorables pour les tirer de la misère. Il ne faut qu'un instant pour les y précipiter.

L'art de maintenir l'autorité est un art délicat ; qui demande plus de circonspection qu'on ne pense. Ceux qui gouvernent sont trop accoutumés peut-être à mépriser les hommes. Ils les regardent trop comme des esclaves courbés par la nature, tandis qu'ils ne le sont que par l'habitude. Si vous les chargez d'un nouveau poids, prenez garde qu'ils ne se redressent avec fureur. N'oubliez pas que le lévier de la puissance, n'a d'autre appui que l'opinion ; que la force de ceux qui gouvernent n'est réellement que la force de ceux qui se laissent gouverner. N'avertissez pas les Peuples distraits par les travaux, ou endormis dans les chaînes, de lever les yeux jusqu'à des vérités trop rédoutables pour vous ; & quand ils obéissent ne les faites pas souvenir qu'ils ont le droit de commander. Dès que le moment de ce réveil sera venu ; dès qu'ils auront pensé qu'ils ne sont pas faits pour leurs chefs, mais que leurs chefs sont faits pour eux ; dès qu'une fois il auront pu se rapprocher, s'entendre & prononcer d'une voix unanime : *nous ne voulons pas de cette loi, cet usage nous déplaît* ; point de milieu, il vous faudra pour alternative inévitable, ou céder ou punir, être foibles ou tyrans ; & votre autorité désormais détestée ou avilie, quelque parti qu'elle prenne, n'aura plus à choisir de la part des Peuples que l'insolence ouverte ou la haine cachée.

Le premier devoir d'une administration sage est donc de ménager les opinions dominantes dans un pays : car les opinions sont la propriété la plus chère des Peuples, propriété plus chère que leur fortune même. Elle peut travailler sans doute à les rectifier par les lumières, à les changer par la persuasion, si elles diminuent les forces de l'Etat ; mais il n'est pas permis de les contrarier sans nécessité.

Un acte de rigueur en impose quelque-fois. Les Peuples qui ont murmuré tant que l'orage ne faisoit que gronder au loin, se soumettent souvent lorsqu'il vient à fondre sur eux. C'est alors qu'ils pèsent les avantages & les désavantages de la résistance ; qu'ils mésurent leurs forces & celles de leurs oppresseurs ; qu'une terreur panique saisit ceux qui ont tout à perdre & rien à gagner ; qu'ils élèvent la voix, qu'ils intimident, qu'ils corrompent ; que la division s'élève entre les esprits, & que la société se partage en deux factions qui s'irritent, en viennent quelquefois aux mains, & s'entregorgent sous les yeux de leurs tyrans qui voient couler ce sang avec une douce satisfaction. Mais les tyrans ne trouvent guères de complices que chez les Peuples déja corrompus. Ce sont les vices qui leur donnent des alliés parmi ceux qu'ils oppriment, c'est la molesse qui s'épouvante & n'ose faire l'échange de son répos contre des périls honorables. C'est la vile ambition de commander qui prête ses bras au despotisme, & consent à être esclave pour dominer ; à livrer un Peuple pour partager sa dépouille ; à renoncer à l'honneur pour obtenir des honneurs & des titres : c'est sur-tout l'indifférente & froide personnalité, dernier vice d'un Peuple, dernier crime des Gouvernemens, car c'est toujours le Gouvernement qui la fait naître : c'est elle qui, par principe, sacrifie une Nation à un homme, & le bonheur d'un siècle de la postérité, à la jouissance d'un jour & d'un moment. Tous ces vices, fruits d'une société opulente & voluptueuse, d'une société vieille & parvenue à son dernier terme, n'appartient point à des Peuples agriculteurs & nouveaux.

Pour gouverner une grande Nation il faut un grand caractère. Il ne faut point sur-tout de ces ames indifférentes & froides par légéreté, pour-qui l'autorité absolue n'est qu'un amusement, qui laissent flotter au hasard de grands intérêts, & sont plus occupés à conserver leur pouvoir qu'à s'en servir.

Dans les Etats Monarchiques, un moyen d'exclure un habile homme d'une place importante, moyen que la haine ou la jalousie ne manquent guère d'employer, c'est d'anticiper sur la nomination de la Cour par le choix populaire. Le même moyen réussiroit aussi sûrement entre les Cours. Pour détourner un Ministre d'une bonne opération, un autre Ministre n'auroit qu'à s'emparer de la gloire de s'en être avisé le premier, en la divulguant, pour empêcher qu'elle se fît. Rien de plus rare entre les Ministres d'une même Cour, que d'en avoir un assez grand, assez honnête, assez bon citoyen, pour suivre un projet commencé par son prédécesseur. C'est ainsi que les abus s'éternisent chez la même Nation. C'est ainsi que tout s'entame & que rien ne s'achève, par un fol orgueil, dont l'influence fatale se répand sur toutes les branches de l'administration, & qui suspend les progrès de la civilisation, qui auroit fixé les Peuples dans l'état barbare, si leurs chefs en avoient été constamment & dans tous les temps, également entêtés.

DE L'ADMINISTRATION DE LA JUSTICE.

Il seroit à souhaiter que par-tout le Juge pût être pris à partie. S'il a mal jugé par incapacité, il est coupable ; par iniquité, il l'est bien davantage.

A mesure que les sociétés s'accroissent & durent, la corruption s'étend ; les délits, sur-tout ceux qui naissent de la nature du climat, dont l'influence ne cesse point, se multiplient, & les châtimens tombent en désuétude, à moins que le code ne soit sous la sanction des Dieux. Nos loix ont prononcé une peine sévère contre l'adultère. Qui est-ce qui s'en doute ?

Avant les loix, la condition de l'homme différoit peu de la condition animale ; & aucun préjugé n'attachoit de la turpitude à une action naturelle.

Une ordonnance est ridicule toutes les fois qu'il y a des voies certaines pour l'éluder.

Les tourmens de la question n'ont jamais donné de lumières que sur le courage ou la foiblesse de ceux qu'un préjugé barbare y condamnoit.

Il n'y a aucune contrée où l'on ne connoisse le prix de tout, excepté de l'homme. Les Nations les plus policées n'en sont pas encore venues jusques-là. Témoin la multitude des peines capitales infligées par-tout, & pour des délits assez frivoles. Il n'y a pas d'apparence que des Nations, où l'on condamne à la mort une jeune fille de dix-huit ans, qui pourroit être mère de cinq ou six enfans; un homme sain & vigoureux de trente ans, pour le vol d'une pièce d'argent, aient médité sur ces tables de la probabilité de la vie humaine, qu'ils ont si savament calculées, puisqu'elles ignorent combien la cruauté de la nature immole d'individus, avant que d'en amener un à cet âge. On répare sans s'en douter, un petit dommage fait à la société par un plus grand. Par la sévérité du châtiment, on pousse le coupable du vol à l'assassinat. Quoi donc! Est-ce que la main qui a brisé la serrure d'un coffre fort, ou même enfoncé un poignard dans le sein d'un citoyen, n'est plus bonne qu'à être coupée? Quoi donc! Parce qu'un débiteur infidèle ou indigent n'est pas en état de s'acquitter; faut-il le réduire à l'inutilité pour la société, à l'insolvabilité pour vous, en le renfermant dans une prison? Ne conviendroit-il pas mieux à l'intérêt public & au vôtre, qu'il fît quelqu'usage de son industrie & de ses talens, sauf à l'action que vous avez légitimement intentée contre lui à le suivre partout, & à s'y saisir d'une portion de son lucre, fixée par quelque sage loi. Mais il s'expatriera? Et que vous importe qu'il soit en Angleterre ou au petit Châtelet? En serez-vous moins déchu de votre créance? Si les Nations se concertoient entr'elles, le malfaiteur ne trouveroit d'asyle nulle part. Si vous étendez un peu vos vues, vous concevrez que le débiteur qui vous échappe par la fuite, ne peut faire fortune chez l'étranger sans s'acquitter d'une portion de sa dette, par ses besoins & par les échanges réciproques des Nations. C'est des vins de France qu'il s'enivrera à Londres; c'est des soies de Lyon que sa femme se vêtira à

Cadix & à Lisbonne. Mais ces spéculations sont trop abstraites & trop patriotiques pour un créancier cruel qui, tourmenté de son avarice & de sa vengeance, aime mieux tenir son malheureux débiteur dans les fers, couché sur de la paille, & l'y nourrir de pain & d'eau, que de le rendre à la liberté. Elles n'auroient pas dû échapper aux Gouvernemens & aux législateurs ; & c'est à eux qu'il faut s'en prendre des barbares absurdités qui existent encore à cet égard chez ces Nations prétendues policées.

L'établissement d'un Tribunal tel que la Chambre de justice qui fut élevée en France, anéantit les droits du citoyen, qui ne doit compte de ses actions qu'à la loi ; il fait pâtir tous les hommes riches que leur fortune, bien ou mal, acquise, désigne à leur proscription ; il encourage les délateurs qui marquent du doigt à la tyrannie, ceux qu'il est avantageux de ruiner ; il est composé de sangsues impitoyables qui voient des criminels par-tout où ils soupçonnent de l'opulence ; il épargne des brigands, qui savent se mutiler à propos, pour dépouiller les ames honnêtes, défendues seulement par leur innocence ; il sacrifie les intérêts du fisc aux fantaisies de quelques favoris avides, débauchés & dissipateurs.

Nous demanderons au nom de l'humanité quel étoit son crime dans l'ordre des loix ? Le glaive redoutable de la justice n'a point été déposé entre les mains des Magistrats, pour venger des haines particulières, ni même pour suivre les mouvemens de l'indignation publique. C'est à la loi seule qu'il appartient à marquer les victimes ; & si les clameurs d'une multitude aveugle & passionnée pouvoient décider les Juges à prononcer une peine capitale, l'innocence prendroit la place du crime, & il n'y auroit plus de sûreté pour le citoyen.

Une suspension générale de la justice deviendroit un des plus redoutables fléaux, dont l'espèce humaine pût être affligée.

Dois-je être surpris que vous donniez réciproquement retraite à vos malfaiteurs, lorsque je vois tous les jours que vous vous arrogez le droit de vous les envoyer, en prononçant contre eux le bannissement : loi aussi contraire au droit commun que le seroit au droit particulier celle qui autoriseroit un citoyen dont le chien devient enragé, à le cacher dans la maison de son voisin ?

Mais un homme qui a deux bras est toujours un bon effet... donc il ne faut pas le récéler... & il n'est pas sans espoir, comme il n'est pas sans un exemple, qu'un méchant s'amende.... Oui, un contre-cent.... Reste à savoir si pour un scélérat qui se corrigera, vous voulez acquérir cent scélérats incorrigibles.

En général, soit dans les Nations, soit dans les particuliers, la vengeance n'est point atroce chez les Peuples ou règnent les bonnes loix, parce que ces loix qui gardent les citoyens, les préservent des offenses. La vengeance n'est point un sentiment fort vif dans les guerres des grands Peuples, parce qu'ils ont peu à craindre de leurs ennemis. Mais chez de petites nations, où chaque individu tient une grande portion de l'état dans ses mains, où l'enlevement d'un seul homme menace la société de sa ruine, les guerres ne peuvent être que la vengeance, de tous contre tous.

Chez des hommes indépendans qui ont une estime d'eux-mêmes, que des hommes asservis ne peuvent avoir ; chez les sauvages, dont les affections sont peu étendues & fort vives, on doit venger sans mesure les outrages, parce qu'ils attaquent toujours la personne dans quelques endroits infiniment sensibles ; on doit poursuivre jusqu'à la dernière goutte de son sang, le meurtrier d'un ami, d'un fils, d'un frère, d'un concitoyen.

DES CAPITALES.

L'HOMME, sans doute, est fait pour la société; sa foiblesse & ses soins le démontrent. Mais des sociétés de vingt à trente millions d'hommes, des cités de quatre à cinq cent milles ames sont des monstres dans la nature : ce n'est point elle qui les forme : c'est au contraire elle qui tend sans cesse à le détruire. Elles ne se soutiennent que par une prévoyance continue & par des efforts inouis. Elles ne tarderoient pas à se dissiper, si une portion considérable de cette multitude ne veilloit à leur conservation. L'air en est infecté, les eaux en sont corrompues, la terre épuisée à de grandes distances, la durée de la vie s'y abrège ; les douceurs de l'abondance y sont peu senties, les horreurs de la disette y sont extrêmes. C'est le lieu de la naissance des maladies épidémiques ; c'est la demeure du crime, des vices, des mœurs dissolues. Ces énormes & funestes entassemens d'hommes sont encore un fléau de la Souveraineté, autour de laquelle la cupidité appelle & grossit sans interruption la foule des esclaves, sous une infinité de fonctions, de dénominations. Ces amas surnaturels de population sont sujets à fermentation & à corruption pendant la paix. La guerre vient-elle à leur imprimer un mouvement plus vif, le choc en est épouvantable.

Les sociétés naturelles sont peu nombreuses. Elles subsistent d'elles-mêmes. On n'y attend point la surabondance incommode de la population pour la diviser. Chaque division va se placer à des distances convenables. Tel fut par-tout l'état primitif des contrées anciennes; tel celui du nouveau continent.

DES TITRES ET DES DISTINCTIONS.

LE premier qui mérita la noblesse, qu'étoit-il avant de l'avoir obtenue ? Mettez à sa place un de ses illustres descendans, & il auroit laissé rôturiers ses enfans & ses neveux. La véritable noblesse étoit dans le sang & dans la destinée avant que d'exister sur un parchemin, il faut du bonheur & du mérite ; du bonheur qui nous présente aux grandes occasions ; du mérite qui nous y fasse répondre. Tous ceux qui, dans les siècles passés, se sont anoblis ; tous ceux qui s'anobliront dans les siècles à venir, ont prouvé & prouveront que le ciel ouvre ces deux grandes voies à un petit nombre d'hommes, & qu'il est aussi facile d'avoir l'ame haute sous un vêtement Bourgeois, que l'ame basse sous un cordon. Le courage, la vertu, le génie, sont de toutes les conditions.

DE LA GUERRE ET DE L'ART MILITAIRE.

On établit ce qu'on appelle le droit de la guerre; c'est-à-dire l'injustice dans l'injustice, ou l'intérêt des Rois dans le massacre des Peuples. On ne les égorge pas tous à la fois. On se réserve quelques têtes de ce bétail pour répeupler le troupeau de victimes nouvelles. Ce droit de la guerre ou des gens, fait qu'on prescrit certains abus dans l'usage de tuer. Quand on a des armes à feu, l'on défend les armes empoisonnées; & quand les boulets de canon suffisent, on interdit les balles mâchées. Race indigne du ciel & de la terre, être destructeur & tyrannique, Homme ou Démon, ne cesseras-tu point de tourmenter ce globe où tu vis un moment! Ne finiras-tu la guerre qu'avec l'anéantissement de ton espèce? Eh bien! si tu veux le hâter, vas donc chercher les poisons du Nouveau-Monde.

La guerre fut de tous les temps & de tous les Pays; mais l'art militaire ne se trouve que dans certains siècles & chez quelques Peuples. Les Grecs l'instituèrent, & vainquirent toutes les forces de l'Asie. Les Romains le perfectionnèrent & conquirent le monde. Ces deux Nations, dignes de commander à toutes les autres, puisqu'elles s'élevèrent par le génie & la vertu, durent leur supériorité à l'Infanterie où l'homme seul est dans toute sa force. Les phalanges & les légions menèrent par-tout la victoire sur leurs pas.

Lorsque la molesse eût fait prévaloir la Cavalerie

valerie dans les armées, Rome perdit de sa gloire & de ses succès ; malgré la discipline de ses troupes, elle ne put résister à des Nations barbares qui combattoient à pied.

Le génie militaire, tout mathématique qu'il est, est dépendant de la fortune qui subordonne l'ordre des opérations à la variabilité des données. Les règles sont hérissées d'exceptions que le tact doit pressentir. L'exécution même change presque toujours le plan & dérange le système d'une action. Le courage ou la timidité des troupes, la témérité de l'ennemi, le succès éventuel de ses mesures, une rencontre, un événement imprévu, un orage qui gonfle un torrent, le vent qui dérobe un piège ou une embuscade sous des tourbillons de poussière ; la foudre qui épouvante les chevaux, ou qui se confond avec le bruit des canons, la température de l'air dont l'influence agit continuellement sur les esprits du chef & sur le sang des soldats : ce sont autant d'élémens physiques ou moraux, qui, par leur inconstance, entraîne un renversement total dans les projets les mieux concertés.

La guerre, heureuse ou malheureuse, sert toujours de prétexte aux usurpations des Gouvernemens, comme si les chefs des Nations belligérantes s'y proposoient moins de vaincre leurs ennemis que d'asservir leurs sujets.

Dans toutes les Monarchies de l'Europe, le soldat n'est qu'un instrument de despotisme, & il en a les sentimens. Il croit appartenir au trône & non à la patrie ; & cent mille hommes ne sont que cent mille esclaves disciplinés & terribles. L'habitude même d'exercer l'empire de la force,

H

cet empire à qui tout cède, contribue à éteindre en eux toute idée de liberté; enfin, le régime & la subordination militaire, qui à la voix d'un seul homme meut des milliers de bras, qui ne permet ni de voir, ni d'interroger, & fait au premier signal une loi de tuer ou de mourir.

DES GRANDES ARMÉES.

LA manie d'avoir des troupes, cette fureur qui, sous prétexte de prévenir les guerres les allume; qui en amenant le despotisme des gouvernemens, prépare de loin la révolte des Peuples; qui arrachant perpétuellement l'habitant de de son foyer, & le cultivateur de son champ, éteint l'amour de la patrie en éloignant l'homme de son berceau; qui bouleverse les Nations & les transplante au-delà des terres & des mers; cet esprit mercénaire de milice, qui n'est pas l'esprit militaire, perdra tôt ou tard l'Europe. Qu'elle gloire peut-il y avoir aujourd'hui à servir des despotes qui mesurent les hommes à la toise, les prisent par leur paye, les enrôlent par force ou par subtilité, les retiennent, les congédient comme ils les ont pris, sans leur consentement? Quel honneur d'aspirer au commandement des armées sous la maligne influence des cours, où l'on donne & l'on ôte tout pour rien, où l'on élève & l'on dégrade par caprice des hommes sans mérite & sans crime, où l'on confie le ministère de la guerre à un protégé qui ne s'est distingué dans aucune occasion & à qui l'art n'est connu ni par la pratique ni par la méditation; où une favorite trace avec des mouches, sur une carte étendue sur sa toilette, la marche que suivront les armées; où pour livrer une bataille il faut envoyer solliciter la permission de la cour, délai funeste pendant lequel l'ennemi a changé de position & le moment de la victoire s'est perdu;

où à l'infu du Prince on a quelquefois ordonné à un général, fous peine de difgrace, de fe laiffer battre ; où la jaloufie, la haine, mille autres motifs déteftables font échouer les efpérances d'une campagne heureufe ; où par négligence ou par foibleffe on laiffe manquer les camps de vivres, de fourage & de munitions ; où celui qui doit obéir, s'arrêter, avancer, exécuter des mouvemens combinés, trahit fon chef & brave la difcipline fans compromettre fa tête ? Auffi, hormis les Empires naiffans & les momens de crife, plus il y a de foldats dans un Etat, plus la Nation s'affoiblit ; & plus la Nation s'affoiblit, plus on multiplie les foldats.

DE LA MARINE.

La Marine est un nouveau genre de puissance qui a donné, en quelque sorte, l'Univers à l'Europe ; cette partie si bornée du globe a acquis par ses escadres un empire absolu sur les autres beaucoup plus étendues. Une supériorité si avantageuse durera toujours, à moins que quelque événement qu'il est impossible de prévoir, ne dégoutât nos descendans d'un élément fécond en naufrages. Tant qu'il leur restera des flottes, elles prépareront les révolutions, elles promèneront les destins des Peuples, elles seront le lévier du monde ; mais ce n'est pas seulement aux extrémités de la terre ou dans des régions barbares que les vaisseaux ont porté la terreur & dicté des loix. Leur action s'est fait vivement sentir, même au milieu de nous, & a dérangé les anciens systêmes ; il s'est formé un nouvel équilibre ; du continent la balance du pouvoir a passé aux Nations maritimes. Depuis que l'Europe navigue, elle jouit d'une plus grande sécurité ; ses guerres sont peut-être aussi fréquentes, aussi sanglantes, mais elle en est moins ravagée, moins affoiblie, il y a plus d'efforts & moins de secousses. L'importance où s'est élevée la Marine, conduira avec le temps tout ce qui y a un rapport plus ou moins prochain, au degré de perfection dont il est susceptible.

DE L'OR ET DES RICHESSES.

On a bien dit que l'or repréfentoit toutes les richeffes, mais on pouvoit ajouter le bonheur, le malheur, prefque tous les vices, prefque toutes les vertus : car quelle eft la bonne ou la mauvaife action qu'on ne puiffe pas commettre avec de l'or ? Eft-il donc étonnant qu'il n'y ait rien qu'on ne faffe pour obtenir un objet de cette importance; qu'il ne devienne, après qu'on l'a obtenu, la fource des plus funeftes abus, qui fe multiplient à proportion du voifinage & de l'abondance de ce précieux & funefte métal.

De toutes les paffions qui s'allument dans le cœur de l'homme, il n'y en a point dont l'ivreffe foit auffi violente que celle de l'or. On connoît le pays des belles femmes, & l'on n'eft point tenté d'y voyager. L'ambition fédentaire s'agite dans une enceinte affez étroite ; la fureur des conquêtes eft la maladie d'un feul homme qui entraine une multitude d'autres à fa fuite. Mais fuppofez tous les Peuples de la terre également policés, & l'avidité de l'or déplacera les habitans de l'un & de l'autre hémifphère. Partis des deux extrémités des deux diametres de l'équateur, ils fe croiferont fur la route d'un pôle à l'autre.

Un des effets de l'or feroit-il donc d'endurcir l'homme jufqu'à fa fin, & d'étouffer les remords !

DES CORVÉES.

QUI croiroit que fous le fiècle le plus éclairé de cette Nation, au tems où les droits de l'homme avoient été le plus féverement difcutés ; lorfque les principes de la morale naturelle n'avoient plus de contradicteurs ; fous le regne d'un Roi bienfaifant, fous des miniftres humains, fous des Magiftrats intégres, on ait prétendu qu'il étoit dans l'ordre de la juftice, & felon la forme conftitutive de l'Etat, que des malheureux qui n'ont rien fuffent arrachés de leurs chaumieres, diftraits de leur repos ou de leurs travaux, eux, leurs femmes, leurs enfans & leurs animaux, pour aller, après de longues fatigues, s'épuifer en fatigues nouvelles, à conftruire des routes encore plus faftueufes qu'utiles, à l'ufage de ceux qui poffèdent tout, & cela fans folde & fans nourriture.

Ames de bronze, faites un pas de plus, & bientôt vous vous perfuaderez qu'il vous eft permis.... Je m'arrête. L'indignation me pouffe-roit trop loin. Mais il convient d'avertir le Gouvernement que l'affreux fyftême des corvées eft encore plus funefte à fes colonies. La culture des terres, par la nature du climat, & la nature des productions, exigeant plus de célérité, ne peut que fouffrir extrêmement de l'abfence de ces agens, qu'on occupe loin de leurs atteliers à des ouvrages publics, fouvent inutiles & toujours faits pour des bras oififs. Si la métropole, malgré la foule des moyens qu'elle a fous la main, n'est pas encore parvenue à corriger ou à tempérer la vexation des corvées, elle doit juger combien il en résulte d'inconvéniens au-delà des mers, quand la direction de ces travaux est confiée à des administrateurs qui ne peuvent être ni dirigés, ni redressés, ni arrêtés dans l'exercice arbitraire d'un pouvoir absolu. Mais le fardeau des corvées est doux & léger, au prix de celui des impôts.

DES IMPOTS.

Aucune Nation, quel que fût son régime, n'a jamais douté que tous les biens qui existent dans un Etat, ne dussent contribuer aux dépenses du Gouvernement. La raison de ce grand principe est à la portée de tous les esprits. Les fortunes particulieres tiennent essentiellement à la fortune publique. L'une ne sauroit être ébranlée, sans que les autres n'en souffrent. Ainsi, quand les sujets d'un empire le servent de leur bourse ou de leur personne, ce sont leurs propres intérêts qu'ils défendent. La prospérité de la patrie, est la prospérité de chaque citoyen. Cette maxime vraie dans toutes les législations, est surtout sensible dans toutes les associations libres.

On peut définir l'impôt, une contribution pour la dépense publique, qui est nécessaire à la conservation de la propriété particuliere. La jouissance paisible des terres & des revenus, exige une force qui les défende de l'invasion une police qui assure la liberté de les faire valoir.

C'est une opinion généralement reçue que les Peuples succombent sous le poids des taxes. Après même que le fardeau aura beaucoup été allégé, il le faudra alléger encore, si les arts ne se multiplient pas ; si l'agriculture, en particulier, ne prend pas des accroissemens remarquables.

On feroit des efforts inutiles pour l'encourager dans les contrées les plus septentrionales. Rien ne peut prospérer dans ces climats glacés ; ce sera toujours avec des oiseaux, avec des poissons, avec des bêtes fauves que se nouriront, que s'habilleront, que paieront leurs tributs, les habitans dispersés de loin en loin, dans ce climat dur & sauvage.

Depuis que le Magistrat Britannique n'a cessé d'imaginer des moyens pour s'approprier l'argent du Peuple, le Peuple n'a cessé de chercher des ruses pour se souftraire à l'avidité du Magistrat. Dès qu'il n'y a point eu de modération dans les dépenses, de bornes dans l'imposition, d'équité dans la répartition, de douceur dans le recouvrement; il n'y a plus eu de scrupule dans la violation des loix pécuniaires, de bonne foi dans le paiement des impôts, de franchise dans les engagemens du sujet avec le Prince. Oppression d'un côté, pillage de l'autre. La Finance poursuit le commerce & le commerce élude ou trompe la Finance. Le fisc rançonne le cultivateur, & le cultivateur en impose au fisc, par de fausses déclarations. Ce sont les mœurs des deux hémisphères.

Après s'être permis l'impôt qui est la preuve du despotisme, ou qui y conduit un peu plutôt, un peu plus tard, on s'est jetté sur les consommations. Les Souverains ont affecté de regarder ce nouveau tribut comme volontaire en quelque sorte, puisque sa quantité dépend des dépenses que tout citoyen est libre d'augmenter ou de diminuer au gré de ses facultés & de ses gouts la plupart factices.

Mais si la taxe porte sur les denrées de premiere nécessité c'est le comble de la cruauté. Avant toutes les loix sociales l'homme avoit le droit de subsister. L'a-t'il perdu par l'établissement des loix ? survendre au Peuple les fruits de la terre, c'est les lui ravir ; c'est attaquer le principe de son existence que de le priver par un impôt des moyens de la conserver ; en pressurant la subsistance de l'indigent, l'état lui ôte les forces avec les alimens ; d'un homme pauvre il fait un mendiant, d'un travailleur un oisif, d'un malheureux un scélérat, c'est-à-dire qu'il conduit un famélique à l'échafaud par la misère.

Si la taxe porte sur les denrées moins nécessaires : que des bras perdus pour l'agriculture & pour les arts sont employés, non pas à garder les boulevards de l'Empire, mais à hérisser un Royaume d'une infinité de petites barrieres, à embarasser les portes des villes, à infester les chemins & les passages du commerce, à fureter dans les caves, dans les greniers, dans les magasins ! Quel Etat de guerre entre le Prince & le Peuple, entre le citoyen & le citoyen ! Que de prisons, de galeres, de gibets, pour une foule de malheureux qui ont été poussés à la fraude, à la contrebande à la révolte même, par l'iniquité des loix fiscales ?

Mais quelle est la forme d'imposition la plus propre à concilier les intérêts publics avec les droits des citoyens ? c'est la taxe sur la terre. Un impôt est une dépense qui se renouvelle tous les ans pour celui qui en est chargé. Un impôt ne peut donc être assis que sur un revenu annuel, car il n'y a qu'un revenu annuel qui puisse acquitter une dépense annuelle. Or on ne trouvera jamais de revenu annuel que celui des terres. Il n'y a qu'elles qui restituent chaque année les avances qui leur sont faites & de plus un bénéfice dont il soit possible de disposer. On commence depuis long-temps à soupçonner cette importante vérité. De bons esprits la porteront un jour à la démonstration ; & le premier gouvernement qui en fera la base de son administration, s'élevera nécessairement à un degré de prospérité inconnue à toutes les Nations & à tous les siècles.

La contribution des citoyens au trésor public est un tribut : ils doivent le présenter eux-mêmes au Souverain, qui de son côté, en doit diriger sagement l'emploi. Tout argent intermédiaire détruit ces rapports, qui ne sauroient être assez rapprochés ; son influence devient une source inévitable de division & de ravage. C'est sous cet odieux aspect qu'ont toujours été regardés les fermiers des taxes.

Le fermier imagine les impôts : son talent est de les multiplier ; il les enveloppe des ténèbres pour leur donner l'extension qui lui conviendra. Des Juges de son choix appuient ses intérêts ; toutes les avenues du trône lui sont vendues, & il fait à son gré vanter son zèle ou calomnier les Peuples mécontens avec raison de ses vexations. Par ces vils artifices il précipite les Provinces au dernier terme de dégradation, mais ses coffres regorgent de richesses : alors on lui vend au plus vil prix les loix, les mœurs, l'honneur, le peu qui reste de sang à la Nation. Ce traitant jouit sans honte & sans remords de ces infâmes & criminels avantages, jusqu'à ce qu'il ait détruit l'Etat, le Prince & lui-même.

Les Peuples libres n'ont que rarement éprouvé ce sort affreux. Des principes humains & réfléchis leur ont fait préférer une régie presque toujours paternelle pour recevoir les contributions du citoyen. C'est dans les Gouvernemens absolus que l'usage tyrannique des fermes s'est concentré. Quelquefois l'autorité a été effrayée des ravages qu'elles faisoient ; mais des administrateurs timides, ignorans ou paresseux, ont craint dans la confusion où étoient les affaires, un bouleversement entier au moindre changement qu'on se permettroit. Pourquoi donc le temps de la maladie ne seroit-il pas celui du remède ? c'est alors que les esprits sont mieux disposés, que les contradictions sont moindres que la révolution est plus aisée.

Cependant il ne suffit pas que l'impôt soit réparti avec justice, qu'il soit perçu avec modération ; il faut encore qu'il soit proportionné aux besoins du Gouvernement, & ces besoins ne sont pas toujours les mêmes. La guerre exigea partout & dans tous les siècles des dépenses plus considérables que la paix. Les Peuples anciens y fournissoient par les économies qu'ils faisoient dans des temps de calme. Depuis que les avantages de la circulation & les principes de l'industrie ont été mieux développés, la méthode d'accumuler ainsi les métaux a été proscrite. On a préféré avec raison la ressource des impositions extraordinaires. Tout Etat qui se les interdiroit se verroit contraint pour retarder sa chûte, de recourir aux voies pratiquées à Constantinople. Le Sultan qui peut tout, excepté augmenter ses revenus, est réduit à livrer l'Empire aux vexations de ses délégués pour les dépouiller ensuite eux-mêmes de leurs brigandages.

Pour que les taxes ne soient jamais excessives,

il faut qu'elles foient ordonnées, réglées & adminiſtrées par les repréſentans des Nations.

L'impôt eſt un joug peſant. Comment le portera-t-on s'il eſt aggravé par la manière de le préſenter ? C'eſt une coupe amère que tous doivent boire. Si vous la portez bruſquement ou mal-adroitement à la bouche, quelqu'un la renverſera.

Les membres d'une confédération doivent toujours contribuer à ſa défenſe & à ſa ſplendeur, ſelon l'étendue de leurs facultés, puiſque ce n'eſt que par la force publique que chaque claſſe peut conſerver l'entière & paiſible jouiſſance de ce qu'elle poſsède. L'indigent y a ſans doute moins d'intérêt que le riche : mais il y a d'abord l'intérêt de ſon repos, & enſuite celui de la conſervation de la richeſſe nationale, qu'il eſt appellé à partager par ſon induſtrie. Point de principe ſocial plus évident ; & cependant point de faute publique plus commune que ſon infraction. D'où peut naître cette contradiction perpétuelle entre les lumières & la conduite des Gouvernemens ?

La rapacité des Gouvernemens eſt inconcevable. On ne trouvera pas peut-être un ſeul exemple où l'impoſition n'ait été concomitante de l'entrepriſe ; pas un Souverain qui n'ait voulu s'aſſurer une partie de la moiſſon avant que la récolte fût faite, ſans s'appercevoir que ces exactions prématurées étoient des moyens ſûrs de la détruire. D'où naît cette eſpèce de vertige ? eſt-ce de l'ignorance ? eſt-ce de l'indigence ? ſeroit-ce une ſéparation ſécrète de l'intérêt propre de l'adminiſtration, de l'intérêt général de l'Etat ? Le Gouvernement qui ſe joue par-tout de la crédulité du Peuple, & que rien ne ſauroit diſtraire de son empressement à reculer les limites de l'autorité devient plus entreprenant au moment que la Nation devient plus timide. Des consciences hardies opprimèrent les consciences foibles, & l'époque de ce grand phénomène, fut celle d'une grande servitude. Triste & commun effet des catastrophes de la nature ! Elles livrent presque toujours les hommes à l'artifice de ceux qui ont l'ambition de les dominer. C'est alors qu'on cherche à multiplier sans fin les actes d'une autorité arbitraire ; soit que ceux qui gouvernent croient qu'en étendant le pouvoir de leur personne, ils augmentent la force publique. Ces faux politiques ne voient pas qu'avec de tels principes, un Etat est comme un ressort qu'on force à agir sur lui-même, & qui, parvenu au point où finit son élasticité, se brise tout-à-coup & déchire la main qui le comprime.

DES RICHESSES ET DU CRÉDIT.

LEs richesses produisent l'effet contraire de l'indigence, celui d'éteindre le courage, & de dégoûter de la guerre. Entre le crédit particulier & le crédit public, il y a cette différence que l'un a le gain pour but & l'autre la dépense. Il suit de-là que le crédit est richesse pour les négocians, puisqu'il devient pour eux un moyen de s'enrichir, & qu'il est pour les Gouvernemens une cause d'apauvrissement, puisqu'il ne leur procure que la faculté de se ruiner. Un État qui emprunte aliene une portion de son revenu pour un capital qu'il dépense. Il est donc plus pauvre après ces emprunts qu'il ne l'étoit avant cette opération funeste.

L'usage du crédit public, quoique ruineux pour tous les États, ne l'est pas pour tous au même point. Une Nation qui a beaucoup de riches productions dont le revenu entier est libre, qui a toujours respecté ses engagemens, qui n'a pas l'ambition des conquêtes, qui se gouverne elle-même, une telle Nation trouvera de l'argent à meilleur marché, qu'un Empire dont le sol n'est pas abondant, qui est surchargé de dettes, qui entreprend au-delà de ses forces, qui a trompé ses créanciers & qui gémit sous un Gouvernement arbitraire.

Un Peuple dont les Finances sont en désordre tombera rapidement dans les derniers malheurs par le crédit public; Mais le Gouvernement le mieux ordonné y trouvera aussi le terme de sa prospérité.

DE

DE L'ÉCONOMIE DOMESTIQUE.

Malheureusement l'avidité ne raisonne pas comme la prudence & l'humanité. Il n'y a presque point de pactes & de baux, entre le riche & le pauvre auxquels ces principes ne soient applicables. Voulez-vous être payé de votre fermier, dans les bonnes & les mauvaises années ? N'en exigez pas à la rigueur tout ce que votre terre peut rendre ; sans quoi, si le feu prend à vos granges, c'est à vos dépens qu'elles seront incendiées. Si vous voulez prospérer seul, la prospérité vous échappera souvent. Il est rare que votre bien puisse absolument se séparer du bien d'un autre. Vous serez la dupe de celui qui s'engage à plus qu'il ne peut ; s'il le fait, il sera la vôtre, s'il l'ignore ; & l'homme qui réunit la prudence à l'honnêteté, ne veut ni duper ni être dupe.

DU LUXE.

L'EMBONPOINT du luxe est une maladie qui annonce la décadence des forces de l'Etat.

L'empire Romain tomba par sa propre pésanteur ; semblable aux léviers de bois ou de métal, dont l'extrême longueur fait la foiblesse. Il se rompit & il en résulta deux grands débris.

DU DROIT D'AUBAINE.

LE barbare droit d'Aubaine, droit qui s'oppose au commerce réciproque des Nations, répousse le vivant & dépouille le mort, déshérite l'enfant de l'étranger, condamne celui-ci à laisser son opulence dans sa patrie, & lui interdit ailleurs toute acquisition, soit mobiliaire, soit foncière : droit qu'un Peuple, qui aura les premières notions de bonne politique, abolira chez lui, & dont il se gardera bien de solliciter l'extinction dans les autres contrées.

DE LA POPULATION.

LA population dépend beaucoup de la distribution des biens fonds. Les familles se multiplient comme les possessions, & quand elles sont trop vastes, leur étendue démesurée arrête toujours la population. Un grand propriétaire, ne travaillant que pour lui seul, consacre une moitié de ses terres à ses revenus & l'autre à ses plaisirs; tout ce qu'il donne à la chasse est doublement perdu pour la culture, parce qu'il nourrit des bêtes dans le terrein des hommes, au lieu de nourrir des hommes dans le terrein des bêtes; il faut des bois dans un pays pour la charpente & le chauffage; mais faut-il tant d'allées dans un parc, & des parterres, des potagers si grands pour un château? Ici le luxe qui dans son étalage, alimente les arts, favorise-t-il autant la population des hommes qu'il pourroit la seconder par un meilleur emploi des terres? Trop de grandes terres & trop peu de petites: premier obstacle à la population.

Second obstacle à la population: les domaines inaliénables du clergé. Lorsque tant de propriétés seront éternelles dans la même main, comment fleurira la population, qui ne peut naître que de l'amélioration des terres par la multiplication des propriétés? Quel intérêt a le bénéficier de faire valoir un fonds qu'il ne doit transmettre à personne, de semer ou de planter pour une postérité qui ne sera pas la sienne? Loin de retrancher sur les revenus pour augmenter sa terre, ne risquera-t-il pas de détériorer son bénéfice pour augmenter des rentes qui ne sont pour lui que viagères ?

Les substitutions des biens nobles ne sont pas moins nuisibles à la propagation de l'espèce : elles diminuent à la fois & la noblesse & les autres conditions, de même que la primogéniture chez les Nobles sacrifie plusieurs cadets à l'aîné d'une maison, les substitutions immolent plusieurs familles à une seule. Le droit de primogéniture & de substitution est donc une loi que l'on diroit faite à dessein de diminuer la population de l'Etat. De tous ces obstacles à la multiplication des hommes naît la pauvreté du Peuple.

Par-tout où les paysans n'ont point de propriété foncière, leur vie est misérable & leur sort précaire. Mal assurés d'une subsistance qui dépend de leur santé, comptant peu sur des forces qu'ils sont obligés de vendre, maudissant le jour qui les a vu naître, ils craignent d'enfanter des malheureux. En vain, croit-on qu'il naît beaucoup d'enfans à la campagne, quand il en meurt chaque année autant & plus qu'on n'en voit naître. Les travaux des pères & le lait des mères sont perdus pour eux & pour leurs enfans : ils ne parviendront pas à la fleur de leur âge, à la maturité qui récompense par des fruits toutes les peines de la culture. Avec un peu de terre, la mère pourroit nourrir son enfant & cultiver son champ, tandis que le père augmenteroit au-dehors du prix de son travail l'aisance de sa famille. Sans propriété ces trois êtres languissent du peu que gagne un seul, ou l'enfant périt des travaux de la mère.

Un des moyens de favoriser la population, faut-il le dire, c'est de supprimer le célibat du clergé séculier & régulier.

Le Peuple, dit Monsieur de Franklin, s'accroît en raison du nombre des mariages; & ce nombre augmente à proportion des facilités qu'on trouve à soutenir une famille. Dans un pays où les moyens de subsistance abondent, plus de personnes se hâtent de se marier. Dans une société vieillie par ses progrès mêmes, les gens riches, effrayés des dépenses qu'entraîne le luxe des femmes, forment, le plus tard qu'ils peuvent, un établissement difficile à cimenter, coûteux à maintenir; & les gens sans fortune passent leur vie dans un célibat qui trouble les mariages. Les maîtres ont peu d'enfans; les domestiques n'en ont point; & les artisans craignent d'en avoir. Ce désordre est si sensible, sur-tout dans les grandes villes, que les générations ne se reproduisent même pas assez pour entretenir la population à son niveau; & qu'on y voit constamment plus de morts que de naissances. Heureusement cette décadence n'a pas encore gagné les campagnes, où l'habitude de fournir au vuide des cités, laisse un peu plus de place à la population. Mais comme toutes les terres sont occupées & mises à-peu-près à la plus grande valeur, ceux qui ne peuvent pas acquérir des propriétés, sont aux gages de celui qui possède. La concurrence, qui naît de la multitude des ouvriers, tient leur travail à bas prix; & la modicité du gain leur ôte le desir, l'espérance & les facultés de se reproduire par les mariages. Tel est l'état actuel de l'Europe.

Les Provinces de l'Amérique septentrionale sont peuplées aujourd'hui d'hommes sains & robustes, dont la taille est avantageuse : ces créoles sont plutôt formés que les Européens ; mais ils vivent moins long-temps. Le bas prix des viandes, du poisson, des grains, du gibier, des fruits, de la bierre, du cidre, des végétaux, entretient tous les habitans dans une grande abondance des choses relatives à la nourriture. On est obligé de s'observer davantage sur le vêtement qui est toujours fort cher, soit qu'il arrive de l'ancien-monde, soit qu'il soit fabriqué dans le pays même. Les mœurs sont ce qu'elles doivent être chez un Peuple nouveau, chez un Peuple cultivateur, chez un Peuple qui n'est ni poli, ni corrompu par le séjour des grandes cités : il règne généralement de l'économie, de la propreté, du bon ordre dans les familles. La galanterie & le jeu, ces passions de l'opulence oisive, altèrent rarement cette heureuse tranquillité. Les femmes sont encore ce qu'elles doivent être, douces, modestes, compatissantes & secourables ; elles ont ces vertus qui perpétuent l'empire de leurs charmes. Les hommes sont occupés de leurs premiers devoirs, du soin & du progrès de leurs plantations, qui seront le soutien de leur postérité.

DES ÉMIGRATIONS.

Jettez un coup-d'œil sur le globe depuis l'origine des temps historiques, & vous verrez les hommes poursuivis par le malheur, serrés par-tout où il leur est permis de respirer. N'est-il pas surprenant que la généralité & la constance de ce phénomène n'aient pas encore appris aux maîtres de la terre que l'unique moyen de prévenir les émigrations, c'est de faire jouir leurs sujets d'une situation assez douce pour les fixer dans la région qui les a vu naître ?

Les Nations les plus puissantes, ainsi que les plus grands fleuves, n'ont rien été à leur origine. Il seroit difficile d'en citer une seule, depuis la création du monde, qui ne se soit étendue ou enrichie d'elle-même, pendant un long intervalle de tranquillité, par les seuls progrès de son industrie, par les seules ressources de sa population. La nature qui fait les vautours & les colombes, prépare aussi l'homme féroce qui doit s'élancer un jour sur la société paisible qui s'est formée dans son voisinage, ou qu'il rencontrera dans ses courses vagabondes. La pureté du sang entre les Nations, s'il est permis de s'exprimer ainsi, de même que la pureté du sang entre les familles, ne peut être que momentanée, à moins que quelques institutions bisarres & religieuses ne s'y opposent. Le mélange est un effet nécessaire d'une infinité de causes ; & par-tout il résulte du mélange une race ou perfectionnée ou dégradée, selon que le caractère & les mœurs du Peuple conquis ont cédé au caractère & aux mœurs du conquérant, ou que le caractère & les mœurs du conquérant se sont prêtés au caractère & aux mœurs du Peuple conquis. Entre les causes qui accélèrent la confusion, celle qui se présente comme la première & la principale, c'est l'émigration, plus ou moins promptement amenée par la stérilité du sol & par l'ingratitude du séjour. Si l'aigle trouvoit une subsistance aisée entre les rochers déserts qui l'ont vu naître, jamais son vol rapide ne le porteroit, le bec entr'ouvert & les ailes étendues, sur les troupeaux innocens qui paissent au pied de sa demeure escarpée. Mais que fait l'oiseau guerrier & vorace, après s'être emparé de sa proie ? Il regagne le sommet de son roc, pour n'en descendre que quand il sera de nouveau sollicité par le besoin. C'est aussi de la même manière que le barbare en use avec son voisin policé ; & ce brigandage seroit éternel, si la nature n'avoit mis entre l'habitant d'une contrée & l'habitant d'une autre contrée, entre l'homme de la montagne & l'homme de la plaine ou des marais, la même barrière qui sépare les différentes espèces d'animaux.

On voit dans tous les pays des hommes qui par curiosité, par inquiétude naturelle & sans objet déterminé, passent d'une contrée dans une autre : mais c'est une maladie qui attaque seulement quelques individus, & ne peut-être regardée comme la cause générale d'une émigration constante. Il y a dans tous les hommes un penchant à aimer leur patrie, qui tient plus à des causes morales qu'à des principes physiques. Le goût naturel pour la société ; des liaisons de sang

& d'amitié ; l'habitude du climat & du langage ; cette prévention qu'on contracte si aisément pour le lieu, les mœurs, le genre de vie auquel on est accoutumé : tous ces liens attachent un être raisonnable à des contrées où il a reçu le jour & l'éducation. Il faut de puissans motifs pour le faire rompre à la fois tant de nœuds & préférer une autre terre où tout sera étranger & nouveau pour lui.

Ce n'est que par la douceur du Gouvernement qu'on fixe des citoyens dans un pays, & non par des prohibitions & des peines.

C'est le sentiment du malheur qui dégoûte les hommes de leur patrie, plus encore que l'amour des richesses.

Lorsqu'un homme n'est ni poursuivi par les loix, ni chassé par l'ignominie, ni tourmenté par la tyrannie religieuse, par l'acharnement de ses créanciers, par la honte de la misère, par le manque de toutes les sortes de ressources dans son pays, il ne renonce pas à ses parens, à ses amis, à ses concitoyens, il ne s'expatrie pas ; il ne traverse pas les mers ; il ne va pas chercher une terre éloignée, sans y être attiré par des espérances qui l'emportent sur l'attrait du sol qui le retient ; sur le prix qu'il attache à son existence & sur les périls auxquels il s'expose. Se jetter sur un vaisseau pour être déposé sur une plage inconnue, est l'action d'un désespéré, à moins que l'imagination ne soit frappée par un fantôme d'un grand bonheur, fantôme que la moindre allarme dissipera. Si l'on ébranle, de quelque manière que ce soit, la confiance vague & illimitée que l'émigrant a dans son industrie qui compose toute sa fortune, il restera sur le rivage,

DU PATRIOTISME.

CE n'est guère que dans de petits états, souvent en danger, qu'on sent pour la patrie un enthousiasme, que n'ont jamais connu les grands Peuples qui jouissent de plus de sécurité.

L'esprit patriotique, cet esprit sans lequel les Etats sont des Peuplades, & non pas des Nations, est plus fort, plus actif à la Chine qu'il ne l'est peut-être dans aucune république.

L'amour de la patrie, qui est une affection dominante dans les Etats policés, qui, dans les bons Gouvernemens, va jusqu'au fanatisme, & dans les mauvais passe en habitude; qui conserve à chaque Nation pendant plusieurs siècles, son caractère, ses usages & ses goûts : cet amour n'est qu'un sentiment factice qui naît dans la société, mais inconnu dans l'Etat de la nature. Le cours de la vie morale du sauvage est entiérement opposé à celle de l'homme social. Celui-ci ne jouit des bienfaits de la nature que dans son enfance. A mesure que ses forces & sa raison se développent, il perd de vue le présent pour s'occuper tout en entier de l'avenir. Ainsi l'âge des passions & des plaisirs, le temps sacré que la nature destinoit à la jouissance, se passe dans la spéculation & dans l'amertume. Le cœur se refuse à ce qu'il désire, se reproche ce qu'il s'est permis, également tourmenté par l'usage & la privation des biens qui le flattent, regrétant sans cesse la liberté qu'il a toujours sacrifiée, l'homme revient, en foupirant, fur fes premieres années, que des objets toujours nouveaux entretenoient d'un fentiment continuel de curiofité & d'efpérance. Il fe rappelle avec attendriffement le féjour de fon enfance. Le fouvenir de fes innocens plaifirs embellit, fans ceffe, l'image de fon berceau, & le retient ou le ramène dans fa patrie : tandis que le fauvage qui jouit, à chaque époque de fa vie des plaifirs & des biens qu'elle doit amener & qui ne les facrifie pas à l'efpérance d'une vieilleffe moins laborieufe, trouve également dans tous les lieux, des objets analogues au défir qu'il éprouve ; il fent que la fource de fon plaifir eft en lui-même, & que fa patrie eft par-tout.

DES HOPITAUX.

A L'HÔTEL-DIEU de Paris & à Bicêtre le cinquieme & le sixieme des malades périssent; à l'hôpital de Lyon, le huitieme & le neuvieme.

Conserver les hommes, veiller sur leurs jours, écarter d'eux les horreurs de la misère, est une science si peu approfondie par les Gouvernemens, que même les établissemens qu'ils semblent avoir fait pour remplir cet objet, produisent l'effet opposé. Etonnante mal-adresse que ne devra pas oublier celui de nos philosophes qui écrira l'immense traité de la barbarie des Peuples civilisés.

Des hommes de bronze ont dit que pour empêcher la multiplication déjà trop grande, des paresseux, des insoucians & des vicieux, il falloit que les pauvres & les malades ne fussent pas bien traités dans les hôpitaux. Certes, on ne peut nier que ce cruel moyen n'ait été mis en usage dans toute sa violence. Cependant, quel effet a-t-il produit? On a tué beaucoup d'hommes sans en corriger aucun.

Il se peut que les hôpitaux encouragent la paresse & la débauche. Mais si ce vice est essentiellement inhérent à ces établissemens, il faut le supporter. S'il peut être réformé il faut y travailler. Laissons subsister les hôpitaux; mais occupons-nous de diminuer, par l'aisance générale, la multitude des malheureux qui sont forcés de s'y réfugier. Qu'ils soient employés dans des maifons de charité à des travaux fédentaires ; que la pareffe y foit punie, que l'activité y foit récompenfée.

À l'égard des malades, qu'ils foient foignés comme des hommes doivent l'être par des hommes. La patrie leur doit ce fecours par juftice ou par intérêt. S'ils font vieux, ils ont fervi l'humanité, ils ont mis d'autres citoyens au monde; s'ils font jeunes, ils peuvent la fervir encore, ils peuvent être la fource d'une génération nouvelle. Enfin une fois admis dans ces afyles de charité, que la fainte hofpitalité y foit exercée dans toute fon étendue. Plus de vile lézine, plus de calculs homicides. Il faut qu'ils y trouvent les fecours qu'ils trouveroient dans leurs familles, fi leurs familles étoient en état de les recevoir.

Rien de bien ne peut donc fubfifter parmi les hommes ! Et le riche attaquera l'indigent, même jufques dans fon afyle, fi la préfence du gibet ne le contient. Malheureux ! vous ne connoiffez pas toute l'atrocité de votre conduite. Si l'on traduifoit devant vous un de vos femblables, convaincu d'avoir faifi pendant la nuit un paffant à la gorge, & lui avoir appuyé le piftolet fur la poitrine pour avoir fa bourfe, à quel fupplice le condamneriez-vous ? quel qu'il foit vous en méritez un plus grand. Vous joignez la lâcheté, l'inhumanité, la prévarication au vol ; & à quelle efpèce de vol encore ? vous arrachez à celui qui meurt de faim, le pain qu'on vous a confié pour lui; vous dépouillez la mifère, abandonnée à votre follicitude ; vous la dépouillez clandeftinement & fans péril. L'imprécation que je vais lancer contre vous, je l'étends à tous les adminiftrateurs infidèles des hôpitaux, de quelque contrée qu'ils soient, fussent-ils de la mienne; je l'étends à tous les Ministres négligens, auxquels ils dérobent leurs forfaits ou qui les souffriront. Puisse l'ignominie, puissent les châtimens, réservés aux derniers des malfaiteurs, tomber sur la tête proscrite des scélérats capables d'un crime aussi énorme contre l'humanité, d'un attentat aussi contraire à la saine politique; & s'il arrive qu'ils échappent à la flétrissure & à la punition; puisse le ministère qui aura ignoré ou toléré cet excès de corruption, être un objet d'exécration pour toutes les Nations & pour tous les siècles!

DES RELIGIONS.

Il y a une vérité qui se prouve par l'étude de l'histoire, & par l'inspection du globe de la terre. Les Religions ont toujours été cruelles dans les pays arides, sujets aux inondations, aux volcans; & elles ont toujours été douces dans les pays que la nature a bien traités. Toutes portent l'empreinte du climat où elles sont nées.

Peut-être même est-ce dans l'Inde où les deux empires du bien & du mal, semblent n'être séparés que par un rempart de montages qu'est né le dogme des deux principes : dogme dont l'homme ne s'affranchira peut-être jamais entièrement, tant qu'on ignorera les vues profondes de l'Etre tout-puissant qui créa l'univers.

Pourquoi une éternité s'étant écoulée, sans que sa gloire eût besoin de se manifester par ce grand ouvrage, & sans que sa félicité en exigeât l'existence, se détermina-t-il à le produire dans le temps? Pourquoi sa sagesse y laissa-t-elle tant d'imperfections apparentes? Pourquoi sa bonté le peupla-t-elle d'êtres sensibles, qui devoient souffrir sans l'avoir mérité? pourquoi le méchant qu'il hait, y prospère-t-il sous ses yeux, & le bon qu'il chérit y est-il accablé d'afflictions? Pourquoi les innombrables fléaux de la nature y frappent-ils indistinctement l'innocent & le coupable? Jusqu'à ce que ces obscurités soient éclaircies, l'homme deviendra, selon que l'ordre des choses lui sera favorable ou nuisible, adorateur
d'Oromaze

d'Oromaze ou d'Arimane : car la douleur & le plaisir sont la source de tous les cultes, comme l'origine de toutes les idées.

L'Inde est, dit-on, le berceau de beaucoup de fables, d'allégories, de Religions. Les curiosités de la nature sont une source féconde pour l'imposture ; elle change les phénomènes singuliers en prodiges. L'histoire naturelle d'un pays devient surnaturelle dans un autre. Les faits, comme les plantes, s'altèrent en s'éloignant de leur origine. Les vérités se changent en erreurs ; & la distance des temps & des lieux, faisant disparoître les causes occasionnelles des fausses opinions, donnent aux mensonges populaires un droit imprescriptible sur la confiance des ignorans & sur le silence des savans. Les uns n'osent douter, les autres n'osent disputer.

La superstition qui, par-tout ailleurs, agite les Nations, & affermit le despotisme ou renverse les trônes ; la superstition est sans pouvoir à la Chine. Les loix l'y tolèrent, mal-à-propos peut-être, mais au moins n'y fait-elle jamais des loix. Pour avoir part au Gouvernement, il faut être de la secte des lettrés, qui n'admet aucune superstition. On ne permet pas aux bonzes de fonder sur les dogmes de leurs sectes, les devoirs de la morale, & par conséquent d'en dispenser. S'ils trompent une partie de la Nation, ce n'est pas du moins celle dont l'exemple & l'autorité doivent le plus influer sur le sort de l'Etat.

Confucius dont les actions servirent d'exemples, & les paroles de leçons ; Confucius, dont la mémoire est également honorée, la doctrine également chérie de toutes les classes & de toutes les

K

sectes ; Confucius a fondé la Religion nationale de la Chine. Son code n'est que la loi naturelle, qui devroit être la base de toutes les Religions de la terre, le fondement de toute société, la règle de tous les Gouvernemens. *La raison*, dit Confucius, *est une émanation de la divinité; la loi suprême n'est que l'accord de la nature & de la raison.* Toute Religion qui contredit ces deux guides de la vie humaine, ne vient point du ciel.

Il seroit peut-être très-avantageux que dans toutes les régions, l'administration ne fût attachée à aucun dogme, à aucune secte, à aucun culte religieux. Cependant cette tolérance ne s'étend qu'aux Religions anciennement établies dans l'Empire.

On ne voit pas que la secte du Sintos ait eu la manie d'ériger en crimes des actions innocentes par elles-mêmes ; manie si dangereuse pour les mœurs, loin de répandre ce fanatisme sombre, & cette crainte des Dieux, qu'on trouve dans presque toutes les Religions; le Sintos avoit travaillé à prévenir, ou à calmer cette maladie de l'imagination, par des fêtes qu'on célébroit trois fois chaque mois. Elles étoient consacrées à visiter ses amis, à passer avec eux la journée en festins, en réjouissances. Les prêtres du Sintos disoient *que les plaisirs innocens des hommes étoient agréables à la divinité; que la meilleure manière d'honorer les camis, c'étoit d'imiter leurs vertus, & de jouir dès ce monde, du bonheur dont ils jouissent.* Conformément à cette opinion, les Japonois, après avoir fait la prière dans les Temples, toujours situés au milieu d'agréables boccages, alloient chez des courtisanes qui habitoient des maisons ordinairement bâties dans ces lieux consacrés à la dévotion & à l'amour. Ces femmes étoient des religieuses soumises à un ordre de Moines qui retiroient une partie de l'argent qu'elles avoient gagné, par ce pieux abandon d'elles-mêmes, au vœu le plus sacré de la nature.

Le dogme de la métempsycose doit inspirer à ses sectateurs une charité habituelle & universelle. La crainte de nuire à leur prochain, c'est-à-dire à tous les animaux, à tous les hommes, les occupe continuellement. Le moyen qu'on soit soldat, quand on peut se dire, peut-être, que l'éléphant, le cheval que je vais abbattre, renferme l'ame de mon père ; peut-être l'ennemi que je vais percer fut autrefois le chef de ma race ? Ainsi aux Indes la religion fortifie la lâcheté, née du despotisme & du climat. Les mœurs y ajoutent plus encore.

Ces Indiens auroient adopté le culte de l'Europe, par la raison qu'une religion devient commune à tous les citoyens d'un Empire, lorsque le Gouvernement l'abandonne à elle-même, & que l'intolérance & la folie des prêtres n'en font pas un instrument de discorde. Pareillement la civilisation suit du penchant qui entraîne tout homme à rendre sa condition meilleure, pourvu que l'on ne veuille pas l'y contraindre par la force, & que ces avantages ne lui soient pas présentés par des étrangers suspects.

Si l'homme avoit joui sans interruption d'une félicité pure, si la terre avoit satisfait d'elle-même à toute la variété de ses besoins, on doit présumer que l'admiration & la reconnoissance n'auroient tourné que très-tard vers les Dieux les regards de cet être naturellement ingrat; mais un fol stérile ne répondit pas toujours à ses travaux; les torrens ravagèrent les champs qu'il avoit cultivés, un ciel ardent brûla ses moissons, il éprouva la disette, il connut toutes les maladies, & il rechercha les causes de sa misère.

On voyoit souvent l'homme de bien dans la souffrance, le méchant, l'impie même dans la prospérité, & l'on imagina la doctrine de l'immortalité de l'ame. Les ames, affranchies du corps, ou circulèrent dans les différens êtres de la nature, ou s'en allèrent dans un autre monde recevoir la récompense de leurs vertus ou le châtiment de leurs crimes. Mais l'homme en devint-il meilleur? C'est un problême; ce qui est sûr, c'est que depuis l'instant de sa naissance jusqu'au moment de sa mort, il fut tourmenté par la crainte des puissances invisibles, & réduit à une condition beaucoup plus fâcheuse que celle dont il avoit joui. La plupart des législateurs se sont servis de cette disposition des esprits pour conduire les Peuples, & plus encore pour les asservir. Quelques-uns ont fait descendre du ciel le droit de commander, & c'est ainsi que s'est établie la théocratie ou le despotisme sacré, la plus cruelle & la plus *immorale* des législations: celle où l'homme orgueilleux, malfaisant, intéressé, vicieux avec impunité, commande à l'homme de la part de Dieu; où il n'y a de juste que ce qui lui plaît, d'injuste que ce qui lui déplaît, ou à l'Etre suprême avec lequel il est en commerce, & qu'il fait parler au gré de ses passions; où c'est un crime d'examiner ses ordres, une impiété de s'y opposer, où des révélations contradictoires sont mises à la place de la conscience & de la raison, réduites au silence par des prodiges ou par des forfaits ; où les Nations enfin ne peuvent avoir des idées fixes sur les droits de l'homme, sur ce qui est bien, sur ce qui est mal, parce qu'elles ne cherchent la base de leurs privilèges & de leurs devoirs que dans des livres inspirés, dont l'interprétation leur est refusée.

Il seroit de la dignité comme de la sagesse de tous les Gouvernemens, d'avoir un même code moral de religion, dont il ne seroit pas permis de s'écarter, & de livrer le reste à des discussions indifférentes au repos du monde. Ce seroit le plus sûr moyen d'éteindre insensiblement le fantôme des Prêtres & l'entousiasme des Peuples.

La secte des Quakers pouvoit rendre un Peuple heureux sans maîtres & sans Prêtres. L'homme a besoin de l'un & de l'autre, si l'on en croit l'imposture & la flatterie, qui parlent dans les Temples & dans les Cours. Oui, sans doute, les méchans Rois ont besoin de Dieux cruels, pour trouver dans le ciel l'exemple de la tyrannie; ils ont besoin de Prêtres pour faire adorer des Dieux tyrans. Mais l'homme juste & libre ne demande qu'un Dieu qui soit son père, des égaux qui le chérissent, & des loix qui le protègent.

Les Prêtres les moins éclairés savent que l'image d'un Dieu terrible, les macérations, les privations, l'austérité, la tristesse & la crainte, sont les moyens qui établissent leur autorité sur les esprits, en les occupant profondément de la religion. Mais il y a des temps où ces moyens n'ont que de foibles succès.

Les Prêtres avoient été long-temps les seuls hommes qui sussent lire ; mais ce mérite, devenu plus commun, ne leur donnoit plus de considération. Ils voulurent partager la gloire de réussir dans les lettres, quand ils virent que les lettres donnoient de la gloire.

L'esprit sacerdotal est par-tout le même, & en tout temps les Prêtres, par intérêt & par orgueil, s'occupent à retenir les Peuples dans l'ignorance.

La religion fut par-tout une invention d'hommes adroits & politiques, qui ne trouvant pas en eux-mêmes les moyens de gouverner leurs semblables à leur gré, cherchèrent dans le ciel la force qui leur manquoit, & en firent descendre la terreur. Leurs rêveries furent généralement admises dans toute leur absurdité. Ce ne fut que par le progrès de la civilisation & des lumières, qu'on s'enhardit à les examiner, & qu'on commença à rougir de sa croyance. D'entre les raisonneurs, les uns s'en mocquèrent & formèrent la classe abhorrée des esprits forts ; les autres par intérêt ou pusillanimité, cherchant à concilier la folie avec la raison, recoururent à des allégories dont les instituteurs du dogme n'avoient pas eu la moindre idée, & que le Peuple ne comprit pas, ou rejetta pour s'en tenir purement & simplement à la foi de ses pères.

Il est si doux à un vieillard qui sent échapper tout ce qu'il a de plus cher, d'imaginer qu'il pourra jouir encore, & que sa destruction n'est qu'un passage à une autre existence ! Il est si consolant pour ceux qui le voient mourir, de penser qu'en quittant le monde, il ne perd pas l'espoir d'y renaître ! Une religion mystique voudroit en vain substituer à cette espérance, celles des plaisirs spirituels & d'une béatitude céleste : les hommes préfèrent à ces idées vagues & abstraites, la jouissance des sensations qui ont déja fait leur bonheur ; & la simplicité des Indiens dut trouver plus de douceur à vivre sur une terre qu'ils connoissoient, que dans un monde métaphysique, qui fatigue l'imagination sans la satisfaire. C'est ainsi que le dogme de la métempsycose a dû s'établir & s'étendre. En vain, la raison peu satisfaite de cette vaine illusion, disoit que sans mémoire, il n'y a ni continuité, ni unité d'existence, & que l'homme qui ne se souvient pas d'avoir existé, n'est pas différent de celui qui existe pour la première fois ; le sentiment adopta ce que rejettoit le raisonnement. Heureux encore les Peuples dont la religion offre au moins des mensonges agréables.

L'esprit de toutes les fêtes civiles & religieuses, depuis leur origine jusqu'à nos jours, sous les cabanes du sauvage & dans nos villes policées, est de rappeller quelque époque favorable, quelque événement heureux : elles ont chacune leur caractère. Le Prêtre fait retentir l'air du son des cloches ; il ouvre les portes de son Temple, il appelle les citoyens au pied des autels, il se revêt de ses ornemens les plus somptueux, il élève ses mains vers le ciel, il en implore la bienfaisance pour l'avenir, & lui témoigne la reconnoissance pour le passé, par des chants d'allégresse. Au sortir du Temple, la fête civile commence,

& la joie se montre sous un autre aspect. Les Tribunaux de la justice sont fermés ; le bruit qui a cessé dans les ateliers, éclate dans les rues & sur les places publiques ; les instrumens invitent à des danses, où les deux sexes, où les différens âges se confondent ; les pères & les mères sont un peu relâchés de leur sévérité ; le vin coule dans les carrefours ; des illuminations suppléent à l'absence du soleil, & restituent au plaisir ce que la lumière ôtoit à la liberté. Avec quelle impatience ces solemnités ne sont-elles pas attendues ? On en jouit long-temps d'avance : c'est un sujet d'entretien long-temps après qu'on les a célébrées ; & c'est ainsi qu'on fait oublier au Peuple sa peine journalière, s'il est malheureux ; qu'on redouble son amour pour les auteurs de sa félicité, s'il est heureux ; & qu'on entretient dans les ames une étincelle d'enthousiasme par le ressouvenir ou des bons Souverains qui ont gouverné dans les temps passés, ou des honnêtes & braves ayeux dont on est descendu. Il semble qu'aux Moluques le but des fêtes instituées par les Hollandois, est d'éterniser la mémoire des atrocités qu'ils ont commises, & d'y entretenir au fond des cœurs le sentiment de la vengeance. Ce n'est que sous l'empire des démons que les fêtes doivent être lugubres : mais telle est l'aversion de l'homme pour le travail, que tristes ou gaies, le Peuple aime les fêtes.

Vous riez avec mépris des superstitions de l'Hottentot. Mais vos Prêtres ne vous empoisonnent-ils pas, en naissant, de préjugés qui font le supplice de votre vie, qui sement la division dans vos familles, qui arment vos contrées les unes contre les autres ? Vos pères se sont cent fois égorgés pour des questions imcompréhensibles. Ces temps de frénésie renaîtront, & vous vous massacrerez encore.

Les plus dangereux asyles ne sont pas ceux où l'on se sauve, mais ceux que l'on porte avec soi, qui suivent le coupable & qui l'entourent, qui lui servent de bouclier & qui forment entre lui & moi une enceinte, au centre de laquelle il est placé, & d'où il peut m'insulter, sans que le châtiment puisse l'atteindre. Tels sont l'habit & le caractère ecclésiastiques. L'un & l'autre étoient autrefois une sorte d'asyle où l'impunité des forfaits les plus crians étoit presqu'assurée. Ce privilège est-il bien éteint ? J'ai vu souvent conduire des Moines & des Prêtres dans les prisons, mais je n'en ai presque jamais vu sortir pour aller au lieu public des exécutions.

Eh quoi ! parce qu'un homme par son état est obligé à des mœurs plus saintes, il obtiendra des ménagemens, une commisération qu'on refusera au coupable, qui n'est pas lié par la même obligation ?.... Mais le respect dû à ses fonctions, à son vêtement, à son caractère ?.... Mais la justice, due également & sans distinction à tous les citoyens.... Si le glaive de la loi ne se promène indifféremment par-tout ; s'il vacille, s'il s'élève ou s'abaisse selon la tête qu'il rencontre à son passage, la société est mal ordonnée. Alors il existe sous un autre nom, sous une autre forme, un privilège détestable, un abri interdit aux uns & réservé aux autres.

Mais si l'assassin avoit plongé le poignard dans le sein d'un citoyen sur les marches mêmes de l'autel ! que feriez-vous ? Le lieu de la scène sanglante deviendroit-il son asyle ? Voilà certes un privilège bien commode pour les scélérats ! Pourquoi tueront-ils dans les rues, dans les maisons, sur les grands chemins, où ils peuvent être saisis ? Que ne tuent-ils dans les Eglises ? Jamais il n'y eut un temps plus révoltant du mépris des loix & de l'ambition ecclésiastique, que cette immunité des Temples. Il étoit réservé à la superstition de rendre dans ce monde l'Etre suprême protecteur des mêmes crimes qu'il punit dans une autre vie par des peines éternelles. On doit espérer que l'excès du mal fera sentir la nécessité du remède.

On a vu des Etats favoriser la corruption des Prêtres, pour affoiblir l'ascendant que la superstition leur donnoit sur l'esprit des Peuples. Outre qu'un pareil moyen n'est pas infaillible, comme le Brésil en fournit la preuve, la morale ne sauroit approuver cette exécrable politique. Il seroit plus sûr & plus convenable d'ouvrir indistinctement à tous les citoyens le sanctuaire. Philippe II, devenu le maître du Portugal, régla qu'elle seroit fermée à tous ceux dont le sang auroit été mêlé avec celui des Juifs, des hérétiques & des nègres. Cette distinction a fait prendre à un corps, déja trop puissant, un empire dangereux.

On observe que les Eglises ou les maisons religieuses sans rente fixe, sont des magasins de superstition, à la charge du bas Peuple. N'est-ce pas là que se fabriquent les Saints, les miracles, les reliques, toutes les inventions dont l'imposture a accablé la religion ? Le bien des Empires veut que le clergé ait une subsistance assurée ; mais si modique qu'elle borne nécessairement le faste du corps & le nombre de membres. La misère le rend fanatique, l'opulence le rend indépendant; l'une & l'autre le rendent séditieux. C'est l'ouvrage d'une administration prudente que d'amener, sans trouble & sans secousse, le sacerdoce à cet état, où sans obstacles pour le bien, il sera dans l'impuissance de faire le mal.

Le Christianisme avoit commencé par des pêcheurs qui ne savoient que l'Evangile; il fut achevé par des évêques qui formerent l'Eglise, alors il gagna de proche en proche & parvint jusqu'à l'oreille des Empereurs. Les uns le tolèrerent par mépris, par crainte, par intérêt ou par humanité; les autres le persécutèrent. La persécution hâta les progrès que la tolérance lui avoit ouverts. Le silence & la proscription, la clémence & la rigueur, tout lui devint utile. La liberté naturelle à l'esprit humain le fit adopter dans sa naissance, comme elle l'a fait souvent rejetter dans sa vieillesse. Cette indépendance, moins amoureuse de la vérité que de la nouveauté, devoit lui donner des sectateurs, quand il n'auroit pas eu tous les caractères propres à le faire respecter.

Dans une bourgade obscure de la Judée, au fond de l'atelier d'un pauvre charpentier, s'élevoit un homme d'un caractère austère. L'hypocrisie des prêtres de son temps révoltoit sa candeur, il avoit reconnu la vanité des cérémonies légales & le vice des expiations; à l'âge de trente ans ce vertueux personnage quitte les instrumens de son métier & se met à prêcher ses opinions. La populace des bourgs & des campagnes s'attroupe autour de lui, l'ecoute & le suit; il s'associe un petit nombre de coopérateurs ignorans, pusillanimes & tirés de conditions abjectes, il erre quelque-temps autour de la capitale, il ose enfin s'y montrer ; un des siens le trahit, un autre le renie ; il est pris, accusé de blasphême & supplicié entre deux voleurs. Après sa mort ses disciples paroissent sur les places publiques, dans les grandes villes à Antioche, à Alexandrie, à Rome ; ils annoncent aux barbares & aux Peuples policés, dans Athènes à Corinthe, la résurrection de leur Maître. Par-tout on croit à une doctrine qui révolte la raison, par-tout des hommes corrompus embrassent une morale austère dans ses principes, insociable dans ses conseils. La persécution s'élève, les prédicateurs & leurs prosélites sont emprisonnés, flagellés, égorgés. Plus on verse de sang, plus la secte s'étend ; en moins de trois siècles les Temples de l'idolâtrie sont renversés ou deserts, & malgré les haines, les hérésies, les schismes & les querelles sanglantes qui ont dechiré le Christianisme depuis son origine jusqu'a nos derniers temps, il ne reste presque d'autres autels élevés qu'à l'homme-Dieu mort sur une croix.

Le clergé n'est qu'une profession au moins stérile pour la terre, lors même qu'il s'occupe à prier ; mais quand avec des mœurs scandaleuses, il prêche une doctrine que son exemple & son ignorance rendent doublement incroyable, impraticable ; quand après avoir déshonoré, décrié, renversé la Religion par un tissu d'abus, de sophismes, d'injustices & d'usurpations, il veut l'étayer par la persécution : alors ce corps privilégié, paresseux & turbulent, devient le plus cruel ennemi de l'Etat & de la Nation ; il ne lui reste de sain & de respectable que cette classe de pasteurs la plus avilie & la plus surchargée qui, placée parmi les Peuples de la campagne, travaille, édifie, conseille, console & soulage une multitude de malheureux.

Il est facile & naturel d'être dévot, quand c'est pour ne rien faire.

Si les fonctions du sacerdoce semblent interdire au prêtre les soins d'une famille & d'une terre, les fonctions de la société proscrivent encore plus hautement le célibat. Si le clergé a vécu des aumônes du Peuple, il réduit à son tour les Peuples à l'aumône. Parmi les classes oiseuses de la société, la plus nuisible est celle qui, par ses principes, doit porter tous les hommes à l'oisiveté, qui consume à l'autel & l'ouvrage des abeilles & les salaire des ouvriers; qui allume durant le jour, les lumières de la nuit, & fait perdre dans les temples le temps que l'homme doit aux soins de sa maison, qui fait demander au ciel une subsistance que la terre seule donne ou vend au travail.

Tel étoit l'aveuglement dans ces siècles, que les débauches scandaleuses du clergé n'affoiblissoient pas son autorité; c'est que la Religion étoit dès-lors sûre de grandes richesses. Aussi-tôt qu'on eût prêché que la Religion qui vivoit de sacrifices, exigeoit avant tous, celui de la fortune & des biens de la terre, la Noblesse, qui avoit concentré dans ses mains toutes les propriétés, employa les bras de ses esclaves à édifier des Temples, & ses terres à doter des fondations. Les Rois donnèrent à l'église, tout ce qu'ils avoient ravi au Peuple; se dépouillèrent jusqu'à ne conferver ni de quoi payer les services militaires, ni de quoi soutenir les autres charges du Gouvernement. Cette impuissance n'étoit jamais soulagée par ceux qui l'avoient causée. Le maintien de la société ne les touchoit point. Contribuer aux impôts avec les biens de l'Eglise, c'étoit un sacrilège, une prostitution des choses saintes à des usages profanes. Ainsi parloient les clercs; ainsi le croyoient les laïcs. La possession du tiers des fiefs du Royaume; les offrandes volontaires d'un Peuple aveuglé, le prix auquel étoient taxées toutes les fonctions sacerdotales, ne rassasioient pas l'avidité, toujours active d'un clergé savant dans ses intérêts. Il trouva dans l'ancien testament que la dîme de toutes les productions lui appartenoit de droit divin & incontestable. La facilité avec laquelle s'établit cette prétention, la lui fit étendre au dixieme de l'industrie, des gains du commerce, des gages des laboureurs, de la paie des soldats, quelquefois même du revenu des charges de la Cour.

DE ROME ET DES PAPES.

Dès le huitieme siècle, & au commencement du neuvieme, Rome qui n'étoit plus la ville des maîtres du Monde, prétendit, comme autrefois, ôter & donner des Couronnes. Sans citoyens, sans soldats, avec des opinons, avec des dogmes, on la vit aspirer à la Monachie universelle. Elle arma les Princes les urs contre les autres, les Peuples contre les Rois, les Rois contre les Peuples. On ne connoissoit d'autre mérite que de marcher à la guerre, ni d'autre vertu que d'obéir à l'Eglise. La dignité des Souverains étoit avilie par les prétentions de Rome, qui apprennoit à mépriser les Princes, sans inspirer l'amour de la liberté. Quelques romans absurdes & quelques fables mélancoliques, nées de l'oisiveté des cloîtres, étoient alors la seule littérature. Ces ouvrages contribuoient à entretenir cette tristesse & cet amour du merveilleux qui servent si bien à la superstition.

Tandis que les Papes désabusoient les esprits de leur autorité, par l'abus même qu'ils en faisoient, la lumière vint d'Orient en Occident. Dès que les chefs-dœuvre de l'antiquité eurent ramené le goût des bonnes études, la raison recouvra quelques-uns des droits qu'elle avoit perdus. L'histoire de l'Eglise fut approfondie & l'on y découvrit les faux titres de la cour de Rome. Une partie de l'Europe en sécoua le joug. Un Moine lui fit perdre presque toute l'Allemagne, presque tout le Nord ; un Chanoine quelques Provinces de France, & un Roi pour une femme l'Angleterre entière. Si d'autres Souverains maintinrent avec fermeté la Religion Catholique dans leurs possessions, ce fut peut-être parce qu'elle étoit plus favorable à cette obéissance aveugle & passive, qu'ils exigent des Peuples & que le clergé Romain a toujours prêchée pour ses intérêts.

Les Papes, riches & paisibles Souverains de la voluptueuse Italie, perdirent de leur austérité. Leur Cour devint aimable. Ils regarderent la culture des lettres, comme un moyen nouveau de règner sur les esprits. Ils protégèrent les talens ; ils honorèrent les grands artistes. Raphaël alloit être Cardinal, lorsqu'il mourut. Pétrarque eut les honneurs du triomphe. Ce bon goût, ces plaisirs nouveaux, pouvoient n'être pas conformes à l'esprit de l'Evangile, mais il paroissoient l'être aux intérêts des pontifes. Les arts & les lettres décorent l'édifice de la Religion; c'est la philosophie qui le détruit. Ainsi l'Eglise Romaine, favorable aux belles-lettres & aux beaux-arts, fut-elle opposée aux sciences exactes. On couronna les Poëtes, on persécuta les Philosophes. Galilée eût vu de sa prison le Tasse monter au capitole ; si ces deux grands génies eussent été contemporains.

L'Eglise Romaine avoit détruit, autant qu'il est possible, les principes de justice que la nature a mis dans tous les hommes. Ce seul dogme, qu'au Pape appartient la souveraineté de tous les Empires, renversoit les fondemens de toute société, de toute vertu politique. Cependant cette maxime avoit régné long-temps avant le dogme

affreux

affreux qui permettoit, qui ordonnoit même de haïr, de persécuter tous les hommes, dont les opinions sur la religion ne sont pas conformes à celles de l'Eglise Romaine. Les indulgences, espèce d'expiations, vendues pour tous les crimes, & si vous voulez quelque chose de plus monstrueux, des expiations pour les crimes à venir; la dispense de tenir sa parole aux ennemis du Pontife, fussent-ils de sa religion; cet article de croyance, où l'on enseigne que le mérite du juste peut être appliqué au méchant; les exemples de tous les vices dans la personne des Pontifes, & dans les hommes sacrés, destinés à servir de modèle au Peuple; enfin le plus grand des outrages fait à l'humanité, l'inquisition; toutes ces horreurs devoient faire de l'Europe un repaire de tigres ou de serpens, plutôt qu'une vaste contrée habitée ou cultivée par des hommes.

Et c'est le chef de la plus sainte des religions qui donne à autrui ce qui ne lui appartient pas! (le Nouveau-Monde) & c'est un Souverain Chrétien qui accepte ce don! Et les conditions stipulées entr'eux sont la soumission au Monarque Européen, ou l'esclavage, le baptême ou la mort. Sur le simple exposé de ce contrat inoui, on est saisi d'une telle horreur que l'on prononce que celui qui ne la partage pas, est un homme étranger à toute morale, à tout sentiment d'humanité, à toute notion de justice, qui ne mérite pas qu'on raisonne avec lui. Pontife abominable! & si ces contrées dont tu disposes, ont un légitime propriétaire, ton avis est donc qu'on l'en dépouille? Si elles ont un légitime Souverain, ton avis est donc que ses sujets lui soient

L

infidèles ? Si elles ont des Dieux, ton avis est donc qu'elles soient impies ? Prince stupide ! tu ne sens pas que les droits qu'on te confère, on se les arroge ; & qu'en les acceptant, tu abandonnes ton pays, ton sceptre & ta religion à la merci d'un ambitieux sophiste, du machiavéliste le plus dangereux ?

Les écrivains de la religion réformée ont fait voir l'absurdité qu'il y auroit à croire un seul homme continuellement inspiré du ciel, sur un Trône ou dans une chaire qui fut le siège des vices les plus monstrueux ; où la dissolution se vit assise à côté de l'inspiration ; où l'adultère & le concubinage profanèrent les idoles revêtues du caractère & du nom de la sainteté, où l'esprit de mensonge & d'artifice dirigea les prétendus oracles de la divinité ; ils ont démontré que l'Eglise, assemblée en Concile & composée de Prélats intrigans, sous les Empereurs de la primitive Eglise, ignorans & débauchés dans les temps de barbarie, ambitieux & fastueux dans les siècles de schisme, qu'une telle Eglise ne devoit pas être plus éclairée de lumières surnaturelles que le Vicaire de Jesus ; que l'esprit de Dieu ne se communiquoit pas plus visiblement à deux cens Pères du Concile qu'au saint Père, souvent le plus méchant des hommes ; que des Allemands & des Espagnols sans science, des François sans mœurs, des Italiens sans aucune vertu, n'étoient pas aussi disposés à l'esprit de révélation, qu'un simple troupeau de paysans qui cherchent Dieu de bonne foi dans la prière & le travail ; Enfin, s'ils n'ont pu soutenir leur nouveau système aux yeux de la raison, ils ont très-bien détruit celui de l'ancienne Eglise.

Quelle énorme distance de Pierre, pauvre pêcheur sur les bords du lac de Génézareth & serviteur des serviteurs de Dieu, à quelques-uns de ses orgueilleux successeurs, le front ceint d'un triple diadême, maîtres de Rome, d'une grande partie de l'Italie, & se disant les Rois des Rois de la terre !

Sous Innocent III il n'y avoit plus qu'un Tribunal au monde, & c'étoit à Rome; il n'y avoit plus qu'un maître, & c'étoit à Rome où il régnoit sur l'Europe par ses légats. La hiérarchie ecclésiastique s'étendit d'un degré par la création des Cardinaux : il ne manquoit plus au Despote que des Janissaires; il en eut par la création d'une multitude d'ordres monastiques. Rome, autrefois la maîtresse du monde par les armes, l'est devenue par l'opinion. Eh ! pourquoi les Papes tout-puissans sur les esprits, oublieroient-ils de conserver aux foudres spirituelles leur terreur, en ne les lançant que contre les Souverains ambitieux & injustes ? Qui sait si ce Tribunal tant desiré, où les têtes couronnées pussent être citées, n'auroit pas existé dans Rome, & si la menace d'un père commun, appuyée d'une superstition générale, n'auroit pas amené la fin des guerres ?

Rome, qui s'étoit d'abord contentée de contempler avec une orgueilleuse satisfaction, les succès qu'avoient en Angleterre les riches & superbes Apôtres d'un Dieu né dans la misere, & mort dans l'ignominie, ne tarda pas à vouloir participer aux dépouilles de ce malheureux pays : elle commença par y ouvrir un commerce de reliques, toujours accréditées par de grands miracles, & toujours vendues à proportion du prix qu'y mettoit la crédulité. Les Grands, les Monarques mêmes, furent invités à venir en pélérinage dans la capitale du monde, y acheter une place dans le ciel, affortie au rang qu'ils tenoient fur la terre. Les Papes s'attribuerent infenfiblement la collation des bénéfices, & les vendirent après les avoir donnés. Par cette voie, leur Tribunal évoqua toutes les caufes eccléfiaftiques ; & leur fifc s'accrut avec le temps du dixieme des revenus d'un clergé qui levoit le dixieme de tous les biens du Royaume.

Lorfque ces pieufes vexations eurent été portées en Angleterre, auffi loin qu'elles pouvoient aller, Rome chrétienne, y afpira au pouvoir fuprême. Les fraudes de fon ambition étoient couvertes d'un voile facré : elle ne fappoit les fondemens de la liberté, qu'avec les armes de l'opinion ; c'étoit oppofer l'homme à lui-même & fubjuguer fes droits par fes préjugés. On la vit s'établir arbitre defpotique entre l'autel & le trône, entre le Prince & les fujets, entre un Monarque & les Rois fes voifins : elle allumoit l'incendie de la guerre avec les foudres fpirituelles. Mais il lui falloit des émiffaires pour répandre la terreur de fes armes ; elle appella les Moines à fon fecours. Le clergé féculier, malgré le célibat qui le féparoit des attachemens du monde, y tenoit par les liens de l'intérêt, fouvent plus forts que ceux du fang; il falloit une claffe d'hommes ifolés de la fociété, par des inftitutions fingulieres qui devoient les porter au fanatifme, par une foumiffion, par un dévouement propres à feconder les vues de ce Souverain. Ces vils & malheureux inſtrumens de la ſuperſtition, remplirent leur vocation funeſte par leurs intrigues, ſecondées de la faveur des événemens, & l'Angleterre, que les anciens Romains avoient eu tant de peine à conquérir, devint feudataire de Rome moderne.

DU JEUNE ET DE L'ABSTINENCE.

Quoi! vous ne concevez pas que la providence qui veille à votre conservation, en vous présentant les alimens qui vous sont propres & en perpétuant sans interruption le besoin que vous en avez, vous en permet un libre usage: que si le ciel se courrouçoit lorsque vous en mangez dans un temps prohibé, il n'y a sur la terre aucune autorité qui pût vous dispenser de lui obéir: qu'on abuse de votre stupide crédulité, quand par un trafic infâme, un être qui n'est pas plus que vous, une créature qui n'est rien aux yeux de son maître & du vôtre, s'arroge le droit de commander en son nom, ou de vous affranchir de ses ordres pour une pièce d'argent! Cette pièce d'argent, la prend-il pour lui ou la donne-t-il à son Dieu? Son Dieu est-il indigent? Vit-il de ressources? thésaurise-t-il? Que s'il est dans un autre vie un juge rémunérateur des vertus & vengeur des crimes, ni l'or que vous avez donné, ni les pardons que vous auriez acquis avec cet or ne feront pas incliner sa balance. Que si sa justice vénale se laissoit corrompre, il seroit aussi vil, aussi méprisable que ceux qui siègent dans vos tribunaux. Que si son représentant avoit pour lui-même le pouvoir qu'il vous a persuadé qu'il a pour vous, il seroit impunément le plus méchant des hommes, puisqu'il n'y auroit aucun forfait dont il ne possédât l'absolution. Je ne m'adresserai pas non-plus aux Ministres subalternes de ce chef orgueilleux, parce qu'ils ont un intérêt commun avec lui ; & qu'au lieu de me répondre, ils allumeroient un bucher sous mes pieds. Mais je m'addresserai à ce chef & à tout le corps qu'il préside, & je lui dirai :

Renoncez, il est temps, renoncez à cet indigne monopole qui vous dégrade, & qui déshonore le Dieu que vous prêchez, & le culte que vous professez. Simplifiez votre doctrine. Purgez-la d'absurdités. Abandonnez de bonne grace tous ces postes, ou vous y serez forcés. Le Monde est trop éclairé pour se repaître plus long-temps d'incompréhensibilités qui répugnent à la raison, ou pour donner dans des mensonges merveilleux qui, communs à toutes les Religions, ne prouvent pour aucune. Revenez à une morale pratiquable & sociale, passez de la réforme de votre théologie à celle des mœurs. Puisque vous jouissez des prérogatives de la société, partagez-en le fardeau. N'objectez plus vos immunités aux tentatives d'un ministère équitable qui se proposeroit de vous ramener à la condition générale des citoyens. Votre intolérance & les voies odieuses par lesquelles vous avez acquis, & vous entassez encore richesse sur richesse, ont fait plus de mal à vos opinions que tous les raisonnemens de l'incrédulité. Si vous eussiez été les pacificateurs des troubles publics & domestiques, les avocats du pauvre, les appuis du persécuté, les médiateurs entre l'époux & l'épouse, entre les pères & les enfans, entre les citoyens & les organes de la loi, les amis du trône, les coopérateurs du Magistrat. Quelques absurdes qu'eussent été vos dogmes, on se seroit-tu ; personne n'eût osé attaquer une classe d'hommes, si utiles & si respectables. Vous avez divisé l'Europe pour des futilités. Toutes les contrées ont fumé de sang, & pourquoi ? On rougit à présent d'y penser. Voulez-vous restituer à votre ministère la dignité ? Soyez humbles, soyez indulgens, soyez même pauvres s'il le faut. Votre fondateur le fut. Ses Apôtres, ses disciples, les disciples de ceux-ci qui convertirent tout le monde connu, le furent aussi. Ne soyez ni charlatans, ni hypocrites, ni simoniaques ni marchands de choses que vous donnez pour saintes. tâchez de redevenir prêtres, c'est-à-dire les envoyés du très-haut, pour prêcher aux hommes les vertus, & pour leur en montrer les exemples. Et vous, Pontife de Rome, ne vous appellez plus le serviteur des serviteurs de Dieu, ou soyez-le. Songez que le siècle de vos bulles, de vos indulgences, de vos pardons, de vos dispenses est passé. C'est inutilement que vous voudriez vendre le Saint-Esprit, si l'on ne veut pas l'acheter ; votre revenu spirituel va toujours en diminuant, il faut qu'un peu plutôt, un peu plus tard, il se réduise à rien. Quels que soient les subsides, les Nations qui les paient, tendent naturellement à s'en délivrer. Le prétexte le plus léger leur suffit. Puisque de pêcheur, vous vous êtes fait Prince temporel, dévenez comme tous les bons Souverains le promoteur de l'agriculture, des arts, des manufactures, du commerce, de la population, alors, vous n'aurez plus besoin d'un trafique scandaleux. Vous restituerez aux travaux de l'homme les jours précieux que vous leur dérobez & vous recouvrerez notre vénération que vous avez perdue.

DES MOINES.

Les Moines dans leur institution n'étoient pas des hommes corrompus par l'oisiveté, par l'intrigue & par la débauche. Des soins utiles remplissoient tous les instans d'une vie édifiante & retirée. Les plus humbles, les plus robustes d'entre-eux, partageoient avec leurs serfs les travaux de l'agriculture, ceux à qui la nature avoit donné ou moins de force, ou plus d'intelligence, recueilloient dans des atteliers les arts fugitifs & abandonnés. Les uns & les autres servoient dans le silence, & la retraite, une patrie dont leurs successeurs n'ont jamais cessé de dévorer la substance & de troubler la tranquilité.

Quand ces solitaires n'auroient employés aucune des voies iniques qui les ont conduits au dégré d'opulence que nous leurs voyons & qui nous indigne, il falloit qu'ils y arrivassent avec le temps. C'étoit une des suites nécessaires de leur régime. Les fondateurs des monastères ne pensèrent point à une conséquence assez simple de l'austérité qu'ils imposoient aux moines : je veux dire à un accroissement de richesse, dont il est impossible de fixer la limite, du moment où le revenu excède la dépense d'une année commune. Cette dépense restant toujours la même, & ne subissant de variation que celle des circonstances qui font hausser ou baisser le prix des denrées, ce surplus de revenu s'entassant continuellement, quelque foible qu'on le suppose, doit, à la longue former une grande masse ; les loix prohibitives, publiées contre les gens de main-morte, peuvent donc rallentir, mais ne peuvent jamais arrêter les progrès de l'opulence monastique. Il n'en est pas ainsi des familles des citoyens, qui ne sont assujettis à aucune règle. Un fils dissipateur succède à un père avare. Les dépenses ne sont jamais les mêmes, ou la fortune s'éboule, ou elle se refait. Ceux qui dictèrent les constitutions religieuses, ne se proposerent que de faire des saints; & ils tendirent, & plus directement & plus sûrement, à faire des riches.

En Amérique, les moines sont sans lumières, & sans mœurs ; leur indépendance y foule aux pieds leurs constitutions & leurs vœux ; leur conduite est scandaleuse ; leurs maisons sont autant de mauvais lieux, & leurs tribunaux de pénitence autant de boutiques de commerce. C'est-là que pour une piece d'argent, ils tranquilisent la conscience du scélérat ; c'est-là qu'ils insinuent la corruption au fond des ames innocentes, & qu'ils entraînent les femmes & les filles dans la débauche ; ce sont autant de simoniaques qui trafiquent publiquement des choses saintes. Le Christianisme qu'ils enseignent est souillé de toutes sortes d'absurdités. Captateurs d'héritages, ils trompent, ils volent, ils se parjurent. Ils avilissent les Magistrats ; ils le croisent dans leurs opérations. Il n'y a point de forfaits qu'ils ne puissent commettre impunément. Ils inspirent aux Peuples l'esprit de la révolte. Ce sont autant de fauteurs de la superstition. Ils sont la cause de tous les troubles qui ont agité ces contrées lointaines. Tant qu'il y subsisteront, ils y entretiendront l'anarchie, par la

confiance auffi aveugle qu'illimitée qu'ils ont
obtenue des Peuples, & par la pufillanimité qu'ils
ont infpiré aux dépofitaires de l'autorité, dont
ils difpofent par leurs intrigues. De quelle fi grande
utilité font-ils donc ? feroient-ils délateurs ? Une
fage adminiftration n'a pas befoin de ce moyen.
Les ménageroit-on comme un contre-poids à la
puiffance des Vice-Rois? C'eft une terreur panique. Seroient-ils tributaires des grands ? C'eft
un vice qu'il faut faire ceffer. Sous quelque face
qu'on confidere les chofes, les Moines font des
miférables qui fcandalifent & qui fatiguent trop
le Mexique, pour les y laiffer fubfifter plus long-
temps.

Il n'y a pas peut-être un Moine qui n'ait quelquefois détefté fon habit.

Une foule d'êtres vivans dans une forte de fociété qui fépare à jamais les deux fexes. L'un & l'autre
ifolés dans des cellules, où pour être heureux, ils
n'auroient qu'à fe réunir, confument les plus beaux
jours de leur vie à étouffer, à détefter le penchant qui les attire à travers les prifons & les
portes de fer, que la peur a élevées entre des
cœurs tendres & des ames innocentes. Où eft
l'impiété, finon dans l'inhumanité de ces inftitutions fombres & féroces qui dénaturent l'homme
pour le divinifer, qui le rendent ftupide, imbécile
& muet, comme les bêtes, pour qu'il devienne
femblable aux anges ? Dieu de la nature, c'eft
à ton tribunal qu'il faut en appeler de tous les
crimes qui violent le plus beau de tes ouvrages,
en le condamnant à une ftérilité que ton exemple
défavoue! N'es-tu pas effentiellement fécond &
productif ? Toi qui fais fans ceffe fortir & renaître

la vie du sein de la mort même! Qui est-ce qui chante le mieux tes louanges, ou l'être solitaire qui trouble le silence de la nuit, pour te célébrer parmi les tombeaux; ou le Peuple heureux, qui, sans se vanter de l'instinct de te connoître, te glorifie dans ses amours, en perpétuant la suite & la merveille de tes créatures vivantes.

L'opinion fit les Moines, l'opinion les détruira. Leurs biens resteront dans la société, pour y nourir des familles. Toutes les heures perdues à des prières sans ferveur, seront consacrées à leur destination primitive, qui est le travail. Le clergé se souviendra que dans ses livres sacrés Dieu dit à l'homme innocent : *croissez & multipliez*; que Dieu dit à l'homme pécheur : *laboure & travaille*.

Si les Moines défrichèrent autrefois les déserts qu'ils habitoient, ils dépeuplent aujourd'hui les villes où ils fourmillent.

La vie cénobitique n'a qu'une saison de ferveur. Avec une ame tendre, on pourroit souhaiter d'être dévot jusqu'à vingt ans, comme on peut desirer d'être belle femme jusqu'à vingt-cinq ans : mais après cet âge il faut être homme.

DES THÉOLOGIENS.

LA Théologie, qui s'est emparée de l'esprit humain par l'opinion, qui a profité des premières frayeurs de l'enfance pour en inspirer d'éternelles à la raison; qui a tout dénaturé, géographie, astronomie, physique, histoire; qui a voulu que tout fût mystère & merveille, pour avoir le droit de tout expliquer: la Théologie, après avoir fait une race d'hommes coupables & malheureux par la faute d'Adam, fait une race d'hommes noirs, pour punir le fratricide de son fils. C'est de Caïn que sont descendus les Nègres. Si leur père étoit assassin, il faut convenir que son crime est cruellement expié par ses enfans; & que les descendans du pacifique Abel ont bien vengé le sang innocent de leur père.

Grand Dieu! quelles extravagances atroces t'imputent des êtres qui ne parlent & n'agissent que par un bienfait continuel de ta puissance, & qui te font agir & parler, suivant les ridicules caprices de leur ignorance présomptueuse! Sont-ce les démons qui te blasphêment, ou les hommes, qui se disent tes Ministres? Si pourtant, à ton égard, on peut appeler blasphême les discours de ces foibles créatures, dont l'existence est si loin de toi, & dont la voix t'insulte sans être entendue, comme l'insecte murmure dans l'herbe sous les pieds de l'homme qui passe & ne l'entend pas.

DES JÉSUITES.

SI ces hommes actifs & courageux avoient eu un esprit moins infecté de celui de Rome; si, formés en société dans la Cour la plus intriguante & la plus corrompue de l'Europe, il ne s'étoient pas introduits dans les autres Cours pour influer sur tous les événemens politiques; s'ils n'avoient révolté, par leur intolérance, tous les gens modérés, & tous les tribunaux par leur passion pour le despotisme. Si un zèle outré pour la Religion, ne les eût rendus les ennemis secrets du progrès des connoissances & les persécuteurs de la philosophie; s'ils avoient employé autant d'art à se faire aimer qu'à se faire craindre; s'ils avoient été aussi jaloux d'accroître la splendeur de la société que d'en augmenter la puissance; si leurs chefs n'avoient pas abusé des vertus mêmes de la plupart des membres; l'ancien & le Nouveau-Monde jouiroient encore des travaux d'un corps qu'on pouvoit rendre utile, en l'empêchant d'être nécessaire. Le dix-huitieme siècle n'auroit pas à rougir des atrocités qui ont accompagné son anéantissement. L'univers continueroit à être arrosé de leurs sueurs & fécondé par leurs entreprises.

Les Portugais avoient formé l'établissement de St. Vincent sur la côte de la Mer au 24me dégré de latitude australe. Là ils commerçoient paisiblement avec les Cariges, la Nation la plus douce & la plus policée de tout le Brésil. L'utilité qu'on retiroit de cette liaison, n'empêcha pas qu'on n'en-

levât soixante-dix hommes pour en faire des esclaves. L'auteur de cet attentat fut condamné à ramener les prisonniers où il les avoit pris, & à faire les excuses qu'exigeoit une si grande insulte. Deux Jésuites, chargés de faire recevoir les réparations, que sans eux on n'eût jamais ordonnées, en donnèrent avis à Farancaha, l'homme le plus accrédité de sa Nation. Il vint au devant d'eux, & les embrassant avec des larmes de joie : « mes
» pères, leur dit-il, nous consentons à oublier
» le passé, & à faire une nouvelle alliance avec
» les Portugais : mais qu'ils soient désormais plus
» modérés & plus fidèles aux droits de Nations,
» qu'ils ne l'ont été. Notre attachement mérite
» au moins de l'équité, on nous traite de bar-
» bares, cependant nous respectons la Justice &
» nos amis «. Les missionnaires ayant promis que leur Nation observeroit désormais plus religieusement les loix de la paix & de l'union, Farancaha reprît : « si vous doutez de la bonne foi
» des Cariges, je vais vous en donner une preuve.
» J'ai un neveu que j'aime tendrement, il est
» l'espérance de ma maison, & fait les délices
» de sa mère. Elle mouroit de douleur, si elle
» perdoit son fils. Je veux bien cependant vous le
» donner en ôtage. Emmenez-le avec vous, cul-
» tivez sa jeunesse, prenez soin de son éduca-
» tion, instruisez-le de votre Religion. Que ses
» mœurs soient douces ; qu'elles soient pures.
» J'espère qu'a votre retour, vous m'instruirez
» aussi, & que vous me rendrez à la lumière.

DES MISSIONNAIRES.

IL est impossible qu'un lecteur qui réfléchit ne se demande pas à lui-même par quelle étrange manie un individu, qui jouit dans sa patrie de toutes les commodités de la vie, peut se résoudre à la fonction pénible & malheureuse de missionnaire : s'éloigner de ses concitoyens, de ses amis, de ses proches ; traverser les mers pour aller s'enfoncer dans les forêts, s'exposer aux horreurs de la plus extrême misère, courir à chaque pas, le péril d'être dévoré des bêtes féroces, à chaque instant celui d'être massacré par des hommes barbares, s'établir au milieu d'eux, se prêter à leurs mœurs, partager leur indigence & leurs fatigues, rester à la merci de leurs passions ou de leurs caprices, aussi long-temps au moins qu'il le faut pour apprendre leur langue & s'en faire entendre ?

Si c'est par enthousiasme de religion, quel plus terrible ressort peut-on imaginer que celui-là ? Si c'est par respect pour un vœu d'obéissance à des supérieurs qui vous disent : va, & auxquels on ne sauroit sans parjure & sans apostasie, demander raison de leurs ordres : que ne peuvent point, soit pour servir, soit pour nuire, des maîtres hypocrites ou ambitieux qui commandent si despotiquement, & qui sont si aveuglément obéis? Si c'est par un sentiment profond de commisération pour une portion de l'espèce humaine que l'on s'est proposé d'arracher à l'ignorance, à la stupidité & à la misère, je ne connois pas une

vertu

vertu plus héroïque. Quant à la constance avec laquelle ces hommes rares persévèrent dans une carrière aussi rebutante, j'aurois pensé qu'à force de vivre avec des sauvages, ils le devenoient eux-mêmes; & je me serois trompé dans ma conjecture. C'est de toutes les vanités humaines la plus louable qui les soutient.

Mon ami, me disoit un vieux missionnaire qui avoit vécu 30 ans au milieu des forêts, mais qui étoit tombé dans un ennui profond, depuis qu'il étoit rentré dans son pays, & qui soupiroit sans cesse après ses chers sauvages: " mon ami ; vous
" ne savez pas ce que c'est que d'être le Roi,
" presque le Dieu d'une multitude d'hommes qui
" vous doivent le peu de bonheur dont ils jouis-
" sent & dont l'application assidue est de vous en
" témoigner leur réconnoissance. Ils ont parcouru
" des forêts immenses ; ils reviennent tombant de
" lassitude & d'inanition ; ils n'ont tué qu'une pièce
" de gibier, & pour qui croyez-vous qu'il l'aient ré-
" servée ?. C'est pour le pere, car c'est ainsi qu'ils
" nous appellent ; & en effet ce sont nos enfans.
" Notre présence suspend leurs querelles. Un Sou-
" verain ne vit pas plus sûrement au milieu de
" ses gardes que nous au milieu de nos sauvages.
" C'est à côté d'eux que je veux aller finir mes
" jours.

DU CÉLIBAT.

Chez les Peuples demi-civilisés ou tout-à-fait policés, c'est la jeunesse & la beauté qui servent d'instrument & de soutien au culte religieux, en s'y dévouant par un sacrifice public & solemnel. Mais combien ce dévouement, même volontaire, outrage la raison, l'humanité & la Religion!

Quoi qu'il en soit des raisons, soit religieuses ou politiques, qui ont introduit & cimenté le Célibat monastique en Europe; on ne doit point juger du moins avec rigueur les institutions contraires que le climat a dû sans doute établir en des régions où le Ciel & le sol parlent si puissamment en faveur du vœu le plus ardent de la nature. Si c'est une vertu sous la Zone tempérée, d'étouffer les désirs qui portent les deux sexe à s'aimer, à s'unir; céder à ce penchant, c'est un devoir plus cher & plus sacré, sous le climat brûlant du Japon.

DU FANATISME ET DE LA SUPERSTITION.

LE fanatisme perpétue & peut-être même expie les horreurs dont ils se sont souillés dans le cours de leur conquêtes (les Espagnols). Car telle est la nature des opinions religieuses, qu'elles sanctifient le crime qu'elles inspirent, & que le crime efface les autres forfaits qu'on a commis. Le fanatique dit à Dieu : il est vrai Seigneur, que j'ai empoisonné, que j'ai assassiné, que j'ai violé ; mais tu me pardonneras, car j'ai exterminé de ma propre main cinquante de tes ennemis.

La superstition, & la ruse ont usurpé l'empire. Quand l'une a tout conquis, tout soumis ; l'autre vient, en lui donnant des loix à son tour. Elles traitent, ensemble ; les hommes baissent la tête, & se laissent lier les mains. S'il arrive que ces deux puissances mécontentes se soulevent l'une contre l'autre ; c'est alors qu'on voit ruisseler dans les rues le sang des citoyens. Une partie se range sous l'étendard de la superstition ; l'autre marche sous les drapaux du Souverain. Les pères égorgent les enfans ; les enfans enfoncent, sans hésiter, le poignard dans le sein des peres. Toute idée de justice cesse ; tout sentiment d'humanité s'anéantit. L'homme semble tout-à-coup métamorphosé en bête féroce. L'on crie d'un côté : *rebelles obéissez à votre Monarque*. On crie de l'autre : *sacrileges, impies, obéissez à Dieu, le maître de votre Roi, ou mourez*. Je m'adresserai donc à tous les Souverains de la Terre, & j'oserai leur réléver la pensée secrete du sacerdoce. Qu'ils sachent que si le prêtre s'expliquoit franchement, il diroit : si le Souverain n'est pas mon licteur ; il est mon ennemi. Je lui ai mis la hache à la main, mais c'est à condition que je lui désignerois les têtes qu'il faudroit abattre. Les brâmes, dépositaires de la Religion & des sciences dans tout l'indostan, sont employés comme Ministres dans la plu-part des Etats, & disposent de tout à leur gré ; mais les affaires n'en sont pas mieux conduites.

Il n'y a aucun crime, que l'intervention des Dieux ne consacre, aucune vertu qu'elle n'avilisse. La notion d'un être absolu, est entre les mains des prêtres qui en abusent, une destruction de toute morale. Une chose ne plaît pas aux Dieux, parce qu'elle n'est pas bonne ; mais elle est bonne parce qu'elle plaît aux Dieux.

Chez un Peuple plongé dans la superstition, tous les événemens sont miraculeux ;

Il n'y a rien que la superstition n dénature, point d'usage si monstrueux qu'elles n'établisse, point de forfaits auxquels elle ne détermine ; point de sacrifices qu'elle n'obtienne. Si elle dit, à l'homme, Dieu veut que tu te mutiles, il se mutilera. Si elle lui dit, Dieu veut que tu assassine ton fils, il l'assassinera. Si elle lui a dit, aux îles marianes, Dieu veut que tu rampes devant la femme, il rampera devant la femme.

Si nous avons une idée juste de la superstition, elle arrête les progrès de la population ; elle consacre à des pratiques inutiles les temps destinés aux travaux de la société ; elle dépouille l'homme laborieux pour enrichir le solitaire oifif & dangereux; elle arme les citoyens les uns contre les autres pour des sujets frivoles; elle donne au nom du ciel le signal de la révolte; elle souftrait ses Ministres aux loix, aux devoirs de la société; en un mot, elle rend les Peuples malheureux, & donne des armes au méchant contre le juste.

La superstition, quelle qu'en soit la cause, est répandue chez tous les Peuples sauvages ou policés : elle est née sans doute de la crainte du mal, de l'ignorance de ses causes & de ses remèdes. C'en est assez du moins pour l'enraciner dans l'esprit de tous les hommes. Les fléaux de la nature, les contagions, les maladies, les accidens imprévus, les phénomènes destructeurs, toutes les causes cachées de la douleur & de la mort, sont si universelles sur la terre, qu'il seroit bien étonnant que l'homme n'en eût pas été, dans tous les temps & dans tous les pays, vivement affecté.

Autant les grands écarts de la nature donnent de ressort aux esprits éclairés, autant ils accablent les ames flétries par l'habitude de l'ignorance & de la superstition.

La superstition, cette plante funeste, est donc de tous les climats; elle croît donc également dans les plaines & sur les rochers, sous les feux de la ligne sous les frimats du pôle, & dans l'intervalle tempéré qui les sépare. La généralité de ce phénomène désigneroit-elle par-tout un élan de l'homme ignorant & peureux vers l'auteur de son existence & le dispensateur des biens & des maux. C'est l'inquiétude d'un enfant qui cherche son père dans les ténèbres ?

La navigation & les longs voyages ont insensiblement détourné une grande partie du Peuple des folles idées de la superstition. La différence des cultes & des Nations a familiarisé les esprits les plus grossiers avec une sorte d'indifférence pour l'objet qui avoit le plus frappé leur imagination. Le commerce entre les sectes les plus opposées a refroidi la haine religieuse qui les divisoit. On a vu qu'il y avoit par-tout de la morale & de la bonne-foi dans les opinions, par-tout du déréglement dans les mœurs & de l'avarice dans les ames, & l'on en a conclu que c'étoit le climat, le gouvernement & l'intérêt social ou national qui modifioient les hommes.

La superstition explique tout ce que la raison trouve inconcevable : elle seule pouvoit ôter la liberté à des hommes qui n'avoient guère à perdre que la liberté.

Tel est l'indélébile & funeste caractère des malheurs engendrés par la superstition, qu'ils ne cessent jamais que pour se renouveller. Tous les cultes partent d'un tronc commun, qui subsiste & qui subsistera à jamais, sans qu'on ose l'attaquer, sans qu'on puisse prévoir la nature des branches qu'il repoussera, sans qu'il soit permis d'espérer d'en arracher une seule, qu'avec effusion de sang. Il y auroit peut-être un remède, ce seroit une parfaite indifférence des gouvernemens. Que sans aucun égard à la diversité des cultes, les talens & la vertu conduisent seuls aux places de l'Etat & aux faveurs du Souverain; alors, peut-être, les différentes Eglises se réconcilieront. Les Catholiques & les Protestans vivroient aussi paisiblement l'un à côté de l'autre, que le Cartésien & le Newtonien. Nous disons, *peut-être*, parce qu'il n'en est pas des matières de religion, ainsi que des matières de philosophie; le défenseur du plein ou du vuide ne croit ni offenser, ni honorer Dieu par son système. Le plus zélé ne compromettroit pour sa défense ou sa propagation, ni son repos, ni son honneur, ni la fortune, ni sa vie; qu'il persiste dans son opinion ou qu'il l'abandonne, on ne l'appellera point apostat : ses leçons ne seront point traitées d'impiétés & de blasphêmes; comme il arrive dans les disputes de religion, où l'on croit la gloire de Dieu intéressée, où l'on tremble pour son salut à venir & pour la condamnation éternelle des siens; où ces considérations sanctifient les forfaits & résignent à tous les sacrifices.

DU TOLÉRANTISME.

Nulle Puissance n'est en droit de prescrire aux hommes ce qu'ils doivent penser; la société n'a pas besoin pour se soutenir, d'ôter aux ames toute espèce de liberté, & d'exiger par la force une formule de foi; c'est imposer un faux serment qui rend un homme traître à sa conscience, pour en faire un sujet infidèle; la politique doit préférer tout citoyen qui sert la patrie, à celui qui est inutilement orthodoxe.

Les bons gouvernemens ne sont pas troublés par la diversité des opinions, & un Christianisme bien entendu ne proscrit pas la liberté de conscience. Ces vérités ont été portées à un tel degré d'évidence, qu'elles ne doivent pas tarder de servir de règle à toutes les Nations un peu éclairées.

Combien l'intolérance qui existe est funeste! Quel fond de richesse on appelle chez soi par la tolérance; & combien il est indifférent à la valeur des denrées, qu'elles doivent leur naissance à des mains orthodoxes, ou à des mains hérétiques, à des mains Espagnoles ou à des mains Hollandoises!

Un Roi ne peut rien sur les opinions religieuses, les consciences ne se forcent point, la fortune, la vie, les dignités ne se comparent point avec les peines éternelles; & s'il est bon de fermer l'entrée d'un pays où l'on n'observe qu'un culte à toute superstition étrangère, la force n'en excluera jamais celle qui y est établie

Souverains! vous qui êtes chargés de conduire les hommes apprenez à les connoître, étudiez leurs passions, pour les régir par leurs passions! Sachez qu'un Prince qui dit à ses sujets : votre religion me déplaît; vous l'abjurerez, je le veux, peut faire dresser des potences & des roues. Que les boureaux se tiennent prêts.

Louis XIV chargea de l'expédition de son projet impie en religion, absurde en politique, deux Ministres impérieux comme lui; deux hommes qui haïssoient les protestans, parce que Colbert s'en étoit servi; un le Thelier, homme dur & fanatique; un Louvois, homme cruel & sanguinaire; c'est celui-ci qui opinoit à submerger la Hollande, & qui depuis fit réduire le Palatinat en cendres. Sur le moindre prétexte on ferme au Calviniste son Temple, on l'exclut des fermes du Roi, il ne peut être admis dans aucune corporation, on inscrit ses Ministres sur le rôle de la taille, on prive ses membres de la noblesse, on applique aux hôpitaux les legs faits à ses consistoires, les Officiers de la maison du Prince, les Secrétaires du Roi, les Notaires, les Avocats, les Procureurs, ont ordre de quitter leurs fonctions ou leur croyance. L'absurdité succède à la violence; une déclaration du Conseil de 1681, autorise les enfans à l'âge de sept ans de renoncer à leur foi. Des enfans de sept ans qui ont une foi! qui ont une volonté civile! qui en font des actes publics! Ainsi donc le Souverain & le Prêtre peuvent également & des enfans en faire des hommes, & des hommes en faire des enfans?

Mais il falloit soustraire les enfans à l'autorité de leurs parens. La force y pourvoit. Des soldats les enlevent de la maison paternelle & s'installent à leur place. Le cri de la désolation retentit d'un bout du Royaume à l'autre. On songe à s'éloigner de l'oppresseur. Des familles entières désertent leurs foyers transformés en corps-de-garde. Les puissances rivales de la France, leur offrent des asyles. Amsterdam s'agrandit de mille maisons qui les attendent. Les Provinces se dépeuplent. Le Gouvernement voit ses émigrations, & il en est troublé. Les galères sont décernées contre l'artisan & le matelot fugitif. On ferme ses passages. On oublie rien de ce qui pouvoit accroître le mérite du sacrifice, & plus de cinq cens mille citoyens utiles s'échapperent, au hasard de recevoir en chemin la couronne du martyre.

C'est en 1685, au milieu de ces horreurs que paroit la fatale révocation de l'édit de Nantes. Il est ordonné au Ministres opiniâtres de sortir du Royaume dans l'intervalle de 15 jours, sous peine de mort. Les enfans sont arrachés d'entre les bras de leurs pères & de leurs mères. Et se sont des hommes réfléchis, une assemblée de graves personnages; une Cour suprême qui légitime de pareilles horreurs! ils étoient pères & il ne frémirent pas en ordonnant l'infraction des loix les plus sacrées de la nature!

Cependant les esprits s'échauffent. Les protestans s'assemblent. On les attaquent. Ils se défendent. On envoye contre eux des dragons, & voilà les hameaux, les villages, les champs, les grands chemins, les entrées des villes hérissées d'échaffaux & trempées de sang. Les intendans des Provinces disputent de barbarie. Quelques Ministres osent prêcher, osent écrire. Ils sont saisis

& mis à mort. Bientôt le nombre des cachots ne suffit plus au nombre des persécutés, & c'est la volonté d'un seul qui peut faire tant de malheureux ! il parle, & les liens civils & moraux se brisent. Il parle ! & mille concitoyens révérés par leurs vertus, leurs dignités, leurs talens, sont dévoués à la mort & à l'infamie. O Peuple ! ô troupeau d'imbécilles & de lâches !

Et toi tyran aveugle ! parce que tes prêtres n'ont pas l'art persuasif qui feroit triompher leurs raisons, parce qu'ils ne peuvent effacer de l'esprit de ces innocens, les traces profondes que l'éducation y a gravées ; parce que ceux-ci ne veulent être ni lâches, ni hypocrites, ni des infames ; parce qu'ils aiment mieux obéir à leur Dieu qu'à toi, il faut que tu les spolies, que tu les enchaînes, que tu les brûles, que tu les pendes, que tu traînes leurs cadavres sur une claie. Lorsque tu retire d'eux ta protection, parce qu'ils ne pensent pas comme toi ; pourquoi ne retirent-ils pas de toi leur obéissance, parce que tu ne pense pas comme eux ? C'est toi qui romps le pacte.

Les Temples des protestans sont détruits. Leurs Ministres ont été mis à mort ou se sont enfuis. La désertion des persécutés s'est-elle arrêtée ? Non. Quel parti prendra-t-on ? On imaginera que la fuite sera moins funeste lorsque la sortie sera libre. L'on se trompe ; & après avoir ouvert les passages, on les renferme une seconde fois avec aussi peu de succès que la prémière.

L'horrible plaie que le fanatisme fit alors à la Nation, a saigné jusqu'à nos jours & saignera encore. Des armées détruites se refont, des Provinces envahies le reprennent. Mais l'émigration d'hommes utiles qui emportent chez des Nations étrangères leur industrie & leur talens, les élèvent tout-à-coup au niveau de la Nation qu'ils ont abandonnées, c'est un mal qui ne se répare point. Le cosmopolite, dont l'ame vaste embrasse les intérêts de l'espèce humaine s'en consolera peut-être : pour le patriote il ne cessera jamais de s'en affliger.

Ce patriote, c'est lui qui dit aux Rois dans ce moment : Maîtres de la Terre, lors qu'un homme sous le nom de prêtre, aura su lier ses intérêts aux prétendus intérêts d'un Dieu ; quand sa haine ombrageuse pourra faire tout sous le nom de ce Dieu qu'il ne manquera pas de peindre jaloux & cruel, pour allumer la persécution contre celui qui ne pensera pas comme lui, ou pour parler plus exactement, qui ne pensera pas comme il veut que l'on pense : malheur à vous & à vos sujets, si vous l'écoutez.

Quel rapport y a-t-il entre les dogmes de la religion & les spéculations du ministère ? pas plus, ce me semble, qu'entre l'ordonnance du médecin & les dogmes qu'il professe. Le malade s'est-il jamais avisé de demander à Dumoulin s'il alloit au sermon ou au prêche, s'il croyoit en Dieu ou s'il n'y croyoit pas ? Maîtres de la terre ! celui qui fait luire indistinctement son soleil sur les contrées orthodoxes & sur les contrées hérétiques ; celui qui laisse également tomber la rosée féconde sur les champs, ne vous dit-il pas avec assez d'évidence & de force, combien il doit vous être indifférent par quels hommes elles soient peuplées, par quels bras elles soient cultivées ? C'est à vous de les protéger tous; c'est à vous à aimer leurs travaux; c'est à vous à encourager leur industrie & leurs vertus ; c'est à lui à lire au fond de leurs cœurs & à les juger ! Rend-il les mères des Calvinistes stériles, ou étouffe-t-il l'enfant dans le sein des mères Luthériennes, lorsqu'elles sont fécondes ? Comment osez-vous donc condamner à l'exil, à la mort, à la misère, pire qu'elle, celui à qui le Souverain des Souverains, votre père & le leur, permet de vivre & de prospérer ? Parce qu'on n'auroit pas célébré la messe à la Louysianne, les productions du sol en auroient-elles été moins abondantes, moins précieuses & moins utiles ? Si cette contrée eût été peuplée d'orthodoxes, & que quelques raisons d'Etat vous en eussent fait tenter la conquête, vous les eussiez tous égorgées sans scrupule, & vous en avez à confier sa culture à l'hérétique ? De quelle étrange manie êtes-vous donc tourmentés ? La conformité du culte n'arrête point votre férocité ; la diversité l'excite. Est-il de la dignité du chef d'un Etat de régler sa conduite sur l'esprit fanatique & les vues étroites d'un directeur de séminaire ? Est-il de sa sagesse de n'admettre au nombre de ses sujets que les esclaves des Prêtres ? Qu'après avoir déterminé un vieux Monarque pusillanime, & humilié par une longue suite de calamités, à y mettre le comble en révoquant un édit salutaire, les superstitieux & les hypocrites qui l'environnoient, l'aient amené de conséquence en conséquence, à rejetter les propositions avantageuses des religionaires du Nouveau-Monde, je n'en serai point étonné : mais que des considérations qu'on peut appeller monacales, aient eu la même autorité sur le Prince éclairé, qui tenoit les rênes de l'Empire après le vieux Monarque, & qui certes ne fut jamais soupçonné de bigotterie, c'est ce que je ne saurois expliquer.

L'intolérance, toute affreuse qu'elle nous paroît, est une conséquence nécessaire de l'esprit superstitieux. Ne convient-on pas que les châtimens doivent être proportionnés aux délits ? Or, quel crime plus grand aux yeux de celui qui regarde la religion comme la base fondamentale de la morale que l'incrédulité ? D'après ces principes, l'irréligieux est l'ennemi commun de toute société ; l'infracteur du seul lien qui lie les hommes entr'eux ; le promoteur de tous les crimes qui peuvent échapper à la sévérité des loix. C'est lui qui étouffe les remords ; c'est lui qui rompt le frein des consciences ; c'est lui qui tient école de la scélératesse. Quoi ! nous conduisons au gibet un malheureux que l'indigence embusque sur un grand chemin, qui s'élance sur le passant un pistolet à la main, & qui demande un écu dont il a besoin pour la subsistance de sa femme & de ses enfans expirans de misère ; & l'on fera grace à un brigand infiniment plus dangereux ! Nous traitons comme un lâche celui qui souffre qu'en sa présence on parle mal de son ami ; & nous exigerons que l'homme religieux laisse l'incrédule blasphêmer à son aise de son maître, de son père, de son créateur ! Il faut ou dire que toute croyance est absurde, ou gémir sur l'intolérance, comme sur un mal nécessaire. St. Louis raisonnoit très-conséquemment, lorsqu'il disoit à Joinville : *si tu entends jamais quelqu'un mal parler de Dieu, tires ton épée & perce lui en le cœur, je te le permets*. Tant il eſt important, que dans toutes les contrées, ainſi qu'on l'aſſure de la Chine, les Souverains & les dépoſitaires de leur autorité ne ſoient attachés à aucun dogme, à aucune ſecte, & à aucun culte religieux.

DES ARTS ET DES SCIENCES.

La tribu des Artisans se subdivise en autant de classes qu'il y a de métiers, on ne peut jamais (à la Chine) quitter le métier de ses parens. Voilà pourquoi l'industrie & l'esclavage s'y sont perpétués ensemble & de concert & y ont conduit les arts au degré où ils peuvent atteindre, lorsqu'ils n'ont pas le secours du gout & de l'imagination, qui ne naissent guère que de l'émulation & de la liberté.

Lorsque chez un Peuple (les Chinois) la première étude est celle des loix; que la récompense de l'étude est une place dans l'administration, au lieu d'une place d'académie; que l'occupation des lettres est de veiller à l'observation de la morale, ou à la manutention de la politique. Si cette Nation est infiniment nombreuse; s'il y faut une vigilance continuelle des savans sur la population & la subsistance; si chacun, outre les devoirs publics, dont la connoissance même est une longue science, a des devoirs particuliers, soit de famille ou de profession. Chez un tel Peuple les sciences spéculatives & de pur ornement, ne doivent pas s'élever à cette hauteur, à cet état où nous les voyons en Europe.

Malgré tous les efforts du génie, il faut plusieurs siècles à une science avant qu'elle puisse être réduite à des principes simples. Il en est des théories, comme des machines qui commencent toujours à être très-compliquées, & qu'on ne dégage

dégage qu'avec le temps, par l'obfervation & l'expérience, des roues parafytes qui en multiplioient le frottement.

Peut-être le génie, enfant de l'imagination qui crée, appartient-il aux pays chauds, féconds en productions, en fpectacles, en événemens merveilleux, qui excitent l'enthoufiafme, tandis que le goût, qui moiffonne dans les champs où le génie a fémé, femble convenir davantage à des Peuples fobres, doux & modérés, qui vivent fous un ciel heureufement tempéré. Peut-être auffi ce même goût, qui ne peut être que le fruit d'une raifon épurée & mûrie par le temps, demande-t-il une certaine ftabilité dans le gouvernement, mêlé d'une certaine liberté dans les efprits; un progrès infenfible de lumières, qui, donnant une plus grande étendue au génie, lui fait faifir des rapports plus juftes entre les objets, & une plus heureufe combinaifon de ces fenfations mixtes, qui font les delices des ames délicates.

L'induftrie ne fe plaît qu'à l'ombre de la paix : elle craint fur-tout la fervitude. Le génie s'éteint lorfqu'il eft fans efpérance, fans émulation; & il n'y a ni efpérance, ni émulation où il n'y a point de propriété. Rien ne fait mieux l'éloge de la liberté, & ne prouve mieux les droits de l'homme, que l'impoffibilité de travailler avec fuccès pour enrichir des maîtres barbares.

Les Artiftes reftent toujours médiocres dans tous les pays où ils ne font pas éclairés par les favans. Les fciences & les arts languiffent enfemble, par-tout où n'eft point établie la liberté de penfer.

L'étude des Nations est de toutes les études la plus intéressante. L'observateur se plaît à saisir le trait particulier qui caractérise chaque Peuple, & à démêler de la foule les traits généraux qui l'accompagnent. Inutilement il a pris la teinte des événemens. Inutilement les causes physiques ou morales en ont changé les nuances. Un œil pénétrant le suit à travers de ses déguisemens, & le fixe malgré ses variations. Plus même le champ de l'observation est étendu, plus il présente de siècles à mesurer, d'époques à parcourir ; plus aussi le problème est aisé à déterminer. Chaque siècle, chaque époque donne, s'il est permis de parler ainsi, son équation, & l'on ne peut les résoudre toutes, sans découvrir la vérité qui y étoit comme enveloppée.

En tout, il faut commencer par le commencement ; & le commencement est de mettre en vigueur les arts méchaniques & les classes basses. Sachez cultiver la terre, travailler des peaux, fabriquer des laines, & vous verrez s'élever rapidement des familles riches : de leur sein sortiront des enfans qui, dégoûtés de la profession pénible de leur père, se mettront à penser, à discourir, à arranger des syllabes, à imiter la nature ; & alors vous aurez des poëtes, des philosophes, des orateurs, des statuaires & des peintres ; leurs productions deviendront nécessaires aux hommes opulens, & ils les acheteront. Tant qu'on est dans le besoin on travaille ; on ne cesse de travailler que quand le besoin cesse : alors naît la paresse ; avec la paresse l'ennui. Et partout les beaux arts sont les enfans du génie, de la paresse & de l'ennui.

Etudiez les progrès de la société & vous verrez des agriculteurs dépouillés par des brigands : ces agriculteurs opposer à ces brigands une portion d'entr'eux, & voilà des soldats. Tandis que les uns récoltent, & que les autres font sentinelle, une poignée d'autres citoyens dit au laboureur & au soldat, vous faites un métier pénible & laborieux; si vous vouliez, vous soldats, nous défendre; vous laboureurs nous nourir, nous vous délasserions de vos fatigues par nos danses & nos chansons; voilà le troubadour & l'homme de lettres. Avec le temps, cet homme de lettres s'est ligué, tantôt avec le chef contre les Peuples, & il a chanté la tyrannie, tantôt avec le Peuple contre le tyran, & il a chanté la liberté. Dans l'un & l'autre cas, il est devenu un citoyen important.

Suivez la marche constante de la nature; aussibien chercheriez-vous inutilement à vous en écarter. Vous verrez vos efforts & vos dépenses s'épuiser sans fruits; vous verrez tout périr autour de vous; vous vous retrouverez presque au même point de barbarie dont vous avez voulu vous tirer, & vous y resterez jusqu'à ce que les circonstances fassent sortir de votre propre sol une police indigène, dont les lumières étrangères peuvent tout au plus accélérer les progrès. N'en espérez pas davantage & cultivez votre sol.

Un autre avantage que vous y trouverez, c'est que les sciences & les arts, nés sur votre sol, s'avanceront peu-à-peu à leur perfection, & que vous serez des originaux; au lieu que si vous empruntez des modèles étrangers, vous ignorerez la raison de leur perfection, & vous vous condamnerez à n'être jamais que de foibles copies.

Les travaux des hommes ont toujours été proportionnés à leurs forces & aux instrumens dont ils se servoient. Sans la science de la méchanique & l'invention de ses machines, point de grands monumens. Sans quart de cercle & sans télescope, point de progrès merveilleux en astronomie; nulle précision dans les observations. Sans fer point de marteaux, point de tenailles, point d'enclumes, point de forges, point de scies, point de haches, point de coignées, aucun ouvrage en métaux qui mérite d'être regardé, nulle maçonnerie, nulle charpente, nulle ménuiserie, nulle architecture, nulle gravure, nulle sculpture. Avec ces moyens quel temps ne faut-il pas à nos ouvriers pour séparer de la carière, enlever & transporter un bloc de pierre? Quel temps pour l'équarrir! Sans nos ressources, comment en viendroit-on à bout?

Que ne peuvent point les Nations actives & industrieuses? Par elles des régions qu'on croyoit inhabitables, sont peuplées. Les terres les plus ingrates sont fécondées; les eaux repoussées, & la fertilité s'élève sur le limon. Les marais portent des maisons à travers les monts entr'ouverts; l'homme se fait des chemins, il sépare à son gré ou lie les rochers par des ponts qui restent comme suspendus sur la profondeur obscure de l'abîme, au fonds duquel le torrent courroucé semble murmurer de son audace; il oppose des digues à la mer, & dort tranquillement dans le domicile qu'il a fondé au-dessous des flots; il assemble quelques planches sur lesquelles il s'assied; il dit aux vents de le porter à l'extrémité du globe, & les vents lui obéissent. Homme!

quelquefois si pusillanime & si petit, que tu te montres grand & dans tes projets & dans tes œuvres ! Avec deux foibles léviers de chair, aidés de ton intelligence, tu attaques la nature entière & tu la subjugues, tu affrontes les élémens conjurés, & tu les asservis ; rien ne te résiste, si ton ame est tourmentée par l'amour ou le désir de posséder une belle femme que tu haïras un jour, par l'intérêt ou la fureur de remplir tes coffres d'une richesse qui te promette des jouissances que tu te refuseras ; par la gloire ou l'ambition d'être loué par tes contemporains que tu méprises, ou d'une postérité que tu ne dois pas estimer davantage. Si tu fais de grandes choses par passion, tu n'en fais pas de moindres par ennui : tu ne connoissois qu'un monde ; tu soupçonnas qu'il en étoit un autre ; tu l'allas chercher, & tu le trouvas. Je te suis pas à pas dans ce monde nouveau. Si la hardiesse de tes entreprises m'en dérobe quelquefois l'atrocité, je suis toujours également confondu, soit que tes forfaits me glacent d'horreur, soit que tes vertus me transportent d'admiration.

Le progrès des sciences dépend du progrès des arts, & ceux-ci des hasards qui ne sont produits de la nature, que dans la suite des siècles, & dont la plupart sont perdus pour les Peuples qui restent sans communication avec les Peuples éclairés.

Tout Peuple qui cultive les arts, sans en communiquer les procédés & la pratique, aura une supériorité réelle sur ceux auxquels il en vend les productions.

Tout se tient dans la nature & dans la politique. Il est difficile, impossible peut-être, qu'une Nation perde son agriculture, son industrie, sans voir tomber chez elle les arts libéraux, les lettres, les sciences, tous les bons principes de police & d'administration. Le Portugal est une triste preuve de cette vérité.

Entre les qualités physiques des corps, il n'y en a pas une seule qui ne laisse une quantité d'expériences à faire : ces expériences mêmes sont elles toutes possibles ? Combien de temps en serons-nous réduits à des conjectures qu'un jour fera éclore & que le lendemain verra détruites ? Qui donnera un frein à ce penchant presque invincible à l'analogie, manière de juger si séduisante, si commode & si trompeuse ? A peine avons-nous quelques faits, que nous bâtissons un système qui entraîne la multitude & suspend la recherche de la vérité. Le temps employé à former une hypothèse, & le temps employé à la détruire, sont presque également perdus. Les sciences de calcul, satisfaisantes pour l'amour-propre, qui se plaît à vaincre les difficultés, & pour l'esprit juste qui aime les résultats rigoureux, dureront ; mais avec peu d'utilité pour les usages de la vie. La religion qui jette du dédain sur les travaux d'un être en chrysalide, & qui redoute secrétement les progrès de la raison, multipliera les oisifs & retardera l'homme laborieux par la crainte ou par le scrupule. A mesure qu'une science s'avance, les pas deviennent plus difficiles ; la généralité se dégoûte, & elle n'est plus cultivée que par quelques hommes opiniâtres qui s'en occupent, soit par habitude, soit par l'espérance, bien ou mal fondée, de se faire un nom, jusqu'au moment où le ridicule s'en mêle, & où l'on montre au doigt, ou comme un fou, ou comme un sot, celui qui se promet de vaincre une difficulté contre laquelle quelques hommes célèbres ont échoué. C'est ainsi qu'on masque la crainte qu'il ne réussisse.

On a vu dans tous les siècles & chez toutes les Nations, les études naître, tomber & succéder dans un certain ordre réglé. Cette inconstance, cette lassitude ne sont pas d'un homme seulement. C'est un vice des sociétés les plus nombreuses & les plus éclairées. Il semble que les sciences & les arts aient un temps de mode.

Nous avons commencé par avoir des érudits. Après les érudits, des Poëtes & des Orateurs. Après les Orateurs & les Poëtes, des Métaphysiciens qui ont fait place aux géometres, qui ont fait place aux physiciens, qui ont fait place aux naturalistes. Le goût de l'histoire naturelle est sur son déclin. Nous sommes tout-entiers aux questions de Gouvernement, de législation, de morale, de politique & de commerce. S'il m'étoit permis de hasarder une prédiction, j'annoncerois qu'incessament les esprits tourneront du côté de l'histoire, carrière immense où la philosophie n'a pas encore mis le pied.

En effet, si de cette multitude infinie de volumes, on arrachoit les pages accordées aux grands assassins qu'on appelle conquérans, ou qu'on les réduisit au petit nombre de pages qui méritent qu'on les lise, qu'en resteroit-il ? Qui est-ce qui nous a parlé du climat, du sol, des productions, des quadrupèdes, des oiseaux, des poissons, des plantes, des fruits, des minéraux, des mœurs, des usages, des superstitions, des préjugés, des sciences, des arts, du commerce, du gouvernement & des loix? Leurs annales ne nous instruisent jamais sur ce qui nous importe le plus de connoître, sur la vraie gloire d'un Souverain, sur la vraie base de la force des Nations, sur la félicité des Peuples, sur la durée des empires. Que ces beaux discours d'un Général à ses soldats, au moment d'une action, servent de modèles d'éloquence à un rhéteur, j'y consens ; mais quand je les saurois par cœur, je n'en deviendrai ni plus équitable, ni plus ferme, ni plus instruit, ni meilleur. Le moment approche où la raison, la justice & la vérité vont arracher des mains de l'ignorance & de la flatterie, une plume qu'elles n'ont tenue que trop long-temps. Tremblez ! vous repaissez les hommes de mensonges, ou les faites gémir sous l'oppression. Vous allez être jugés.

Il est douteux si la nature n'embellit pas mieux son ouvrage que la main de l'homme qui change tout pour lui.

Presque tout ce que l'esprit humain a inventé d'utile & d'important, a été le fruit d'une inquiétude vague, plutôt que d'une industrie raisonnée. Le hasard, qui est le cours innapperçu de la nature, ne se repose jamais, & sert indistinctement tous les hommes. Le génie se fatigue, se rebute, & n'appartient qu'à très-peu d'êtres, pour quelques momens. Ses efforts même ne le menent souvent qu'à se trouver sur la route du hasard, pour le saisir. La différence entre les hommes de génie & le vulgaire, c'est que ceux-là savent pressentir & chercher ce que celui-ci trouve quelquefois ; plus souvent encore ce que le hasard a jetté sous la main. C'est le lapidaire qui met le prix au diamant que le laboureur à déterré sans le connoître.

Les arts naissent de l'agriculture, lorsqu'elle est portée à ce degré d'abondance & de perfection qui laisse aux hommes le loisir d'imaginer & de se procurer des commodités ; lorsqu'elle produit une population assez nombreuse pour être employée à d'autres travaux que ceux de la terre.

Toute Nation agricole doit avoir des arts pour employer ses matières & doit augmenter ses productions pour entretenir ses artisans, si elle ne connoissoit que les travaux de la terre, son industrie seroit bornée dans ses causes, ses moyens & ses effets. Avec peu de désirs & de besoins elle feroit peu d'efforts, elle comployeroit moins de bras & travailleroit moins de temps. Elle ne sauroit accroître ni perfectionner la culture. Si cette Nation avoit à proportion plus d'arts que de matières, elle tomberoit à la merci des étrangers qui ruineroient ses manufactures en faisant baisser le prix de son luxe & monter le prix de sa subsistance. Mais quand un Peuple agricole réunit l'industrie à la propriété, la culture des productions à l'art de les employer, il a dans lui-même toutes les facultés de son existence & de sa conservation, tous les germes de sa grandeur & de sa prospérité. C'est à ce Peuple qu'il est donné de pouvoir tout ce qu'il veut & de vouloir tout ce qu'il peut.

Rien n'est plus favorable à la liberté que les

arts. Elle eſt leur Elément, & ils ſont par leur nature coſmopolites. Un habile Artiſte peut travailler dans tous les Pays du Monde, parce qu'il travaille pour le Monde entier. Les talens fuient par-tout l'eſclavage que des ſoldats trouvent par-tout.

Si vous cherchez le génie, entrez dans les ateliers, & vous l'y trouverez ſous mille formes diverſes. Si un ſeul homme avoit été l'inventeur du métier à figurer les étoffes, il eut montré plus d'intelligence que Leibnitz ou Neuton, & j'oſe aſſurer que dans les principes mathématiques du dernier, il n'y a aucun problême plus difficile à réſoudre que celui d'exécuter une maille à l'aide d'une machine.

N'eſt-il pas honteux de voir les objets dont on eſt environné ſe répéter dans une glace, & d'ignorer comment la glace ſe coule & ſe met au teint ; de ſe garantir des rigueurs du froid par le vélours, & de ne pas ſavoir comment il ſe fabrique ? Hommes inſtruits allez aider de vos lumières ce malheureux artiſan condamné à ſuivre aveuglement la routine, & ſoyez ſûrs d'en être dédommagés par les ſécrets qu'il vous confiera.

Le flambeau de l'induſtrie éclaire à la fois un vaſte horiſon ; aucun art n'eſt iſolé, la plupart ont des formes, des modes, des inſtrumens, des Elémens qui leurs ſont communs. La méchanique ſeule a dû prodigieuſement étendre l'étude des mathématiques. Toutes les branches de l'arbre généalogique des ſciences ſe ſont développées avec les progrès des arts & des métiers. Les mines, les moulins, les draperies, les teintures, ont agrandi la sphere de la physique & de l'histoire naturelle. Le luxe a créé l'art de jouir qui dépend tout entier des arts libéraux. Dès que l'architecture admet des ornémens au-dehors, elle attire la décoration au-dedans. La sculpture & la peinture travaillent aussi-tôt à l'embelissement, à l'agrément des édifices. L'art du dessein s'empare des habits & des meubles.

C'est alors que les arts enfantent cet esprit de société qui fait le bonheur de la vie civile, qui délasse des travaux sérieux par des repas, des spectacles, des concerts, des entretiens, par toutes sortes de divertissemens agréables. L'aisance donne à toutes les jouissances honnêtes, un air de liberté qui lie & mêle les conditions. L'occupation ajoute du prix ou du charme aux plaisirs qui sont sa récompense. Chaque citoyen assuré de sa subsistance par le produit de son industrie, vaque à toutes les occupations agréables ou pénibles de la vie, avec ce repos de l'ame qui mene aux doux sommeil. Ce n'est pas que la cupidité ne fasse beaucoup de victimes : mais encore moins que la guerre ou que la superstition, fléaux continuels des Peuples oisifs.

Après la culture des terres, celle des arts convient le plus à l'homme, l'une & l'autre font aujourd'hui la force des états policés. Si les arts ont affoibli les hommes, ce sont donc les Peuples foibles qui subjugent les forts, car la balance de l'Europe est dans les mains des Nations artistes.

Depuis que l'Europe est couverte de manufactures, l'esprit & le cœur humain semblent avoir changé de pente; le desir des richesses est né par-tout de l'amour du plaisir. On ne voit plus de Peuple qui consente à être pauvre, parce que la pauvreté n'est plus le rempart de la liberté. Faut-il le dire? Les arts tiennent lieu de vertus sur la terre, l'industrie peut enfanter des vices mais du moins elle bannit ceux de l'oisiveté qui sont mille fois plus dangereux, les lumières étouffant par dégrés toute espèce de fanatisme, tandis qu'on travaille par besoin de luxe on ne s'égorge point par superstition; les arts contiennent l'esprit de dissention, en assujettissant l'homme à des travaux assidus & réglés. Ils donnent à toutes les conditions des moyens & des espérances de jouir, même aux plus basses une sorte de considération & d'importance par l'utilité qu'elles rapportent. Tel ouvrier à l'âge de 40 ans a valu plus d'argent à l'état qu'une famille entière de serfs cultivateurs n'en rendit autrefois au Gouvernement féodal. Une riche manufacture attire plus d'aisance dans un village que vingt châteaux de vieux Barons chasseurs ou guerriers n'en donnoient dans une Province.

Si les arts civilisent les Nations, un Etat doit chercher tous les moyens de faire fleurir les manufactures.

Les arts, même les arts de luxe conviennent mieux peut-être aux républiques qu'aux Monarchies: car la pauvreté du Peuple dans un Etat Monarchique n'est pas toujours un vif aguillon d'industrie. Le travail de la faim est toujours borné comme elle, mais le travail de l'ambition croit avec ce vice même.

La nature est le modèle des Beaux-Arts & des Belles-Lettres ; la voir & la bien voir, la choisir, la rendre scrupuleusement, en corriger les défauts, l'embellir ou en rapprocher les beautés éparses pour en former un tout merveilleux, ce sont autant de talens infiniment rares. Quelques-uns peuvent naître avec l'homme de génie : d'autres sont le produit de l'étude & des travaux de plusieurs grands hommes. On est sublime, mais on manque de goût, on a de l'imagination, de l'invention, mais on est fougueux, incorrect. Il se passe des siècles avant l'apparition d'un Orateur, d'un Poëte, d'un Peintre, d'un statuaire en qui le jugement qui compte ses pas tempere la chaleur qui veut courir.

C'est par les arts que l'homme jouit de son existence & qu'il se survit à lui-même. Les siècles d'ignorance ne sortent jamais du néant. Il n'en reste pas plus de traces après qu'avant leur époque. On ne peut dire le lieu & le temps où ils s'écoulèrent, ni graver sur la terre d'un Peuple barbare : *c'est ici qu'il fut*, puisqu'il ne laisse pas même des ruines pour annales. L'invention seule donne à l'homme de la puissance sur la matière & sur le temps. Le génie d'Homère a rendu les caractères de la langue Grecque ineffaçables. L'harmonie & la raison ont mis l'éloquence de Cicéron au-dessus de tous les Orateurs sacrés. Les Pontifes eux-mêmes, amollis, éclairés par la lumière & le charme des arts, en les admirant & les protegeant, ont aidé l'esprit humain à briser les chaînes de la superstition. Le commerce a hâté le progrès de l'art par le luxe de richesses ;

tous les efforts de l'esprit & de la main se font réunis pour embellir & perfectionner la condition de l'espèce humaine. L'industrie & l'invention avec les jouissances du Nouveau-Monde, ont pénétré jusqu'au cercle polaire, & les beaux-arts tâchent de forcer la nature à Pétersbourg.

L'innocence & *l'inscience* gardent les mœurs plus sûrement que des préceptes & des contro-verses.

DE L'AGRICULTURE ET DU CULTIVATEUR.

Les cultivateurs dans l'Inde, font ce qu'ils feroient par-tout, les plus honnêtes & les plus vertueux des hommes; lorsqu'ils ne sont ni corrompus, ni opprimés par le Gouvernement. Le commerce qui sort naturellement de l'Agriculture, y revient par sa pente & sa circulation. Ainsi les fleuves retournent à la mer qui les a produit par l'exhalaison de ses eaux en vapeurs, & par la chûte de ses vapeurs en eaux. La pluie d'or qu'attirent le transport & la consommation des fruits de la terre retombe enfin sur les campagnes pour y reproduire tous les alimens de la vie & les matières du commerce; sans la culture des terres tout commerce est précaire, parce qu'il manque des premiers fonds, qui sont les productions de la nature. Les Nations qui ne sont que maritimes ou commerçantes, ont bien les fruits du commerce; mais l'arbre en appartient aux Peuples agricoles. L'Agriculture est donc la première & la véritable richesse d'un Etat.

On ne jouissoit pas de ses bienfaits dans l'enfance du monde. Les premiers habitans du globe n'attendoient une nourriture incertaine que du hasard & de leur adresse; ils erroient de région en région. Sans cesse occupés de leurs besoins ou de leurs craintes, ils se fuyoient, ils se détruisoient réciproquement. La terre fut fouillée & les misères d'une vie vagabonde furent adoucies. A mesure que l'Agriculture s'étendit, les hommes se multiplièrent avec les subsistances ; il se forma des Peuples, & de grands Peuples. Quelques-uns dédaignèrent les sources de leur prospérité, & ils furent punis de ce fol orgueil par l'invasion.

L'éloge de l'Agriculture est dans sa récompense, dans la satisfaction de nos besoins. *Si j'avois un homme qui me produisît deux épis de bled au lieu d'un*, disoit un Monarque, *je le préférerois à tous les génies politiques.*

Malgré cette émulation presque universelle, qui règne maintenant dans l'Agriculture, on doit convenir que cet art n'a pas fait encore les mêmes progrès que les autres arts. Depuis la renaissance des lettres, le génie de l'homme a mesuré la terre, calculé le mouvement des astres, pesé l'air ; il a percé les ténèbres qui lui cachoient le système physique & moral du monde. La nature interrogée lui a découvert une infinité de secrets, dont toutes les sciences se sont enrichies. Son empire s'est étendu sur mille objets nécessaires au bonheur des Peuples. Dans cette fermentation des esprits, la physique expérimentale, qui n'avoit que très-imparfaitement éclairé l'ancienne philosophie, a trop rarement tourné ses observations vers la partie du règne végétal la plus importante. On ignore encore les différentes qualités des terres dont le nombre est infiniment varié. Quelles sont les plus propres à chaque production, la quantité, la qualité des semences qu'il convient de leur confier ; les temps propices pour les labourer, les ensemencer, les dépouiller ; les espèces d'engrais qui doivent augmenter leur fertilité. On n'est pas mieux instruit sur la manière

la

la plus avantageuſe de multiplier les troupeaux, de les élever, de les nourir, de rendre leur toiſon meilleure. On n'a pas porté un plus grand jour ſur ce qui peut concerner les arbres. Nous n'avons ſur toutes ces matieres de néceſſité premiere que des notions imparfaites, telle qu'une routine tout-à-fait aveugle, ou une pratique peu réfléchie, ont dû nous les tranſmettre. L'Europe ſeroit encore plus reculée ſans les méditations de quelques écrivains Anglois, qui ont réuſſi à déraciner un aſſez grand nombre de préjugés, à introduire pluſieurs méthodes excellentes. Ce zele pour le premier des arts s'eſt communiqué aux laboureurs de leur Nation. Fair Child, un d'entr'eux, a pouſſé l'enthouſiaſme juſqu'à ordonner que la dignité de la profeſſion ſeroit annuellement célébrée par un diſcours public; ſa volonté a été exécutée pour la premiere fois en 1760, dans l'Egliſe de St. Léonard de Londres; & une cérémonie ſi utile n'a pas été interrompue depuis cette époque mémorable.

Il eſt ſingulier, & pourtant naturel, que les hommes ne ſoient revenus au premier des arts qu'après avoir parcouru tous les autres. C'eſt la marche de l'eſprit humain, de ne rentrer dans le bon chemin que lorſqu'il s'eſt épuiſé dans les fauſſes routes: il va toujours en avant, & comme il eſt parti de l'Agriculture pour ſuivre la carriere du commerce & du luxe, il fait rapidement le tour du cercle, & ſe retrouve enfin dans le berceau de tous les arts, où il s'attache par ce même eſprit d'intérêt qui l'en avoit fait ſortir. Tel l'homme avide & curieux qui s'expatrie, las

O

de courir le monde, revient vivre & mourir sous le toît de sa naissance.

Tout en effet dépend & résulte de la culture des terres : elle fait la force intérieure des Etats ; elle y attire les richesses du dehors ; toute puissance qui vient d'ailleurs que de la terre, est artificielle & précaire, soit dans la physique, soit dans la morale. Un Etat bien défriché, bien cultivé, produit les hommes par le fruit de la terre, & les richesses par les hommes. Ce ne sont pas les dents du dragon, semées pour enfanter des soldats qui se détruisent, c'est le lait de Junon qui peuple le ciel d'une multitude innombrable d'étoiles.

Le Gouvernement doit donc sa protection aux campagnes plutôt qu'aux villes. Les unes sont des mères & des nourices toujours fécondes ; les autres ne sont que des filles souvent ingrates & stériles. Les villes ne peuvent guère subsister que du superflu de la population & de la reproduction des campagnes. Les places mêmes & les ports de commerce qui, par leurs vaisseaux, semblent tenir au monde entier, qui répandent plus de richesses qu'ils n'en possèdent, n'attirent cependant tous les trésors qu'ils versent, qu'avec les productions des campagnes qui les environnent. C'est donc à la racine qu'il faut arroser l'arbre. Les villes ne seront florissantes que par la fécondité des champs.

Mais cette fertilité dépend moins encore du sol que de ses habitans. Quelques contrées, quoique situées sous le climat le plus favorable à l'Agriculture, produisent moins que d'autres en tout inférieures, parce que le Gouvernement y étouffe la nature de mille manières. Par-tout où la Nation est attachée à sa patrie par la propriété, par la sûreté de ses fonds & de ses revenus, les terres fleurissent & prospèrent. Par-tout où les privilèges ne seront pas pour les villes & les corvées pour les campagnes, on verra chaque propriétaire, amoureux de l'héritage de ses pères, l'accroître & l'embellir par une culture assidue, y multiplier ses enfans à proportion de ses biens, & ses biens à proportion de ses enfans.

L'intérêt du Gouvernement est donc de favoriser les cultivateurs avant toutes les classes oiseuses de la société. La noblesse n'est qu'une distinction odieuse, quand elle n'est pas fondée sur des services réels & vraiment utiles à l'Etat, comme celui de défendre la Nation contre les invasions de la conquête & contre les entreprises du despotisme.

Elle n'est que d'un secours précaire & souvent ruineux, quand après avoir mené une vie molle & licentieuse dans les villes, elle va prêter une foible défense à la patrie sur les flottes & dans les armées, revient à la Cour mendier pour récompense de ses lâchetés, des places & des honneurs outrageans pour les Peuples, autant qu'onéreux.

Les cultivateurs méritent la préférence du Gouvernement, même sur les manufactures & les arts, soit méchaniques, soit libéraux. Honorer & protéger les arts de luxe sans songer aux campagnes, source de l'industrie qui les a créés & les soutient, c'est oublier l'ordre des rapports de la nature & de la société. Favoriser les arts & négliger l'Agriculture, c'est ôter les pierres des fondemens d'une pyramide pour en élever le sommet. Les arts méchaniques attirent assez de bras par les richesses qu'ils procurent aux entrepreneurs, par les commodités qu'ils donnent aux ouvriers, par l'aisance, les plaisirs & les commodités qui naissent dans les cités où sont les rendez-vous de l'industrie. C'est le séjour des campagnes qui a besoin d'encouragement pour les travaux les plus pénibles, de dédommagement pour les ennuis & les privations. Le cultivateur est éloigné de tout ce qui peut flatter l'ambition ou charmer la curiosité. Il vit séparé des honneurs & des agrémens de la société; il ne peut ni donner à ses enfans une éducation civile sans les perdre de vue, ni les mettre dans une route de fortune qui les distingue & les avance. Il ne jouit point des sacrifices qu'il fait pour eux lorsqu'ils sont élevés loin de ses yeux. En un mot, il a toutes les peines de la nature; mais en a-t-il les plaisirs, s'il n'est pas soutenu par les soins paternels du Gouvernement? Tout est onéreux & humiliant pour lui, jusqu'aux impôts, dont le nom seul rend quelquefois sa condition méprisable à toutes les autres.

Les arts libéraux attachent par le talent même qui en fait une sorte de passion, par la considération qu'ils réfléchissent sur ceux qui s'y distinguent; mais l'homme champêtre, s'il ne jouit en paix de ce qu'il possède, & qu'il recueille, s'il ne peut cultiver les vertus de son état, parce qu'on lui en ôte les douceurs; si les milices, les corvées & les impôts viennent lui arracher son fils, ses bœufs & ses grains, que lui restera-t-il qu'à maudire le ciel & la terre qui l'affligent? Il abandonnera son champ & sa patrie.

Un Gouvernement sage ne sauroit donc, sans se couper les veines, refuser ses premières attentions à l'Agriculture. Le moyen le plus prompt & le plus actif de la seconder, c'est de favoriser la multiplication de toutes les espèces de productions, par la circulation la plus libre & la plus illimitée.

Une liberté infinie dans le commerce des denrées rend en même-temps un Peuple agricole & commerçant. La circulation des denrées amène vraiment l'âge d'or, où les fleuves de lait & de miel coulent dans les campagnes. Toutes les terres sont mises en valeur; les prés favorisent le labourage par les bestiaux qu'ils engraissent; la culture des bleds encourage celle des vins en fournissant une subsistance toujours assurée à celui qui ne seme ni ne moissonne, mais plante, taille & cueille.

Prenez un système opposé; entreprenez de régler l'Agriculture & la circulation de ses produits par des loix particulières : que de calamités ! L'autorité voudra non-seulement tout voir, tout savoir, mais tout faire, & rien ne se fera. Les hommes seront conduits comme leurs troupeaux & leurs grains; ils seront ramassés en tas, & dispersés au gré d'un Despote pour être égorgés dans les boucheries de la guerre, ou pour dépérir inutilement sur les flottes & dans les colonies. La vie d'un Etat en deviendra la mort, ni les terres, ni les hommes ne pourront prospérer; & les Etats marcheront promptement à leur dissolution, à ce démembrement qui est toujours précédé du massacre des Peuples & des tyrans.

DE LA PHILOSOPHIE ET DES PHILOSOPHES.

L'IGNORANCE & la mauvaise foi corrompent tous les récits. La politique ne juge que d'après ses vues : le commerce que d'après ses intérêts. Il n'y a que le philosophe qui sache douter, qui se taise quand il manque de lumières, & qui dise la vérité, quand il se détermine à parler. En effet quelle récompense, assez importante à ses yeux, pourroit le déterminer à tromper les hommes & à renoncer à son caractère ? La fortune ? Il est assez riche, s'il a de quoi satisfaire à ses besoins singulièrement bornés. L'ambition ? S'il a le bonheur d'être sage, on peut lui porter envie ; mais il n'y a rien sous le Ciel qu'il puisse envier. Les dignités ? On les lui offriroit qu'il ne les accepteroit pas sans la certitude de faire le bien. La flatterie ? Il ignore l'art de flatter, & il en dédaigne les méprisables avantages. La réputation ? En peut-il obtenir autrement que par la franchise ? La crainte ? Il ne craint rien, pas même de mourir ; s'il est jetté dans le fond d'un cachot, il sait bien que ce ne sera pas la première fois que des tyrans ou des fanatiques y ont conduit la vertu, & qu'elle n'en est sortie que pour aller sur un échaffaud. C'est lui qui échappe à la main du destin qui ne sait par où le prendre, parce qu'il a brisé, comme dit le Stoïcien, les anses par lesquelles le fort saisit le foible, pour en disposer à son gré.

Au char des lettres & des arts est attachée la Philosophie qui devroit, ce semble, en tenir le timon, mais qui n'arrivant qu'après eux ne peut marcher qu'à leur suite. Les arts naissent des besoins mêmes de la société, dans l'enfance de l'esprit humain. Les lettres sont les fleurs de sa jeunesse. Filles de l'imagination qui aime la parure elles ornent tout ce qu'elles touchent, & ce goût d'embélissement crée ce qu'on appelle proprement les beaux arts ou les arts de luxe & de décoration qui polissent les premiers arts, enfans du besoin. Quand l'esprit s'est exercé sur les plaisirs de l'imagination & des sens, la raison vient avec la maturité des empires donner aux Nations une certaine gravité : c'est l'âge de la Philosophie. Elle marche à pas lents & sans bruit annonçant la vieillesse des empires qu'elle s'efforce envain de soutenir. C'est elle qui forma le dernier siècle des belles républiques de la Grèce & de Rome. Athène n'eut des philosophes qu'à la veille de sa ruine qu'ils semblerent prédire. Cicéron & Lucrece n'écrivirent sur la nature des Dieux & du monde qu'au bruit des guerres civiles qui creuserent le tombeau de la liberté. Cependant Thalés, Anaximandre, Anaximène Anaxagore avoient jetté les germes de la physique dans leurs théories sur les élémens de la matière ; mais la manie des systêmes les détruisit les uns par les autres. Socrate vint qui ramena la Philosophie à la vraie sagesse, à la vertu ; il n'aima, n'enseigna, ne pratiqua qu'elle, persuadé que l'homme n'a pas besoin des sciences mais des mœurs pour être heureux.

Il ne faut pas croire que les philosophes seuls

aient tout découvert & tout imaginé ; c'est le cours des événemens qui a donné une certaine pente aux actions & aux pensées de l'homme. Une communication de causes physiques ou morales un enchainement des progrès de la politique avec les progrès des études & des sciences, un mélange de circonstances impossibles à hâter comme à prévoir a dû concourir à la revolution qui s'est faite dans les esprits. Chez les Nations comme dans l'individu, le corps & l'ame agissent & réagissent tour-à-tour l'un sur l'autre. Le Peuple entraîne les philosophes & les philosophes menent le Peuple. Galilée avoit dit que la terre tournant autour du soleil, il devoit y avoir des antipôdes, & Drake l'avoit prouvé par un voyage autour du Monde. L'église se dit universelle ; le Pape se disoit le maître de la Terre, & plus de deux tiers de ses habitans ignoroient qu'il y eût une religion catholique & sur-tout un Pape. Des Européens qui voyageoient par-tout & commerçoient par-tout apprirent à l'Europe qu'une partie de la Terre vivoit dans les visions de Mahomet & une plus grande partie encore dans les ténèbres de l'idolatrie, ou dans *l'insience* & *l'incuriosité* de l'athéisme. Ainsi la Philosophie étendoit l'empire des connoissances humaines par la découverte des erreurs de la superstition & des vérités de la nature.

L'Italie dont le génie impatient s'élançoit à travers les obstacles qui l'environnoient fonda la premiere une Académie de physique. La France & l'Angleterre qui devoient s'aggrandir par leur rivalité même, élévèrent à la fois deux monumens éternels à l'accroissement de la Philosophie ; deux Academies où tous les savans de l'Europe vont puiser & verser leur lumières. C'est de-là que sont émanés dans le Monde une foule de mistères de la nature, d'expériences & de phénomènes, des découvertes dans les arts & dans les sciences ; les secrets de l'électricité, les causes de l'aurore boréale. C'est de-là que sont sortis les instrumens, & les moyens pour purifier l'air dans les vaisseaux, pour rendre potable l'eau de la mer, pour déterminer la figure de la terre & fixer les longitudes ; pour perfectionner l'agriculture & donner plus de grains avec moins de semence & de peine.

Aristote avoit regné dix siècles dans toutes les écoles de l'Europe, & les Chrétiens, après avoir perdu les traces de la raison, n'avoient pu la retrouver que sur ses pas. Long-temps même ils s'étoient égarés à la suite de ce philosophe, parce qu'ils y marchoient à tâtons dans les ténèbres de la théologie ; mais enfin Descartes avoit donné le fil & Neuton des ailes pour sortir de ce labyrinthe. Le doute avoit dissipé les préjugés, & l'analyse avoit trouvé la vérité. Après les deux Bâcons, Galilée, Descartes, Hobbes, Locke, Bayle, Leibnitz & Neuton ; après les mémoires des Académies de Florence, de Leipsick, de Paris, & de Londres, il restoit un grand ouvrage à faire pour la perfection des sciences & de la philosophie, il a paru. Ce livre, qui contient toutes les erreurs & les vérités qui sont sorties de l'esprit humain depuis la théologie jusqu'à l'insectologie ; tous les ouvrages de la main de l'homme depuis le vaisseau jusqu'à l'épingle : ce dépôt des lumieres des Nations qui auroit été moins imparfait s'il n'eut été exécuté au milieu de toutes les sortes de persécutions & d'obstacles, ce dépôt ccractérisera, dans les siècles à venir, le siècle de la Philosophie.

Après tant de bienfaits elle devroit tenir lieu de la divinité sur la Terre. C'est elle qui lie, éclaire, aide & soulage les humains. Elle leur donne tout sans en exiger aucun culte. Elle leur demande non pas le sacrifice de leurs passions, mais un emploi juste, utile & modéré de toutes leurs facultés. Fille de la nature, dispensatrice de ses dons, interprète de ses droits, elle consacre ses lumieres & ses travaux à l'usage de l'homme, elle le rend meilleur pour qu'il soit plus heureux. Elle ne hait que la tyrannie & l'imposture parce qu'elles foulent le Monde, elle ne veut point regner, mais elle exige que ceux qui regnent n'aiment à jouir que de la félicité publique. Elle fuit le bruit & le nom des sectes, mais elle les tolere toutes. Les aveugles & les méchans la calomnient, les uns ont peur de voir, les autres d'être vus : ingrats qui se soulevent contre une mere tendre, quand elle veut les guérir des erreurs & des vices qui font les calamités du genre-humain.

Cependant la lumiere gagne insensiblement un plus vaste horison une espece d'Empire s'est formé. celui de la littérature qui commence & prépare la république Européenne. Si jamais en effet la philosophie peut s'insinuer dans l'ame des Souverains ou de leurs Ministres, les systêmes de politique s'agrandiront & seront simplifiés. On aura plus d'égard à l'humanité dans tous les projets. Le bien public entrera dans les négociations non comme un mot, mais comme une chose utile même aux Rois.

Déja l'imprimerie a fait des progrès qu'on ne

sauroit arrêter dans un Etat sans reculer la Nation pour vouloir avancer l'autorité du Gouvernement. Les livres éclairent la multitude, humanisent les hommes puissans, charment le loisir des riches, instruisent toutes les classes de la société. Les sciences perfectionnent les différentes branches de l'économie politique. Les erreurs mêmes les esprits systématiques se dissipent au grand jour de l'impression, parce que le raisonnement & la discussion les mettent au creuset de la vérité.

Le commerce de lumieres est dévénu nécessaire à l'industrie, & la littérature seule entretient cette communication. La lecture d'un voyage autour du Monde a occasionné peut-être les autres tentatives en ce genre, car l'intérêt seul ne fait pas trouver les moyens d'entreprendre; aujourd'hui rien ne peut se cultiver sans quelqu'étude ou sans des connoissances transmises par la lecture. Les Princes eux-mêmes n'ont recouvré leurs droits sur les usurpations du clergé, qu'à la faveur des lumières qui ont détrompé le Peuple des abus de toute puissance spirituelle. Mais la plus grande folie de l'esprit humain seroit d'avoir employé toutes ses forces à augmenter le pouvoir des Monarques, & à rompre plusieurs chaînes pour forger de leurs débris celle du despotisme. Le même courage que la religion inspire pour soustraire la conscience à la tyrannie exercée sur les opinions, l'homme de bien, le citoyen, l'ami du Peuple doit l'avoir, pour garantir les Nations de la tyrannie des Puissances conjurées contre la liberté du genre-humain. Malheur à l'Etat où il ne se trouveroit pas un seul défenseur du droit public ! Bientôt ce **Royaume** le précipiteroit avec sa fortune, son commerce, ses Princes & ses citoyens dans une anarchie inévitable. Les loix! les loix pour sauver une Nation de sa perte, & la liberté des écrits pour sauver les loix!

On n'examine guère ce qu'on croit bien savoir;& c'est ainsi qu'après avoir propagé les erreurs, les témoignages qui regardent l'observation en prolongent encore la durée. Un autre inconvénient, c'est que les Philosophes perdent un temps précieux à élever des systêmes qui nous en imposent, jusqu'à ce que les prétendus faits qui leur servoient de base aient été démentis.

Les vraies lumières sont dans les écrits publics, où la vérité se montre à découvert, où le mensonge craint d'être surpris. Les mémoires secrets, les projets particuliers, ne sont guère que l'ouvrage des esprits adroits & intéressés, qui s'insinuent dans les cabinets des administrateurs par des routes obscures, obliques & détournées. Quand un Prince, un Ministre s'est conduit par l'opinion publique des gens éclairés, s'il éprouve des malheurs, ni le ciel, ni la terre ne peuvent les lui reprocher. Mais des entreprises faites sans le conseil & le vœu de la Nation, des événemens amenés à l'insu de tous ceux dont on expose la vie & la fortune, qu'est-ce qu'autre chose qu'une ligue secrette, une conjuration de quelques individus contre la société entière? Jusqu'à quand l'autorité se croira-t-elle humiliée, en s'entretenant avec les concitoyens? Jusqu'à quand témoignera-t-elle aux hommes assez de mépris pour ne pas chercher même à se faire pardonner ses fautes?

L'expérience qui marche à pas lents, demande

du temps ; & le génie, qui reſſemble aux courſiers des Dieux, franchit un intervalle immenſe d'un ſaut, ſe fait attendre pendant des ſiècles. A-t-il paru ? Il eſt repouſſé ou perſécuté ; s'il parle on ne l'entend pas. Si par haſard, il eſt entendu, la jalouſie traduit ſes projets en rêves ſublimes, & les fait échouer. L'intérêt général de la multitude ſuppléeroit peut-être à la pénétration du génie, ſi on le laiſſoit agir en liberté ; mais il eſt ſans ceſſe contrarié par l'autorité, dont les dépoſitaires ne s'entendent à rien, & prétendent ordonner de tout. Quel eſt celui qu'ils honorent de leur confiance & de leur intimité ? C'eſt le flatteur imprudent qui, ſans en rien croire, leur répete continuellement qu'ils ſont des êtres merveilleux. Le mal ſe fait par leur ſottiſe, & ſe perpétue par une mauvaiſe honte qui les empêchent de revenir ſur leurs pas. Les fauſſes combinaiſons s'épuiſent avant qu'ils aient rencontré les vraies, ou qu'ils puiſſent ſe réſoudre à les approuver, après les avoir rejettées. C'eſt ainſi que le déſordre règne par l'enfance des Souverains, l'incapacité ou l'orgueil des Miniſtres, & la patience des victimes. On ſe conſoleroit des maux paſſés & des maux préſens, ſi l'avenir devoit changer cette deſtinée : mais c'eſt une eſpérance dont il eſt impoſſible de ſe bercer. Et ſi l'on demandoit au Philoſophe à quoi ſervent les conſeils qu'il s'opiniâtre d'adreſſer aux Nations & à ceux qui les gouvernent, & qu'il répondît avec ſincérité, il diroit qu'il ſatisfait un penchant invincible à dire la vérité, au haſard d'exciter l'indignation, & même de boire dans la coupe de Socrate.

DE LA LIBERTÉ DE LA PRESSE ET D'ÉCRIRE.

LA liberté de la presse produit sans doute des inconvéniens : mais ils sont si frivoles, si passagers en comparaison des avantages, que je ne daignerai pas m'y arrêter. La question se réduit à ces deux mots : *vaut-il mieux qu'un Peuple soit éternellement abruti, que d'être quelquefois turbulent* ? Souverains, voulez-vous être méchans ? Laissez écrire, il se trouvera des hommes pervers qui vous serviront selon votre mauvais génie, & qui vous perfectionneront dans l'art des Tibères. Voulez-vous être bons ? Laissez encore écrire ; il se trouvera des hommes honnêtes qui vous perfectionneront dans l'art des Trajans. Combien il vous reste de choses à savoir pour être grands, soit en bien, soit en mal !

En quels lieux du monde les Peuples n'ont-ils pas tiré les mêmes conséquences du silence qu'on leur imposoit ? Est-ce l'éloge ou le blâme qu'on redoute de celui à qui l'on ordonne de se taire. Ces défenses calomnient le Gouvernement, s'il est bon, puisqu'elles tendent à persuader qu'il est mauvais. Mais comment réussir à les faire observer ? Peut-on ignorer qu'il est dans la nature de l'homme de se porter aux actions, du moment où l'on y attache de la gloire en y attachant du péril ? L'opprimer & l'empêcher de gémir & de se plaindre, c'est une atrocité contre laquelle il ne manque jamais de se révolter. Comment connoîtriez-vous le rebelle à vos ordres ? par l'espionage, par les délations, par les voies les plus sûres à diviser les citoyens, & de susciter entr'eux la méfiance & les haines. Qui punirez-vous ? les hommes les plus honnêtes & les plus généreux, qui ne se tairont jamais, lorsqu'ils seront persuadés qu'il est de leur devoir de parler. N'en doutez pas ; ils braveront vos menaces, ou ils les éluderont. S'ils prenent le premier parti, oserez-vous les traîner dans une prison ? Si vous l'osez, croyez-vous qu'ils tardent long-temps à trouver des vengeurs ? Si vous ne l'osez pas, vous tomberez dans le mépris. S'ils avoient été libres de s'expliquer avec franchise, ils auroient mis de la dignité & de la modération dans leurs rémontrances. La contrainte & le danger du châtiment les transformeront en libelles violens, amers & séditieux ; & c'est votre tyrannie qui les aura rendus coupables. Souverain, ou vous dépositaires de leur autorité, votre administration est-elle bonne ? Livrez-là à toute la sévérité de notre examen ; elle n'y peut gagner que du respect & de la soumission. Est-elle mauvaise ? corrigez-la, ou défendez la par la force. Puisque vous êtes d'abominables tyrans, ayez du moins assez d'audace pour l'avouer ; si vous êtes justes, laissez dire & dormez en paix ; si vous êtes oppresseurs, le repos & le sommeil ne sont pas faits pour vous ; & malgré tous vos efforts, vous n'en jouirez pas. Souvenez-vous du sort de celui qui consentoit à être haï, pourvû qu'il fût craint.

Par-tout où le Souverain ne souffre pas qu'on s'explique librement sur les matières économiques & politiques, il donne l'attestation la plus authentique de son penchant à la tyrannie, & du vice de ses opérations. « Je sais, tout aussi-bien que vous, que ce que j'ai résolu est contraire à la liberté, à votre tranquilité, à votre bonheur: mais il me déplaît que vous en murmuriez. Je ne souffrirai jamais qu'on vous éclaire ; parce qu'il me convient que vous soyez assez stupides pour ne pas distinguer mes caprices, mon orgueil, mes folles dissipations, mon faste, les déprédations de mes courtisans & de mes favoris, mes ruineux amusemens, mes passions plus ruineuses encore, de l'utilité publique qui ne fut, qui n'est & qui ne sera jamais, autant qu'il dépendra de moi & de mes successeurs, qu'un honnête prétexte. Tout ce que je fais est bien fait. Croyez-le, ne le croyez pas: mais laissez-vous conduire. Je veux vous prouver de toutes les manières les plus insensées & les plus atroces que je règne pour moi, & que je ne règne ni par vous, ni pour vous. Et si quelqu'un d'entre vous a la témérité de me contredire, qu'il périsse dans l'obscurité d'un cachot, ou qu'un lacet le prive à jamais de la faculté de commettre une seconde indiscrétion: car tel est mon bon plaisir ». En conséquence voilà l'homme de génie réduit au silence ou étranglé, & une Nation tenue dans la barbarie de sa religion, de ses loix, de ses mœurs, & de son gouvernement ; dans l'ignorance des choses les plus importantes à ses vrais intérêts, à sa puissance, à son commerce, à sa splendeur & à sa félicité ; au milieu des Peuples qui s'éclairent autour d'elle, par leurs libres efforts & le concours

des

des bons esprits vers les seuls objets vraiment dignes de les occuper. La logique d'une administration prohibitive péche de tous les côtés. On n'arrête point les progrès des lumières ; on ne les rallentit qu'à son désavantage. La défense ne fait qu'irriter & donner aux ames un sentiment de révolte, & aux ouvrages le ton du libelle; & l'on fait trop d'honneur à d'innocens sujets, lorsqu'on a sous ses ordres deux cens mille assassins, & que l'on redoute quelques pages d'écriture.

Les questions d'économie politique veulent être long-temps agitées, avant d'être éclaircies. J'avancerai, sans crainte d'être contredit, que la géométrie transcendante n'a ni la profondeur, ni la subtilité de cette espèce d'arithmétique, il n'y a rien de possible en mathématique, dont le génie de Newton ou de quelques-uns de ses successeurs n'ait pu se promettre de venir à bout. Je n'en dirai pas autant d'eux dans les matières qui nous occupent. On croit, au premier coup-d'œil, n'avoir qu'une difficulté à résoudre : mais bientôt cette difficulté en entraîne une autre ; celle-ci une troisieme, & ainsi de suite jusqu'à l'infini ; & l'on s'apperçoit qu'il faut ou renoncer au travail, ou embrasser à-la-fois le système immense de l'ordre social, sous peine de n'obtenir qu'un résultat incomplet & défectueux. Les données & le calcul varient selon la nature du local, ses productions, son numéraire, ses ressources, ses liaisons, ses loix, ses usages, son goût, son commerce & ses mœurs. Quel est l'homme assez instruit pour saisir tous ces élémens ? Quel est l'esprit assez juste pour ne les apprécier que ce qu'ils valent ? Toutes les connoissances des différentes

P

branches de la société ne font que les branches de l'arbre qui constitue la science de l'homme public. Il est ecclésiastique, il est militaire, il est magistrat, il est financier, il est commerçant, il est agriculteur. Il a pesé les avantages & les obstacles qu'il doit attendre des passions, des rivalités, des intérêts particuliers. Avec toutes les lumières qu'on peut acquérir sans génie; avec tout le génie qu'on peut avoir reçu sans lumières, il ne fait que des fautes. Après cela est-il étonnant que tant d'erreurs se soient accréditées parmi le Peuple, qui ne repete jamais que ce qu'il a entendu ? Parmi les spéculateurs, qui se laissent entraîner par l'esprit systématique, & qui ne balancent pas à conclure une vérité générale de quelques succès particuliers ; parmi les hommes d'affaires, tous plus ou moins asservis à la routine de leurs prédécesseurs, & plus ou moins retenus par les suites ruineuses d'une tentative hors d'usage ; parmi les hommes d'état, que la naissance ou la protection conduit aux places importantes, où ils ne portent qu'une profonde ignorance qui les abandonne à la discrétion des subalternes corrompus qui les trompent ou qui les égarent. Dans toute société bien ordonnée, il ne doit y avoir aucune matière sur laquelle on ne puisse librement s'exercer. Plus elle est grave & difficile, plus il est important qu'elle soit discutée. Or, en est-il de plus importantes & de plus compliquées que celles de Gouvernement ? Qu'auroit donc de mieux à faire une Cour qui aimeroit la vérité, que d'encourager tous les esprits à s'en occuper ? Et quel jugement feroit-on autorisé à porter de celle qui en interdiroit l'étude, si ce n'est ou la méfiance de ses opérations, ou la certitude qu'elles sont mauvaises ? Le vrai résumé d'un édit prohibitif sur ce grand objet, seroit : *le Souverain défend qu'on lui démontre que son Ministre est un imbécille ou un fripon, car telle est sa volonté, qu'il soit l'un ou l'autre, sans qu'on y fasse aucune attention.*

Les Conseils des Rois sont un sanctuaire, dont le temps seul ôte le voile d'une main lente. Leurs Ministres, fidèles au secret, ou intéressés à le cacher, ne parlent que pour égarer dans les recherches la curiosité de celui qui s'étudie à les pénétrer. Quelque sagacité qu'il ait pour découvrir l'origine & la liaison des événemens, il est réduit à deviner. Lors même qu'il frappe au but, c'est sans le savoir, ou sans oser l'assurer ; & cette incertitude ne satisfait guère plus qu'une ignorance entière. Il faut donc attendre que la prudence & l'intérêt, dispensent du silence, & laissent éclore la vérité ; que la mort lui rende, pour ainsi dire, le jour & la voix, en ôtant leur pouvoir à ceux qui la tenoient captive ; & que les mémoires précieux & originaux, devenus publics, dévoilent enfin le jeu des ressorts qui ont fait la destinée des Nations.

DES LANGUES.

LA langue Italienne, avec du son, de l'accent & du nombre, a pris tous les caractères de la poésie, & tous les charmes de la musique : ces deux arts l'ont consacrée aux délices de l'harmonie, comme son plus doux organe.

La langue Françoise règne dans la prose ; si ce n'est pas le langage des Dieux, c'est celui de la raison & de la vérité. La prose parle sur-tout à l'esprit dans la philosophie ; étude constante de ces ames privilégiées de la nature, qui semblent être placées entre les Rois & les Peuples pour instruire & diriger les hommes. Dans un temps où la liberté n'a plus de tribunes, ni d'amphithéatres pour agiter de vastes assemblées, une langue qui se multiplie dans les livres, qui se fait lire chez toutes les Nations, qui sert d'interprête commun à toutes les autres langues, & d'instrumens à toutes sortes d'idées ; une langue qui, anoblie, épurée, adoucie, & sur-tout fixée par le génie des écrivains & la politesse des courtisans, devient enfin universelle & dominante.

La langue Angloise a produit aussi ses poëtes & ses prosateurs, qui lui ont donné un caractère d'énergie & d'audace propre à l'immortaliser. Qu'on l'apprenne chez tous les Peuples qui aspirent à n'être pas esclaves ; ils oseront penser, agir & se gouverner eux-mêmes : elle n'est pas la langue des mots ; mais celle des idées, & les Anglois n'en ont eu que de fortes. Ce sont eux qui ont dit les premiers : *la majesté du Peuple*, & ce seul mot consacre une langue.

La langue Espagnole n'a proprement eu jusqu'à présent, ni poésie, ni prose, avec une langue organisée, pour exceller dans l'une & dans l'autre. Eclatante comme l'or pur, & sonore comme l'argent, sa marche est grave & mesurée comme la danse de sa Nation ; elle est noble & décente comme les mœurs de l'antique Chevalerie. Cette langue pourra soutenir un rang, acquérir même de la supériorité lorsqu'elle aura beaucoup d'écrivains, tels que Cervantes & Mariana. Quand son Académie aura fait taire l'Inquisition avec ses Universités, cette langue s'élevera d'elle-même aux grandes idées, aux sublimes vérités, où l'appelle la fierté naturelle du Peuple qui la parle.

La langue Allemande a été avant toutes nos autres langues vivantes ; cette langue-mère est indigène de l'Europe ; c'est elle qui a formé l'Anglois, & même le François par son mélange avec la langue Latine ; mais peu faite, ce semble, pour les yeux & pour des organes polis, elle est restée dans la bouche du Peuple, sans oser entrer que bien tard dans les livres. Sa disette d'écrivains annonçoit un pays où les beaux arts, la poésie & l'éloquence ne devoient pas fleurir ; mais tout-à-coup le génie y a pris son essort, & des poëtes originaux, en plus d'un genre, y sont éclos en assez grand nombre, pour entrer en rivalité avec les autres Nations.

DU COMMERCE.

LE premier soin, le premier devoir, quand on traite des matieres importantes au bonheur des hommes, ce doit être de purger son ame de toute crainte, de toute espérance. Elevé au-dessus de toutes les considérations humaines, c'est alors qu'on plane au-dessus de l'atmosphère, & qu'on voit le globe au-dessous de soi. C'est de-là qu'on laisse tomber des larmes sur le génie persécuté, sur le talent oublié, sur la vertu malheureuse. C'est de-là qu'on verse l'imprécation & l'ignominie sur ceux qui trompent les hommes, & sur ceux qui les oppriment. C'est de-là qu'on voit la tête orgueilleuse du tyran s'abaisser & se couvrir de fange, tandis que le front modeste du juste touche la voûte des cieux. C'est-là que j'ai pu véritablement m'écrier : *je suis libre*, & me sentir au niveau de mon sujet. C'est-là enfin que, voyant à mes pieds ces belles contrées où fleurissent les sciences & les arts, & que les ténèbres de la barbarie avoient si long-temps occupées, je me suis demandé : qui est-ce qui a creusé ces canaux ? Qui est-ce qui a desséché ces plaines ? Qui est-ce qui a fondé ces villes ? Qui est-ce qui a rassemblé, vêtu, civilisé ces Peuples ? Et qu'alors toutes les voix des hommes éclairés qui sont parmi elles, m'ont répondu : c'est le commerce ! c'est le commerce !

Athènes aggrandit son commerce par ses victoires, & sa puissance par son commerce. Tous les arts à-la-fois naquirent dans la Grèce avec le luxe de l'Asie.

Le commerce trouve à la fin sa ruine dans les richesses qu'il entasse, comme toute puissance la trouve dans ses conquêtes.

Si l'on fait attention que l'Europe jouit de toutes les connoissances des Grecs, que son commerce est infiniment plus étendu, que notre imagination se porte sur des objets plus grands & plus variés depuis les progrès de la navigation, on sera étonné que nous n'ayons pas sur eux la supériorité la plus décidée. Mais il faut observer que lorsque ce Peuple connut les arts & le commerce, il sortoit, pour ainsi dire, des mains de la nature; & avoit toute l'énergie nécessaire pour cultiver les dons qu'il en recevoit, au lieu que les Nations de l'Europe étoient asservies à des loix & à des constitutions extravagantes. Dans la Grèce, le commerce trouva des hommes; en Europe, il trouva des esclaves. A mesure que nous avons ouvert les yeux sur les absurdités de nos institutions, nous nous sommes occupés à les corriger; mais sans oser jamais renverser entiérement l'édifice. Nous avons rémédié à des abus, par des abus nouveaux; & à force d'étayer, de réformer, nous avons mis dans nos mœurs plus de contradictions qu'il n'y en a chez les Peuples les plus barbares.

Demandez si dans un Etat qui admet une branche de commerce, tous les citoyens ont droit d'y prendre part; la réponse est si simple, qu'elle n'est pas même susceptible de discussion: il seroit affreux que des sujets qui partagent également le fardeau des chaînes sociales & des dépenses publiques, ne participassent pas également aux avantages du pacte qui les réunit ; qu'ils eussent à gémir, & de porter le joug de leurs institutions, & d'avoir été trompé en s'y soumettant.

D'un autre côté les Nations politiques se concilient parfaitement avec ces idées de justice. Tout le monde sait que c'est la liberté qui est l'ame du commerce, & qu'elle est seule capable de le porter à son dernier terme. Tout le monde convient que c'est la concurrence qui dévéloppe l'industrie, & qui lui donne tout le ressort dont elle est susceptible : cependant depuis plus d'un siècle, les faits n'ont cessé d'être en contradiction avec ces principes.

Qu'est-ce qui constitue la nature des choses en matière de commerce ? Ce sont les climats, les productions, la distance des lieux, la forme du Gouvernement, le génie & les mœurs des Peuplades qui y sont soumis.

Ce sont des gens qui ont des fortunes médiocres qui courent volontiers de grands risques, pour faire de grands profits dans le commerce. Mais lors qu'une fois la fortune d'un homme est parvenue à un certain dégré, il veut jouir, & jouir avec sûreté. Ce n'est pas que les richesses éteignent la soif des richesses, au contraire elles l'allument souvent : mais elles fournissent en même temps mille moyens de la satisfaire, sans peine & sans danger.

Entre la vie sauvage & l'état de société, c'est un désert immense à traverser : mais de l'enfance de la civilisation, à la vigueur du commerce, il n'y a que des pas à faire.

A mesure que les métaux se multiplient dans le commerce, ils ont moins de valeur, ils repréfentent moins de marchandifes. Cet aviliffement doit faire un jour négliger les meilleures mines, comme il a fait abandonner fucceffivement les médiocres, à moins qu'on allège encore le fardeau de ceux qui les exploitent.

L'or & l'argent ne font pas des richeffes ; ils repréfentent feulement des richeffes. Ces fignes font très-durables, comme il convient à leur deftination. Plus ils fe multiplient, & plus ils perdent de leur valeur, parce qu'ils repréfentent moins de chofes.

Le commerce s'établit fans trouble entre des hommes qui ont des befoins réciproques ; & bientôt ils s'accoutument à regarder comme des amis, comme des frères, ceux que l'intérêt ou d'autres motifs conduifent dans leurs contrées.

Tous ceux qui fe font élevés à la théorie du commerce, ou qui en ont fuivi les révolutions, favent qu'un Peuple actif, riche, intelligent, qui eft parvenu à s'en approprier une branche principale, ne tarde pas à s'emparer des autres branches moins confidérables. Il a de fi grands avantages fur les concurrens, qu'il les dégoûte & fe rend le maître des contrées qui fervent de théatre à fon induftrie.

Tels font les progrès de l'efprit du commerce, qu'il fait taire tous les préjugés de Nation ou de religion, devant l'intérêt général qui doit lier les hommes. Qu'eft-ce que ces vaines dénominations de Juifs & de Chrétiens, François ou Hollandois ? Malheureux habitans d'une terre fi pénible à cultiver, n'êtes-vous pas frères ? Pourquoi donc vous chaffer d'un monde où vous n'avez qu'un jour à vivre ? Et quelle vie encore que celle dont vous avez la folle cruauté de vous difputer la jouiffance! Tous les élémens, le ciel & la terre, n'ont-ils pas affez fait contre vous, fans ajouter à tous les fléaux, dont la nature vous environne, l'abus du peu de force qu'elle vous laiffe pour y refifter?

De tout temps la finance fut nuifible au commerce, & dévora le fein qui la nourit.

Ce n'eft pas au fond des forêts, c'eft au centre des fociétés policées qu'on apprend à méprifer l'homme & à s'en méfier. Si un de nos marchands, dans une de nos foires, diftribuoit indiftinctement fes effets fans garantie, fans sûreté à tous ceux qui tendroient leurs mains pour les recevoir, croyez-vous qu'il en parût un feul avec le prix de la chofe qu'il auroit achetée? Ce que des hommes, fous l'empire de l'honneur & des loix religieufes & civiles, ne rougiroient pas de faire, un fauvage affranchi de toute efpèce de contrainte, ne le fera pas. O honte de notre religion, de notre police & de nos mœurs!

Les caprices même de l'induftrie méritent l'indulgence du Gouvernement. La moindre inquiétude du négociant le mène à la défiance. Les raifonnemens politiques & militaires ne peuvent rien contre ceux de l'intérêt. Le commerce ne profpère que dans un terrein qu'il a choifi lui-même; tout genre de contrainte l'effraie.

C'eft un inconvénient inévitable chez un Peuple commerçant: libre ou non, il vient à n'aimer, à n'eftimer que les richeffes. La foif de l'or étant plus l'ouvrage de l'imagination que du befoin, on ne fe raffafie pas des tréfors comme des alimens des autres paffions: celles-ci font ifolées, & n'ont qu'un temps ; elles se combattent ou se succèdent. La passion de l'argent nourit & satisfait toutes les autres, du moins elle y supplée à mesure qu'elle les use, par les moyens qu'elle fournit de les assouvir. Il n'est point d'habitude qui se fortifie plus par l'usage que celle d'amasser : elle semble s'irriter également par les jouissances de la vanité & par les privations de l'avarice. L'homme riche a toujours besoin de remplir ou de grossir son trésor ; c'est une expérience constante qui s'étend des individus aux Nations.

Depuis que le commerce a élevé des fortunes considérables en Angleterre, la cupidité y est devenue le mobile universel & dominant. Les citoyens qui n'ont pas pu, ou qui n'ont pas voulu s'attacher à cette profession la plus lucrative, n'ont pas renoncé cependant au lucre, dont les mœurs & l'opinion leur faisoient un besoin. Même en aspirant à l'honneur, ils couroient aux richesses. Dans la carière des loix & des vertus, qui doivent se chercher & s'appuyer mutuellement dans la gloire de siéger au Parlement, ils ont vu le moyen d'agrandir leur fortune. Pour se faire élire membres de ce corps puissant, ils ont corrompu les suffrages du Peuple, & n'ont pas plus rougi de les revendre à la Cour que de les avoir acheté. Chaque voix est devenue vénale dans le sénat de l'Empire. Un Ministre célèbre avoit le tarif des probités, & s'en vantoit publiquement, à la honte des Anglois. C'étoit, disoit-il, un devoir de sa place d'acheter les représentans de la Nation pour les faire voler, non pas contre, mais selon leur conscience. Eh ! que dit la conscience où l'argent a parlé ? Si l'esprit mercantile a pu répandre dans la métropole la contagion de l'intérêt personnel, comment n'auroit-il pas infecté les colonies dont il est le principe & le soutien ? Est-il bien vrai que chez la fière Albion un citoyen assez généreux pour servir la patrie par amour de la gloire, seroit un homme du monde & d'un siècle qui ne sont plus ? Ile superbe ! puissent tes ennemis ne plus s'abandonner à ce vil esprit d'intérêt ? Tu leur rendras un jour tout ce qu'ils ont perdu.

Borner l'industrie par les prohibitions ou des privilèges exclusifs, c'est nuire tout-à-la-fois au travail que l'on permet & à celui que l'on défend.

Ce n'est pas uniquement la guerre qui décide de la prépondérance des Nations. Le commerce depuis un demi siècle y a beaucoup plus influé. Tandis que les Puissances du continent mesuroient & partageoient l'Europe en portions inégales, que la politique, par ses ligues, ses traités & ses combinaisons mettoit toujours en équilibre, un Peuple maritime formoit, pour ainsi dire, un nouveau système, & soumettoit par son industrie la terre à la mer, comme la nature l'y a soumise elle-même par ses loix. Elle créoit ou développoit ce vaste commerce, qui a pour base une excellente agriculture, des manufactures florissantes, & les plus riches possessions des quatre parties du monde ; c'est cette espèce de Monarchie que l'Europe doit ôter à l'Angleterre, en redonnant à chaque état maritime la liberté, la puissance qu'il a droit d'avoir sur l'élément qui l'environne.

Le commerce ne produit rien de lui-même ; il n'est pas créateur, ses fonctions se réduisent à des échanges. Par son ministère, une ville, une province, une Nation, une partie du globe, sont débarrassées de ce qui leur est inutile, & reçoivent ce qui leur manque. Les besoins respectifs de la société des hommes l'occupent sans cesse. Ses lumières, ses fonds, ses veilles, tout est consacré à cet office honorable & nécessaire. Son action n'existeroit pas sans les arts & la culture ; mais sans son action les arts & la culture seroient peu de chose. En parcourant la terre, en franchissant les mers, en levant les obstacles qui s'opposoient à la communication des Peuples, en étendant la sphère des besoins & le desir des jouissances, il multiplie les travaux, il encourage l'industrie, il devient en quelque sorte le moteur du monde.

L'Angleterre fut la premiere à s'appercevoir qu'on n'avoit pas besoin de l'entremise des Hollandois pour trafiquer. Cette Nation, chez qui les attentats du despotisme avoient enfanté la liberté, parce qu'ils précédèrent la corruption & la molesse, vouloit acheter les richesses par le travail qui en est le contrepoison. Ce fut elle qui la premiere envisagea le commerce comme la science & le soutien d'un Peuple éclairé, puissant & même vertueux. Elle y vit moins une acquisition de jouissances qu'une augmentation d'industrie ; plus d'encouragement & d'activité pour la population que de luxe & de magnificence pour la représentation ; appellée à commercer par sa situation ce fut là l'esprit de son Gouvernement & le lévier de son ambition.

En France, la mobilité naturelle du caractere national, la frivolité, même ont valu des tréfors à l'Etat, par l'heureuſe contagion de ſes modes; ſemblable à ce ſexe, délicat & léger, qui nous montre & nous inſpire le goût de la parure, le François domine ſur toutes les Cours, dans toutes les régions pour ce qui eſt d'agrément ou de magnificence; & ſon art de plaire eſt un des ſecrets de ſa fortune & de ſa puiſſance. D'autres Peuples ont maîtriſé le monde par des mœurs ſimples & ruſtiques, qui font les vertus guerrieres; lui ſeul y devoit règner par ſes vices. Son empire durera juſqu'à ce qu'avili ſous les pieds de ſes maîtres & par des coups d'autorité, ſans principes & ſans bornes, il devienne mépriſable à ſes propres yeux, alors avec ſa confiance en lui-même, il perdra cette induſtrie qui eſt une des reſſources de ſon opulence & un des reſſorts de ſon activité.

Le commerce, cette nouvelle ame du Monde moral, s'eſt inſinué de proche en proche, juſqu'à devenir comme eſſentiel à l'organiſation ou à l'exiſtence des corps politiques. Le goût du luxe & des commodités a donné l'amour du travail qui fait aujourd'hui la principale force des Etats. A la vérité les occupations ſédentaires des arts méchaniques rendent les hommes plus ſenſibles aux injures des ſaiſons, moins propres au grand air, qui eſt le premier aliment de la vie. Mais enfin on eſt encore plus heureux d'énerver l'eſpèce humaine ſous les toîts des atteliers que de l'aguerrir ſous les tentes puiſque la guerre détruit quand le commerce crée. Par cette utile révolution dans les mœurs, les maximes générales de la politique ont changé l'Europe. Ce n'eſt plus un Peuple pauvre qui devient redoutable à une Nation riche. La force eſt aujourd'hui du côté des richeſſes, parce qu'elles ne ſont pas le fruit de la conquête, mais l'ouvrage des travaux aſſidus & d'une vie entiérement occupée. L'or & l'argent ne corrompent que les ames oiſives qui jouiſſent des délices du luxe, au ſéjour des intrigues & des baſſeſſes qu'on appelle grandeur. Mais ces métaux occupent les bras & les doigts du Peuple; mais ils excitent dans les campagnes, à reproduire; dans les villes maritimes à naviguer; dans le centre d'un Etat à la fabrique des armes, des habits, des meubles, des édifices; l'homme eſt aux priſes avec la nature : ſans ceſſe il la modifie & ſans ceſſe il en eſt modifié. Les Peuples ſont taillés & façonnés par les arts qu'ils exercent. Si quelques métiers amoliſſent & dégradent l'eſpèce, elle s'endurcit & ſe répare dans d'autres, s'il eſt vrai que l'art la dénature, du moins elle ne ſe repeuple pas pour ſe détruire, comme chez les nations barbares des temps héroïques. Sans doute il eſt facile il eſt beau de peindre les Romains avec le ſeul art de la guerre, ſubjuguant tous les autres arts, toutes les Nations oiſives ou commerçantes policées ou féroces; briſant ou mépriſant les vaſes de Corinthe; plus heureux ſous des Dieux d'argile qu'avec les ſtatues d'or de leurs Empereurs de boue. Mais il eſt encore plus doux & plus beau peut-être de voir toute l'Europe peuplée de Nations laborieuſes, qui roulent ſans ceſſe autour du globe pour le défricher & l'aproprier à l'homme; agiter par le ſouffle vivifiant de l'induſtrie, tous les germes reproductils de la nature ; demander aux abîmes de l'océan, aux entrailles des rochers, ou de nouveaux soutiens ou de nouvelles jouissances ; remuer & soulever la terre avec tous les léviers du génie, établir entre les deux hémisphères, par les progrès heureux de l'art de naviguer, comme des ponts volans de communication qui réjoignent un continent à l'autre ; suivre toutes les routes du soleil, franchir les barrieres annuelles, & passer des tropiques aux pôles sous les ailes des vents ; ouvrir en un mot toutes les sources de la population & de la volupté, pour le verser par mille canaux sur la face du Monde. C'est alors peut-être que la Divinité contemple avec plaisir son ouvrage, & ne se repent pas d'avoir fait l'homme Telle est l'image du commerce.

Le Commerce est une science qui demande encore plus de connoissance des hommes que des choses. Sa difficulté vient moins de la multiplicité des affaires que de l'avidité de ceux qui les conduisent. Il faut donc traiter avec eux en apparence, comme si l'on étoit sûr de leur bonne foi, & prendre cependant des précautions comme s'ils étoient dénués de tous principes.

Presque tous les hommes sont honnêtes hors de leur état ; mais il n'y en a peu qui, dans l'exercice de leur profession, se conforment aux regles d'une probité scrupuleuse. Ce vice qui regne depuis la prémiere jusqu'à la derniere des conditions naît des malversations introduites par le temps, excusées par l'usage. *Je fais*, dit-on, *comme font les autres* ; & l'on se plie à des actions contre lesquels la conscience cesse bien-tôt de réclamer.

Le mépris de la richesse est peut-être incompatible

patible avec l'esprit du commerce ; mais malheur à celui en qui cet esprit seroit exclusif du sentiment de l'honneur.

Si le négociant ne se voit pas lui-même dans ce rang distingué des citoyens qui méritent la reconnoissance de leurs compatriotes, il ne s'estime pas assez; il oublie que dans sa matinée quelques traits de sa plume mettent en mouvement les quatre coins du Monde pour leur bonheur mutuel.

Le monopole est le privilège exclusif d'un citoyen sur tout autre de vendre ou d'acheter. A cette définition tout homme sensé s'arrête, & dit: entre des citoyens tous égaux, tous servans la société, tous contribuans à ses charges à proportion de leurs moyens, comment un d'entr'eux peut-il avoir un droit dont un autre soit légitimement privé? Quelle est donc cette chose si sacrée par sa nature qu'un homme, quel qu'il soit, ne puisse l'acquérir si elle lui manque ou s'en défaire si elle lui appartient?

Si quelqu'un pouvoit prétendre à ce privilège, ce seroit sans doute le Souverain ; cependant il ne le peut pas, car il n'est que le premier des citoyens. Le corps de la Nation peut l'en gratifier ; mais alors c'est un acte de déférence, & non la conséquence d'une prérogative qui seroit nécessairement tyrannique. Que si le Souverain ne peut se l'arroger à lui-même, bien moins encore le peut-il conférer à un autre. On ne donne point ce dont on n'a pas la propriété légitime.

Les obstacles que les divers Gouvernemens mettent au commerce que leurs sujets font ou devroient faire entr'eux, sont bien plus multipliés encore dans celui d'un État avec les autres. On prendroit cette jalousie presque moderne des Puissances, pour une conspiration secrette de se ruiner toutes sans avantages pour aucune. Ceux qui conduisent les Peuples mettent la même adresse à se défendre de l'industrie des Nations qu'à se garantir des souplesses des intrigans qui les entourent. Par-tout on repousse, par-tout on est repoussé. Quelques hommes ignorans, bas ou corrompus, ont rempli l'Europe, le Monde entier, de mille contraintes insoutenables, qui se font de plus en plus étendues. La terre & l'eau ont été couvertes de guérites & de barrières. Le voyageur n'a point de repos, & le marchand point de propriété ; l'un & l'autre sont exposés à tous les pièges d'une législation artificieuse qui seme les crimes avec les défenses, les peines avec les crimes. On se trouve coupable sans le savoir ni le vouloir, & l'on est arrêté, taxé, dépouillé, sans avoir de reproche à se faire. Tel est le commerce en temps de paix; que reste-t-il à dire des guerres de commerce ?

Des guerres de commerce ! Quel mot contre la nature ! Le commerce alimente & la guerre détruit. Le commerce peut bien enfanter & nourrir la guerre ; mais la guerre coupe toutes les veines du commerce. Tout ce qu'une Nation gagne sur une autre dans le commerce est un germe de travail & d'émulation pour toutes les deux. Dans la guerre c'est une perte pour l'une & pour l'autre ; car le pillage, le fer & le feu n'engraissent ni la terre, ni les hommes. Les guerres de commerce sont d'autant plus funestes, que par l'influence actuelle de la mer sur la terre, & de l'Europe sur les trois autres parties du monde, l'embrasement devient général, & que les dissentions de deux Peuples maritimes répandent la discorde chez tous leurs alliés, & l'inertie dans le parti même de la neutralité.

Les privilèges exclusifs sont les ennemis des arts & du commerce que la concurrence seule peut encourager. N'établissez rien, n'ordonnez rien, laissez agir les hommes qui travaillent. Liberté de commerce, liberté d'industrie : vous aurez des manufactures, vous aurez une grande population.

La tyrannie enfanta la contrebande. La transgression est le premier effet des loix injustes. En vain on répéta cent fois aux colonies que le commerce interlope étoit contraire au principe fondamental de leur établissement, à toute raison politique, aux vues expresses de la loi : en vain on établit dans les écrits publics que le citoyen qui payoit le droit, étoit opprimé par le citoyen qui ne le payoit pas; & que le marchand frauduleux voloit le marchand honnête, en le frustrant de son gain légitime : en vain on multiplia les précautions pour prévenir ces fraudes, & les châtimens pour les punir. La voix de l'intérêt, de la raison & de l'équité, prévalut sur les cent bouches & les cent mains de l'hydre fiscal. Les marchandises de l'étranger, clandestinement introduites dans le Nord de l'Amérique Angloise, montèrent au tiers ou plus de celles qui payoient les droits.

DE LA DÉCOUVERTE DU NOUVEAU-MONDE.

IL n'y a point eu d'événement auſſi intéreſſant pour l'eſpèce humaine en général, & pour les Peuples de l'Europe en particulier, que la découverte du Nouveau-Monde & le paſſage aux Indes par le cap de Bonne-Eſpérance. Alors a commencé une révolution dans le commerce, dans la puiſſance des Nations, dans les mœurs, l'induſtrie & le gouvernement de tous les Peuples. C'eſt à ce moment que les hommes des contrées les plus éloignées ſe ſont rapprochés par de nouveaux rapports & de nouveaux beſoins. Les productions des climats placés ſous l'équateur, ſe conſomment dans les climats voiſins du pôle ; l'induſtrie du Nord eſt tranſportée au Sud ; les étoffes de l'Orient ſont devenues le luxe des Occidentaux ; & par-tout les hommes ont fait un échange mutuel de leurs opinions, de leurs loix, de leurs uſages, de leurs maladies, de leurs remèdes, de leurs vertus & de leurs vices.

Depuis qu'on connoît l'Amérique & la pointe du Cap, des Nations qui n'étoient rien ſont devenues puiſſantes ; d'autres qui faiſoient trembler l'Europe ſe ſont affoiblies.

Barbares Européens ! l'éclat de vos entrepriſes ne m'en a point impoſé. Leurs ſuccès ne m'en ont point dérobé l'injuſtice. Je me ſuis ſouvent embarqué par la penſée ſur les vaiſſeaux qui vous portoient dans ces contrées lointaines ; mais deſcendu à terre avec vous, & devenu témoin de vos forfaits, je me suis séparé de vous, je me suis précipité parmi vos ennemis, j'ai pris les armes contre vous, j'ai baigné mes mains dans votre sang; j'en fais ici la protestation solemnelle; & si je cesse un moment de vous voir, comme des nuées de vautours affamés & cruels, avec aussi peu de morale & de conscience que ces oiseaux de proie; périsse mon ouvrage, périsse ma mémoire, s'il m'est permis d'espérer d'en laisser une après moi! Puissai-je tomber dans le dernier mépris, être un objet d'exécration!

J'ai été surpris qu'aucun de ces farouches guerriers, qui ont découvert l'Amérique, n'ait pas préféré la voie sûre de la douceur & de l'humanité, & qu'ils aient tous mieux aimé se montrer comme des tyrans que comme des bienfaiteurs. Par quel aveuglement étrange n'ont-ils pas senti que dévastant les contrées, dont ils s'emparoient, ils se nuisoient à eux-mêmes & renonçoient par cruauté à une possession plus tranquille & plus lucrative? On assure que dans les contrées où l'homme n'avoit point encore paru, les animaux les plus timides s'approchèrent de lui sans frayeur. On ne me persuadera jamais qu'au premier aspect de l'Européen, l'homme sauvage ait été plus farouche que les animaux. Ce fut sûrement une fatale expérience qui l'instruisit du péril de cette familiarité.

Quoi donc! les Nations seront-elles plus cruelles entr'elles que les Souverains les plus oppresseurs envers leurs sujets? Les sociétés dévoreront donc les sociétés? L'homme sera plus méchant que le tigre; la raison ne lui aura été donnée que pour lui tenir lieu de tous les inſtincts mal-faiſans, & ſes annales ne ſeront que les annales de la perverſité. O Dieu ! pourquoi l'as-tu créé ? Ignorois-tu que pour un inſtant où tu pourrois regarder ton ouvrage avec complaiſance, cent fois tu en détournerois ton regard ? Les atrocités que les Eſpagnols devoient commettre dans le Nouveau-Monde auroient-elles échappé à ta prévoyance ?

S'il arrive quelque heureuſe révolution dans le Monde, ce ſera par l'Amérique. Après avoir été dévaſté, ce Monde nouveau doit fleurir à ſon tour, & peut-être commander à l'ancien. Il ſera l'aſyle de nos Peuples foulés par la politique, ou chaſſés par la guerre. Les habitans ſauvages s'y policeront, & les étrangers opprimés y deviendront libres. Mais il faut que ce changement ſoit préparé par des fermentations, des ſecouſſes, des malheurs même ; & qu'une éducation laborieuſe & pénible diſpoſe les eſprits à ſouffrir & à agir.

Graces à l'eſprit d'humanité que la philoſophie a inſpiré à tous les Peuples ſenſés, les conquérans, tant anciens que modernes, ſont tombés dans la claſſe des hommes les plus abhorrés ; & je ne doute pas que l'avenir qui jugera avec impartialité des découvertes du nouveau Monde, ne rabaiſſe nos barbares navigateurs encore au-deſſous d'eux. En effet eſt-ce l'amour du genre humain ou la cupidité qui les a conduits ? Et une entrepriſe, fût-elle bonne en elle-même, pourroit-elle être louable, lorſque le motif eſt vicieux ?

Sans la découverte du nouveau Monde, la Hollande ne feroit rien ; L'angleterre ſeroit peu de choſe ; l'Eſpagne & le Portugal ſeroient puiſſans ;

la France feroit ce qu'elle reftera à jamais, fous quelque maître, fous quelque Gouvernement qu'elle paffe. Une longue fuite de calamités peut la plonger dans le malheur : mais ce malheur ne fera que momentané ; la nature travaillant perpétuellement à reparer fes défaftres. Et voilà l'énorme différence entre la condition d'un Peuple indigent, & la condition d'un Peuple riche par fon territoire. Ce dernier peut fe paffer de toutes les Nations qui ne peuvent guère fe paffer de lui. Il faut que fa population s'accroiffe fans ceffe, fi une mauvaife adminiftration n'en rallentit pas le progrès. Plufieurs années fucceffives d'une difette générale ne le jetteront que dans un malaife paffager, fi la prudence du Souverain y pourvoit ; il n'a prefque aucun befoin d'alliés. La politique combinée de toutes les autres puiffances lui laifferoient fes denrées, qu'il n'éprouveroit que l'inconvénient du fuperflu & la diminution de fon luxe ; effet qui tourneroit au profit de fa force qu'il énerve, & de fes mœurs qu'il a corrompues. La véritable richeffe, il l'a ; il n'a pas befoin de l'aller chercher au loin. Que peut pour ou contre fon bonheur la furabondance ou la rareté du métal qui la repréfente ? Rien.

Quand on penfe à l'injuftice des hoftilités que les Européens ont commifes dans toute l'Amérique, on eft tenté de fe réjouir de tous leurs défaftres ; & de tous les fléaux qui fuivent les pas de ces féroces oppreffeurs. L'humanité, brifant alors tous les nœuds du fang & de la patrie qui nous attachent aux habitans de notre hémifphère, change de liens & va contracter au-de là des mers, avec les fauvages Indiens, la parenté qui unit tous les hommes, celle du malheur & de la pitié.

Dans le Nouveau-Monde, les hommes y sont moins forts, moins courageux; sans barbe & sans poil, dégradés de tous les signes de la virilité; foiblement doués de ce sentiment vif & puissant, de cet amour délicieux, qui est la source de tous les amours, qui est le principe de tous les attachemens, qui est le premier instinct, le premier nœud de la société, sans lequel tous les autres liens factices n'ont point de ressort ni de durée. Les femmes plus foibles encore, y sont maltraitées par la nature & par les hommes. Ceux-ci peu sensibles au bonheur de les aimer, ne voient en elles que les instrumens de tous leurs besoins, ils les consacrent beaucoup moins à leurs plaisirs qu'ils ne les sacrifient à leur paresse. C'est la suprême volupté, la souveraine félicité des Américains, que cette indolence dont leurs femmes sont les victimes, par les travaux continuels dont on les charge. Cependant on peut dire qu'en Amérique, comme sur toute la Terre, les hommes ont eu l'équité, quand ils ont condamné les femmes au travail, de se réserver les périls à la chasse, à la pêche, comme à la guerre: mais l'indifférence pour ce sexe, auquel la nature a confié le dépôt de la reproduction, suppose une imperfection dans les organes, une sorte d'enfance dans les Peuples de l'Amérique, comme dans les individus de notre continent, qui n'ont pas atteint l'âge de puberté. C'est un vice radical dans l'autre hémisphère, dont la nouveauté se décèle par cette sorte d'impuissance.

La découverte du Nouveau-Monde a perfectionné la construction des vaisseaux, la navigation, la géographie, l'astronomie, la médecine, l'histoire naturelle, quelques autres connoissances ; & ces avantages n'ont été accompagnés d'aucun inconvénient connu. Elle a procuré à quelques empires de vastes domaines qui ont donné aux états fondateurs de l'éclat, de la puissance & des richesses. Mais que n'en a-t-il pas coûté pour mettre en valeur, pour gouverner ou pour défendre ces possessions lointaines ? Lorsque ces colonies seront arrivées au dégré de culture, de lumière & de population qui leur convient, ne se détacheront-elles pas d'une patrie qui avoit fondé sa splendeur sur leur prospérité ? Quelle sera l'époque de cette révolution ? On l'ignore, mais il faut qu'elle se fasse.

L'Europe doit au Nouveau-Monde quelque commodités, quelques voluptés. Mais avant d'avoir obtenu ces jouissances, étions-nous moins sains, moins robustes, moins intelligens, moins heureux ? Ces frivoles avantages si cruellement obtenus, si inégalement partagés, si opiniâtrement disputés, valent-ils une goute du sang qu'on a versé & qu'on versera ? Sont-ils à comparer à la vie d'un seul homme ? Combien n'en a-t-on pas, sacrifié, n'en sacrifie-t-on pas, n'en sacrifiera-t-on pas encore pour fournir à des besoins chimériques, dont ni l'autorité, ni la raison ne nous délivreront jamais ?

Le nouvel hémisphère doit se détacher un jour de l'ancien. Ce grand déchirement est préparé en Europe, par la fermentation & le choc de nos opinions ; par le renversement de nos droits qui faisoient notre courage ; par le luxe de nos Cours & la misère de nos campagnes; par la haine, à jamais durable, entre des hommes lâches qui possèdent tout, & des hommes robustes, vertueux même, qui n'ont plus rien à perdre que la vie. Il est préparé en Amérique par l'accroissement de la population, des cultures, de l'industrie & des lumières. Tout achemine à cette succession, & les progrès d'un mal dans un monde, & les progrès du bien dans un autre.

Par un contraste singulier avec l'ancien Monde, où les arts sont allés du Midi vers le Nord, on verra dans le nouveau, le Nord éclairer le Midi. Jusqu'à nos jours l'esprit a paru s'énerver comme le corps dans les Indes Orientales. Vifs & pénétrans de bonne heure, les hommes y conçoivent promptement, mais n'y résistent pas, ne s'y accoutument pas aux longues méditations. Presque tous ont de la facilité pour tout, aucun ne marque un talent décidé pour rien. Précoces & mûrs avant nous, ils sont bien loin de la carrière quand nous touchons au terme.

DES COLONIES.

S'IL importe au citoyen de se faire un caractère dans la société, il importe tout autrement encore à une Nation de s'en faire un chez les Nations au milieu desquelles son projet est de s'établir & de prospérer.

Un Peuple sage ne se permettra aucun attentat, ni sur la propriété, ni sur la liberté : il respectera le lien conjugal ; il se conformera aux usages, il attendra du temps le changement des mœurs. S'il ne fléchit pas le genou devant les Dieux du Pays, il se gardera bien d'en briser les autels. Il faut qu'ils tombent de vétusté ; c'est ainsi qu'il se naturalisera.

A quoi le massacre de tant de Portugais, de tant de Hollandois, de tant d'Anglois, de tant de François, nous aura-t-il servi, s'il ne nous apprend pas à ménager les indigènes ? Si vous en usez avec eux comme vos prédécesseurs ont fait, n'en doutez pas, vous serez massacré comme eux.

Cessez donc d'être fourbes quand vous vous présenterez ! rampans quand vous serez reçus, insolens lorsque vous vous croirez en force, & cruels lorsque vous serez devenus tout-puissans.

Il n'y a que l'amour des habitans & d'une contrée qui puissent rendre solides vos établissemens. Faites que ces habitans vous défendent, s'il arrive qu'on vous attaque. Si vous n'en êtes pas défendus, vous en serez trahis.

Les Nations subjuguées soupirent après un libérateur ; les Nations vexées soupirent après un vengeur ; & ce vengeur elles ne tarderont pas à le trouver.

Serez-vous toujours assez insensés pour préférer des esclaves à des hommes libres ; des sujets mécontens à des sujets affectionnés ; des ennemis à des amis ; des ennemis à des freres ?

S'il vous arrive de prendre parti entre des Princes divisés, n'écoutez pas légérement la voix de l'intérêt contre le cri de la justice. Quel peut être l'équivalent de la perte du nom de juste ? Soyez plutôt médiateurs qu'auxiliaires. Le rôle de médiateur est toujours honoré ; celui d'auxiliaire toujours périlleux.

Continuerez-vous à massacrer, emprisonner, dépouiller ceux qui se sont mis sous votre protection ? Fiers Européens, vous n'avez pas toujours vaincu par les armes. Ne rougirez-vous pas enfin de vous être tant de fois abaissés au rôle de corrupteurs des braves chefs de vos ennemis ?

Qu'attestent ces forts dont vous avez hérissé toutes les plages ? Votre terreur & la haine profonde de ceux qui vous entourent. Vous ne craindrez plus quand vous ne serez plus haïs ; vous ne serez plus haïs quand vous serez bienfaisans. Le barbare, ainsi que l'homme civilisé, veut être heureux.

Les avantages de la population & les moyens de l'accélérer, sont les mêmes sous l'un & sous l'autre hémisphère.

En quelque endroit que vous vous fixiez, si vous vous considérez, si vous agissez comme des fondateurs de cités, bientôt vous y jouirez d'une puissance inébranlable. Multipliez-y donc les conditions de toutes les espèces; je n'en excepte que le sacerdoce. Point de religion dominante. Que chacun chante à Dieu l'hymne qu'il lui croit le plus agréable; que la morale s'établisse sur le globe; c'est l'ouvrage de la tolérance.

Le vaisseau qui transporteroit dans vos Colonies de jeunes hommes sains & vigoureux, de jeunes filles laborieuses & sages, seroit de tous vos bâtimens le plus richement chargé; ce seroit le germe d'une paix éternelle entre vous & les indigènes.

Ne multipliez pas seulement les productions, multipliez les Agriculteurs, les consommateurs, & avec eux toutes les sortes d'industrie, toutes les branches de commerce. Il vous restera beaucoup à faire, tant que vos colons ne vous croiseront pas sur les mers, tant qu'ils ne seront pas aussi communs sur vos rivages que vos commerçans sur les leurs.

Punissez les délits des vôtres plus sévérement encore que les délits des indigènes. C'est ainsi que vous inspirerez à ceux-ci le respect de l'autorité des loix.

Que tout agent, je ne dis pas convaincu, mais soupçonné de la plus légère vexation, soit rappellé sur-le-champ. Punissez sur les lieux la vénalité prouvée, afin que les uns ne soient pas tentés d'offrir ce qu'il seroit infâme aux autres de recevoir.

Tout est perdu tant que vos agens ne seront que des protégés, dont il s'agira de réparer la fortune par un brigandage éloigné; des hommes mal famés qui iront cacher leur ignominie dans vos comptoirs ou vos factoreries. Il n'y a point de probité assez confirmée pour qu'on puisse, sans incertitude, l'exposer au passage de la ligne.

Si vous êtes justes, si vous êtes humains, on restera parmi vous; on fera plus, on quittera des contrées éloignées pour vous aller trouver.

Instituez quelques jours de repos, ayez des fêtes, mais purement civiles. Soyez bénis à jamais, si de ces fêtes, la plus gaie se célèbre en mémoire de votre première descente dans la contrée.

Soyez fidèles aux traités que vous aurez conclus; que votre allié y trouve son avantage; le seul garant légitime de leur durée. Si je suis lésé ou par mon ignorance, ou par votre subtilité, c'est en vain que j'aurai juré. Le ciel & la terre me releveront de mon serment.

Tant que vous séparerez le bien de la Nation qui vous aura reçu, de votre propre utilité, vous serez oppresseurs, vous serez tyrans; & ce n'est que par le seul titre de bienfaiteur qu'on se fait aimer.

Si celui qui habite à côté de vous enfouit son or, soyez sûr que vous en êtes maudit.

A quoi bon vous opposer à une révolution éloignée, sans doute, mais qui s'exécutera malgré vos efforts? Il faut que le monde que vous avez envahi s'affranchisse de celui que vous habitez, alors les mers ne sépareront plus que deux amis, que deux frères. Quel si grand malheur voyez-vous donc à cela, injustes, cruels, inflexibles tyrans?

L'ouvrage de la sagesse est éternel: mais celui de la folie s'ébranle sans cesse, & ne tarde pas à crouler. La première grave ses caractères durables sur le rocher ; la seconde trace les siens sur le sable.

Des établissemens ont été formés & renversés ; des ruines se sont entassées sur des ruines ; des espaces peuplés sont devenus déserts ; des ports remplis de bâtimens ont été abandonnés ; des masses que le sang avoit mal cimentées, se sont dissoutes, ont mis à découvert les ossemens confondus des meurtriers, & des tyrans. Il semble que de contrée en contrée la prospérité soit poursuivie par un mauvais génie qui parle nos différentes langues, mais qui ordonne par-tout les mêmes désastres.

Que le spectacle des fureurs, que nous exerçons les uns contre les autres, cesse enfin d'en venger & d'en réjouir les premières victimes !

Puissent ces idées jettées sans art & dans l'ordre où elles se sont présentées, faire une impression profonde & durable ! Veuille le ciel que je n'aie plus qu'à célébrer votre modération & votre sagesse ; car la louange est douce, & le blâme est amer à mon cœur.

Toute Colonie, supposant l'autorité dans une contrée, & l'obéissance dans une autre contrée éloignée, est un établissement vicieux dans son principe. C'est une machine dont les ressorts se relâchent, se brisent sans cesse, & qu'il faut réparer continuellement.

La mer, les voyages, les risques, & les vicissitudes de la fortune : tout lui inspire (à la Colonie,) l'amour de l'indépendance, c'est-là son ame & sa vie : dans les entraves, elle languit, elle meurt.

La raison & l'équité permettent les Colonies :

mais elles tracent les principes dont il ne devroit pas être permis de s'écarter dans leur fondation.

Un nombre d'hommes, quel qu'il soit, qui descend dans une terre étrangère & inconnue, doit être considéré comme un seul homme. La force s'accroît par la multitude, mais le droit reste le même. Si cent, si deux cens hommes peuvent dire : *ce pays nous appartient* ; un seul homme peut le dire aussi.

Ou la contrée est déserte, ou elle est en partie déserte, & en partie habitée, ou elle est toute peuplée ; si elle est toute peuplée je ne puis légitimement prétendre qu'à l'hospitalité & aux secours que l'homme doit à l'homme.

Si l'on m'expose à mourir de froid ou de faim sur un rivage, je tirerai mon arme, je prendrai de force ce dont j'aurai besoin, & je tuerai celui qui s'y opposera. Mais lors qu'on m'aura accordé l'asyle, le feu & l'eau, le pain & le sel, on aura rempli ses obligations envers moi. Si j'exige au-delà je deviens voleur & assassin. On m'a souffert, j'ai pris connoissance des loix & des mœurs, elles me conviennent. Je desire de me fixer dans le pays : si l'on y consent, c'est une grace que l'on me fait, & dont le refus ne sauroit m'offenser. Les Chinois sont peut-être mauvais politiques, lorsqu'ils nous ferment la porte de leur empire : mais ils ne sont pas injustes. Leur contrée est assez peuplée, & nous sommes des hôtes trop dangereux.

Le propre des colonies bien administrées, est d'augmenter la population de la métropôle, qui, par les débouchés avantageux qu'elle fournit à leurs productions, augmente réciproquement la leur. C'est sous ce point de vue, intéressant à la fois pour l'humanité, & pour la politique, que les Nations éclairées de l'ancien hémisphère ont envisagé leur établissement du Nouveau-Monde : le succès a partout couronné un si sage & si noble dessein. Il n'y a que l'Espagne qui avoit formé son système, avant que la lumière fût repandue, qui ait vu sa population diminuer en Europe, à mesure que ses possessions augmentoient en Amérique.

On se demande si l'homme une fois affranchi, par quelque cause que ce soit, de la contrainte des loix, n'est pas plus méchant que l'homme qui n'a jamais rien senti. Des êtres assez mécontens de leur sort, assez dénués de ressources dans leur propre contrée, assez indigens ou assez ambitieux pour dédaigner la vie & s'exposer à des dangers, à des travaux infinis sur l'espérance vague d'une fortune rapide, ne portoient-ils pas au fond de leur cœur le germe fatal d'une dépravation qui dut se dévélopper avec une célérité & une fureur inconcévables, lorsque sous un autre ciel, loin de toute vindicte publique, & des regards imposans de leurs concitoyens ; ni la pudeur, ni la crainte n'en arrêtèrent pas les effets ? L'histoire de toutes les sociétés ne nous apprend-elle pas que l'homme, à qui la nature a accordée une grande énergie, est communément un célérat ? Le péril d'un long séjour, la nécessité d'un prompt retour se joignant au désir de justifier les dépenses de l'entreprise par l'étalage de la richesse des contrées découvertes, n'en durent-ils pas, occasionner & accélérer la dépouille violente ? Les chefs de l'entreprise & leur compagnons, tous également effrayés des dangers qu'ils avoient courus,

R

de ceux que leur restoient à courir, des misères qu'ils avoient souffert, ne pensèrent-ils à s'en dédommager comme des gens résolus à ne s'y pas exposer une seconde fois? L'idée de fonder des Colonies dans ces régions éloignées, & d'en accroître le domaine de leur Souverain, se présentera-t-elle jamais bien nettement à l'esprit d'aucun de ces premiers avanturiers? Et le Nouveau-Monde ne leur parut-il pas plutôt une riche proie qu'il falloit dévorer, qu'une conquête qu'il falloit ménager? Le mal, commencé par cet atroce motif, ne se perpétua-t-il pas tantôt par l'indifférence des Ministres, tantôt par les divisions des Peuples de l'Europe; & n'étoit-il pas consommé, lorsque le temps du calme amena nos Gouvernemens à des vues plus solides? Les premiers députés à qui l'on confia l'inspection & l'autorité sur ces contrées, avoient-ils, pouvoient-ils avoir les lumières & les vertus propres à s'y faire aimer, à s'y concilier la confiance & le respect, & y établir la police & les loix; & n'y passèrent-ils pas aussi avec la soif de l'or qui les avoit dévastées? Falloit-il se promettre à l'origine des choses ce que l'expérience de plusieurs n'a pas encore amenée? Est-il possible, même de nos jours, de régir des Peuples séparés de la métropole par des mers immenses, comme des sujets placés sous le sceptre des Despotes lointains, ne devant jamais être sollicités & remplis que par des hommes indigens & avides, sans talent & sans mœurs, étrangers à tout sentiment d'honneur & à toute notion d'équité, le rebut des hautes conditions de l'Etat: la splendeur de ces Colonies dans l'avenir, n'est-elle pas une chimère, & le bonheur futur de ces régions ne seroit-il pas un phénomène plus surprenant encore que leur première dévastation ?

Maudit soit donc le moment de leur découverte ! Et vous, Souverains Européens, quel peut-être le motif de votre ambition jalouse pour des possessions dont vous ne pouvez qu'éterniser la misère ? Et que ne les restituez-vous à elles-mêmes, si vous désespérez de les rendre heureuses !

Tous les étrangers, sans exception, y trouvent une hospitalité prévenante & généreuse. Cette utile vertu se pratique avec une ostentation qui prouve au moins l'honneur qu'on y attache. Ce penchant naturel à la bienfaisance, exclut l'avarice ; les créoles sont faciles en affaires : la dissimulation, les ruses, les soupçons, n'entrent jamais dans leur ame : glorieux de leur franchise, l'opinion qu'ils ont d'eux-mêmes, & leur extrême vivacité, écartent de leur commerce ces mystères & ces réserves qui étouffent la bonté du caractère, éteignent l'esprit social & retrécissent la sensibilité.

Les Empires se sont tous convaincus un peu plutôt, un peu plus tard, de l'inconvénient de laisser les provinces qu'ils ont envahies dans l'autre hémisphère à des compagnies privilégiées, dont les intérêts s'accordoient rarement avec les intérêts du public. Ils ont enfin compris que la distance ne changeoit point la nature du pacte exprès ou tacite entre le ministère & les sujets ; que quand les sujets ont dit, nous obéirons, nous servirons, nous contribuerons à la formation, à l'entretien de la force publique, & que le ministère a répondu, nous vous protégerons au-dedans par la police & par les loix, au-dehors par les négociations & par les armes ; ces conditions doivent également s'accomplir de part & d'autre, de la rive d'un fleuve à la rive opposée, du rivage d'une mer à l'autre rivage ; que la protection stipulée venant à cesser, l'obéissance & les secours promis étoient suspendus de droit ; que si les secours étoient exigés, lorsque la protection cessoit, l'administration cessoit, l'administration dégénéreroit en brigandage tyrannique, qu'on étoit dispensé du serment de fidélité envers elle, qu'on étoit libre de s'affranchir d'un mauvais maître & de s'en donner un autre ; qu'on rentroit dans l'état de liberté absolue, & qu'on recouvroit la prérogative d'instituer telle sorte de gouvernement qu'on jugeroit le plus convenable.

L'histoire ne nous entretient que de conquérans qui se sont occupés au mépris du sang & du bonheur de leurs sujets, à étendre leur domination : mais elle ne nous présente l'exemple d'aucun Souverain qui se soit avisé de la restreindre. L'un cependant n'auroit-il pas été aussi sage que l'autre a été funeste ? Et n'en seroit-il pas de l'étendue des Empires ainsi que de la population ? Un grand Empire & une grande population peuvent être deux grands maux. Peu d'hommes, mais heureux ; peu d'espace, mais bien gouvernée. Le sort des petits Etats est de s'étendre ; celui des grands de se démembrer.

L'accroissement de puissance que la plupart des Gouvernement de l'Europe se sont promis de leurs possessions dans le Nouveau-Monde, m'occupe depuis trop long-temps, pour que je ne me fois pas demandé souvent à moi-même, pour que je n'aie pas quelquefois demandé à des hommes plus éclairés que moi, ce qu'on devoit penser d'établissemens formés à si grand frais & avec tant de travaux dans un autre hémisphère.

Notre véritable bonheur exige-t-il la jouissance des choses que nous allons chercher si loin? Sommes-nous destinés à conserver des goûts aussi factices? L'homme est-il né pour errer continuellement entre le ciel & les eaux? Est-il un oiseau de passage, ou ressemble-t-il aux autres animaux, dont la plus grande excursion est très-limitée? Ce qu'on retire des denrées peut-il compenser avec avantage la perte des citoyens qui s'éloignent de leur patrie pour être détruit, ou par les maladies qui les attaquent dans la traversé, ou par le climat à leur arrivée? A des distances aussi grandes, quelle peut être l'énergie des loix de la métropole sur les sujets, & l'obéissance des sujets à ces loix? L'éloignement des témoins & des juges de nos actions, ne doit-il pas amener la corruption des mœurs, & avec le temps le déclin des institutions les plus sages, lorsque les vertus & la justice, les bases fondamentales, ne subsistent plus? Par quel lien solide une possession, dont un intervalle immense nous sépare, nous sera-t-elle attachée? L'individu dont la vie se passe à voyager, a-t-il quelque esprit de patriotisme; & de tant de contrées qu'il parcourt, en est-il une qu'il continue à regarder comme la sienne? Des colonies peuvent-elles s'intéresser à un certain point aux malheurs ou à la prospérité de la métropole, & la métropole se réjouir ou s'affliger bien sincérement sur le sort des colonies ? Les Peuples ne se sentent-ils pas un penchant violent à se gouverner eux-mêmes, ou à s'abandonner à la première puissance assez forte pour s'en emparer ? Les administrateurs qu'on envoie pour les gouverner, ne sont-ils pas regardés comme des tyrans qu'on égorgeroit, sans le respect pour la personne qu'ils représentent ? Cet agrandissement n'est-il pas contre nature, & tout ce qui est contre nature ne doit-il pas finir ?

O Souverain ! vous avez rassemblé de nombreuses armées au centre de votre royaume ? Pourquoi vos Palais sont-ils environnés de gardes ? C'est que la menace toujours instante de vos voisins, la soumission de vos Peuples & la sûreté de vos personnes sacrées exigent ces précautions. Qui vous répondra de la fidélité de vos sujets au loin ? Votre sceptre ne peut atteindre à des milliers de lieues, & vos vaisseaux ne peuvent y suppléer qu'imparfaitement. Voici l'arrêt que le destin a prononcé sur vos Colonies. Ou vous renoncerez à elles, ou elles renonceront à vous. Songez que votre puissance cesse d'elle-même, sur la limite naturelle de vos états.

Les agens de colons de St. Pierre n'étoient dans les commencemens de ces Colonies que des maîtres de bateau, qui s'étant fait connoître par leur navigation continuelle, autour de l'île, furent déterminés par l'appat du gain, à prendre une demeure fixe. La bonne foi seule étoit l'ame de ces liaisons. La plupart de ces commissionnaires ne savoient pas lire. Aucun d'eux n'avoit ni livres, ni régistres. Ils tenoient dans un coffre un sac pour chaque habitant, dont ils géroient les affaires. Ils y mettoient le produit des ventes; ils en tiroient l'argent nécessaire pour les achats. Quand le sac étoit épuisé, le commissionnaire ne fournissoit plus, & le compte se trouvoit rendu. Cette confiance, qui doit paroître une fable dans nos mœurs & dans nos jours de fraude & de corruption, étoit encore en usage au commencement du siècle : il existe des hommes qui ont pratiqué ce commerce, où la fidélité n'avoit pour garent que son utilité même.

S'il est sur-tout dans le caractère de l'impétuosité Françoise, d'attaquer plutôt que de se défendre, c'est à elle de détruire des forteresses & non d'en construire ; ou plutôt il ne lui convient d'élever que de ces remparts ailés & mobiles qui vont porter la guerre au lieu de l'attendre. Toute puissance qui aspire au commerce, aux Colonies, doit avoir des vaisseaux qui enfantent des hommes & des richesses, qui augmentent la population & la circulation, tandis que des soldats & des bastions ne servent qu'à consumer des forces & des vivres.

Estimons-nous beaucoup les productions des Colonies ? Je crois qu'on n'en sauroit douter. Pourquoi-donc prennons-nous si peu d'intérêt à leur prospérité & à la conservation des colons: que la fureur d'un ouragan ait enseveli des milliers de ces malheureux sous la ruine de leurs habitations, & le dégât de leurs possessions, nous nous en occupons moins que d'un duël, ou d'un assassinat commis à notre porte. Qu'une vaste contrée de ce continent éloigné continue d'être dévastée par quelque épidémie, ou s'en entretient ici plus froidement que du retour incertain d'une petite-vérol inoculée. Que les horreurs de la difette réduifent les habitans de St. Domingue ou de la Martinique à chercher leur nourriture dans les campagnes ou à fe dévorer les uns les autres, nous y prendrons moins de part qu'au fléau d'une grêle qui auroit haché les moiffons de quelques-uns de nos villages. Il eft affez naturel de penfer que cette indifférence eft un effet de l'éloignement & que les colons ne font pas plus fenfibles à nos malheurs que nous aux leurs.

L'exemple n'apprendra-t-il pas aux Nations que la fondation d'une Colonie demande plus de fageffe que de dépenfes.

L'écume & le rebut des fociétés policées peut former quelquefois une fociété bien ordonnée. C'eft l'iniquité de nos loix, c'eft l'injufte répartition des biens, ce font les fupplices & les fardeaux de la mifère, c'eft l'infolence & l'impunité des richeffes, c'eft l'abus du pouvoir qui fait fouvent des rebelles & des criminels. Réuniffez tous ces malheureux qu'une rigueur fouvent outrée a bannis de leurs foyers ; donnez-leur un chef intrépide, généreux, humain, éclairé, vous ferez de ces brigands un Peuple honnête, docile, raifonnable. Si fes befoins le rend guerrier, il deviendra conquérant ; & pour s'agrandir fidèle obfervateur des loix envers lui-même, il violera les droits des Nations : tels furent les Romains. Si faute du conducteur habile, il eft abandonné à la merci des hafards & des événemens, il fera inquiet, avide, fans ftabilité, toujours dans un état de divifion, ou avec lui-même ou avec fes voifins : tels furent les Pauliftes. Enfin, s'il peut vivre plus aisément des fruits naturels de la terre, ou de la culture ou du commerce que de pillage, il prendra les vertus de sa situation, & les doux penchans qu'inspire l'intérêt raisonné du bien-être. Civilisé par le bonheur & la sécurité d'une vie paisible, il respectera dans tous les hommes les droits dont il jouit, & fera un échange de la surabondance de ses productions avec les commodités des autres Peuples : tels furent les réfugiés de Sainte-Catherine.

Deux siècles perdus dans des essais, des expériences, des combinaisons, doivent avoir convaincu le ministére de France que la calamité qu'on déplore ne trouvera son terme que dans des réglemens clairs, simples, d'une exécution facile. Lorsque les créanciers pouront saisir sans délai, sans frais, sans formalités gênantes, toutes les propriétés de leur débiteur, alors seulement l'ordre s'établira. Les tempéramens qui pouvoient convenir au premier âge des Colonies, seroient de nos jours une foiblesse impardonnable. Jamais ces établissemens ne prospéreront convenablement que les moyens d'exploitation ne se multiplient, & ils ne se multiplieront que lorsque le créancier poura prendre une confiance entière en son débiteur. Renversez le système favorable à l'impéritie, à la témérité, à la mauvaise foi, bientôt tout changera de face. Le négociant de l'Europe, qui ne fait aujourd'hui qu'en tremblant de foibles avances au cultivateur de l'Amérique, ne verra pas un meilleur emploi de ses capitaux. Avec de plus grands secours, il se formera d'autres plantations Les anciennes acquéreront une valeur nouvelle.

Les Isles Françoises atteindront enfin au degré de fortune où la richesse de leur sol les appelle vainement depuis si long-temps. Si malgré les progrès des connoissances, la Cour de Versailles n'imaginoit pas une législation plus savante & plus parfaite que celle qui est établie dans les possessions Angloises & Hollandoises, il ne faudroit pas balancer à l'adopter. Déja ces trois Puissances ont d'autres traits de conformités dans leurs principes : elles ont également concentré les liaisons de leurs établissemens du Nouveau-Monde dans la métropole.

Tout respire l'opulence dans les établissemens Anglois des Indes Occidentales ; c'est que les actes d'une autorité arbitraire qui désolent tant d'autres contrées, n'y sont pas connus ; c'est que ces vils instrumens du fisc qui ruine le fonds pour rétablir la forme, ne s'y trouvent pas ; c'est que la culture du sucre y a été substituée aux productions de peu de valeur ; c'est que les plantations appartiennent généralement à des hommes riches ou à des associations puissantes qui ne laissent jamais manquer les moyens nécessaires pour la meilleure exploitation ; c'est que si des hasards malheureux réduisent un colon à faire des emprunts, il les obtient facilement & à bon marché, parce que ses possessions restent hypothéquées à son créancier, & que le paiement est assuré aux époques convenues ; c'est que ces Isles sont moins exposées au dégât & à l'invasion que les possessions des Puissances riches en productions & foibles en vaisseaux ; c'est que les événemens des guerres les plus opiniâtres & les plus meurtrières, n'empêchent jamais & ne retardent que rarement l'exportation de leurs denrées ; c'eſt que les ports Britanniques ouvrent toujours à leurs principales récoltes un débouché plus avantageux que les rivaux n'en peuvent eſpérer ailleurs, auſſi les marchandiſes ſe vendent-elles conſtamment à très-haut prix dans les Iſles Angloiſes. On voit un égal empreſſement parmi les Européens, parmi les Américains pour en acheter.

DES NEGRES ET DE L'ESCLAVAGE.

LE Président de Montesquieu fait honneur à la religion Chrétienne, de l'abolition de l'esclavage. Nous oserons n'être pas de son avis. C'est quand il y eut de l'industrie & des richesses dans le Peuple, que les Princes le comptèrent pour quelque chose. C'est quand les richesses du Peuple purent être utiles aux Rois contre les Barons, que les loix rendirent meilleure la condition du Peuple. Ce fut une saine politique que le commerce amène toujours, & non l'esprit de la religion Chrétienne, qui engagea les Rois à déclarer libres les esclaves de leurs vassaux; parce que ces esclaves; en cessant de l'être, devenoient des sujets. Il est vrai que le Pape Alexandre III, déclare que les chrétiens devoient être exempts de servitude : mais il ne fit cette déclaration que pour plaire aux Rois de France & d'Angleterre, qui vouloient abaisser leurs vassaux. S'il eût été inspiré par l'amour de la justice & de l'humanité, il n'eût pas dit que le Chrétien, mais il eût dit que l'homme n'étoit pas né pour la servitude; que l'esclave volontaire est un lâche; qu'aucun lien n'enchaîne licitement l'esclave involontaire; que celui qui ne peut le briser par sa force est innocent, s'il s'en délivre par la fuite; & que son prétendu maître est un assassin, s'il puni de mort une action autorisée par la nature. Mais la religion Chrétienne défend si peu la servitude, que l'Allemagne catholique, en Bohême, en Pologne, Pays très-catholiques, le Peuple est encore esclave ; & que les possessions ecclésiastiques y ont elles-mêmes des serfs, comme elles en avoient autrefois parmi nous, sans que l'Eglise le trouve mauvais.

Il y a des barbares qui regardent la pitié comme une foiblesse, & se plaisent à tenir la verge de la tyrannie toujours levée sur les négres. Graces au ciel ; ils en sont punis par la négligence, par l'infidélité, par la désertion, par les suicides des déplorables victimes de leur cupidité. On voit quelques-uns de ces infortunés, terminer fièrement, leur vie, avec la persuasion qu'après leur mort ils rénaîtront dans leur patrie, qu'ils croient le plus beau pays du Monde. L'esprit de vengeance fournit à d'autres des ressources plus destructives encore. Instruits dès l'enfance, dans l'art des poisons, qui naissent pour ainsi dire sous leurs mains, ils les emploient à faire périr les bœufs, les cheveaux, les mulets, les compagnons de leur esclavage, tous les êtres qui servent à l'exploitation des terres de leur oppresseur, pour écarter loin d'eux tous les soupçons, ils essaient leur cruauté sur leurs femmes, leurs enfans, leurs maîtresses, sur-tout ce qu'ils ont de plus cher. Et goûtent dans ce projet affreux de désespoir, le double plaisir de délivrer leur espèce d'un joug plus horrible que la mort, & de laisser leurs tyrans dans un état de misère qui le rapproche de leur état. La crainte des supplices ne les arrête point : il entre rarement dans leur caractère de prévoir l'avenir, & d'ailleurs ils sont bien assurés de tenir le secret de leur crime à l'épreuve des tortures. Par une de ces contrariétés inexplicables du cœur humain, mais communes aux Peuples éclairés & sauvages, on voit les nègres allier à leur poltronerie naturelle, une fermeté inébranlable. La même organisation qui les soumet à la servitude, par la paresse de l'esprit, & le relâchement des fibres, leur donne une vigueur, un courage inouis, pour un effort extraordinaire : lâches toute leur vie, héros dans un moment. On a vu l'un de ces malheureux se couper le poignet d'un coup de hache, plutôt que de racheter sa liberté par le vil ministère du boureau. Un autre avoit été mis légérement à la torture pour une faute de peu d'importance, dont même il n'étoit pas coupable ; son ressentiment le décide à se saisir de la famille entière de son oppresseur, & à la porter sur les toîts. Le tyran veut rentrer dans l'habitation, & est lancé à ses pieds le plus jeune de ses enfans. Il lève la tête & c'est pour voir tomber le second. A genoux & désespéré, il demande en tremblant la vie du troisieme. La chûte de ce dernier rejetton de son sang, accompagnée de celle du nègre, lui apprend qu'il n'est plus père, ni digne de l'être.

Cependant, rien n'est plus affreux que la condition du noir dans tout l'archipel Américain : on commence par le flétrir du sceau inneffaçable de l'esclavage, en imprimant avec un fer chaud sur ses bras ou sur ses mamelles, le nom ou la marque de son oppresseur. Une cabane étroite, mal-saine, sans commodités, lui sert de demeure, son lit est une claffe plus propre à briser le corps qu'à le reposer ; quelques pots de terre, quelques plats de bois, forment son ameublement. La toile grossière, qui cache une partie de sa nudité, ne le garantit ni des chaleurs insuportables du jour, ni des fraîcheurs dangereuses de la nuit. Ce qu'on lui donne de manioc, de bœuf salé, de morue, de fruits & de racines, ne soutient qu'à peine sa misérable existence. Privé de tout, il est condamné à un travail continuel, dans un climat brûlant, sous le fouet toujours agité d'un conducteur féroce.

L'état de ces esclaves, quoique par-tout déplorable, éprouve quelques variations dans les Colonies. Celles qui jouissent d'un sol étendu leur donne communément une portion de terre qui doit fournir à tous leurs besoins : ils peuvent employer à son exploitation une partie du Dimanche, & le peu de moment qu'ils dérobent les autres jours au temps de leur repas. Dans les Isles plus resserrées, le colon fournit lui-même la nourriture, dont la plus grande partie a passé les mers. L'ignorance, l'avarice ou la pauvreté, ont introduit dans quelques unes un moyen de pourvoir à la subsistance des nègres, également destructeur pour les hommes & pour la culture, on leur accorde le Samedi ou un autre jour pour gagner de quoi vivre pendant la semaine.

Outre ces différences, tirées de la situation locale des établissemens dans les Isles de l'Amérique, chaque Nation Européenne a une manière de traiter ses esclaves qui lui est propre. L'espagnol en fait les compagnons de son insolence ; le Portugais, les instrumens de ses débauches ; le Hollandois, les victimes de son avarice : aux yeux de l'Anglois ce sont des êtres purement physique, qu'il ne faut pas user ou détruire sans nécessité ; mais jamais il ne se familiarise avec eux, jamais il ne leur fourit, jamais il ne leur parle : on diroit qu'il craint de leur laisser soupçonner que la nature ait pu mettre entr'eux & lui quelque trait de ressemblance. Aussi en est-il haï. Le François moins fier, moins dédaigneux, accorde aux Africains une sorte de moralité; & ces malheureux, touchés de l'honneur de se voir traités comme des créatures presque intelligentes, paroissent oublier qu'un maître impatient de faire fortune, outre presque toujours la mesure de leurs travaux, & les laisse manquer souvent de subsistance.

Les opinions même des Européens influent sur le sorts des nègres de l'Amérique. Les protestans qui n'ont pas l'esprit de Prosélytisme, les laissent vivre dans le Mahométisme, ou dans l'idolâtrie où ils sont nés, sous prétexte qu'il seroit indigne de tenir *ses frères en Christ* dans la servitude. Les Catholiques se croient obligés de leur donner quelques instructions, de les baptiser : mais leur charité ne s'étend pas plus loin que les cérémonies d'un baptême, nul & vain pour des hommes qui ne craignent pas les peines d'un enfer, auquel ils sont disent-ils accoutumés dès cette vie.

L'histoire de tous les Peuples démontre que pour rendre l'esclavage utile, il faut du moins le rendre doux; que la force ne prévient point les révoltes de l'ame ; qu'il est de l'intérêt du maître, que l'esclave aime à vivre ; & qu'il n'en faut plus rien attendre, dès qu'il ne craint plus de mourir.

Ce trait de lumière puisé dans le sentiment, mèneroit à beaucoup de réformes. On se rendroit à la nécessité de vêtir, de loger, de nourrir convenablement des êtres condamnés à la plus pénible servitude qui ait existé depuis l'infame origine de l'esclavage. On sentiroit qu'il n'est pas dans la nature, que ceux qui ne recueillent aucun fruit de leurs sueurs, qui n'agissent que par des impulsions étrangères, puissent avoir la même intelligence, la même économie, la même activité, la même force, que l'homme qui jouit du produit entier de ses peines, qui ne suit d'autre direction que celle de sa volonté. Par dégré on arriveroit à cette modération politique, qui consiste à épargner les travaux, à mitiger les peines, à rendre à l'homme une partie de ses droits, pour en retirer plus sûrement le tribut des devoirs qu'on lui impose. Le résultat de cette sage économie seroit la conservation d'un grand nombre d'esclaves, que les maladies, causées par le chagrin ou l'ennui, enlèvent aux Colonies. Loin d'aggraver le joug qui les accable, on chercheroit à en adoucir, à en dissiper même l'idée, en favorisant un goût naturel qui semble particulier aux nègres.

Leurs organes sont singulièrement sensibles à la puissance de la musique. Leur oreille est si juste que, dans leurs danses, la mesure d'une chanson les fait sauter & retomber cent à la fois, frappant la terre d'un seul coup, suspendus, pour ainsi dire, à la voix du chanteur, à la corde d'un instrument : une vibration de l'air est l'ame de tous ces corps; un son les agite; les enlève & les précipite. Dans leurs travaux, les mouvemens de leurs bras ou de leurs pieds est toujours en cadence. Ils ne font rien qu'en chantant, rien

S

sans avoir l'air de danser. La musique, chez eux, anime le courage, éveille l'indolence ; on voit sur tous les muscles de leurs corps toujours nus, l'expression de cette extrême sensibilité pour l'harmonie. Poëtes & musiciens, ils subordonnent toujours la parole au chant, & ils se réservent d'alonger ou d'abréger les mots pour les appliquer à un air qui leur plaît. Un objet, un événement frappe un nègre, il en fait aussi-tôt le sujet d'une chanson. Ce fut dans tous les âges l'origine de la poésie. Trois ou quatre paroles qui se répètent altern vivement entre le chanteur & les assistans en chœur, forment quelquefois tout le poëme : cinq ou six mesures font toute l'étendue de la chanson. Ce qui paroît singulier, c'est que le même air, quoiqu'il ne soit qu'une répétition continuelle des mêmes tons, les occupe, les fait travailler ou danser pendant des heures entières : il n'entraîne pas pour eux, ni même pour les blancs, l'ennui que devroit causer l'uniformité de ces répétitions. Cette espèce d'intérêt est dû à la chaleur & à l'expression qu'ils mettent dans leurs chants. Leurs airs sont presque toujours à deux temps ; aucun n'excite la fierté. Ceux qui sont faits pour la tendresse, inspirent plutôt une sorte de langueur. Ceux même qui sont les plus gais, portent une certaine empreinte de mélancolie. C'est la manière la plus profonde de jouir pour les ames sensibles.

L'esclavage est l'état d'un homme, qui, par la force, ou des conventions, a perdu la propriété de sa personne, & dont un maître peut disposer comme de sa chose.

Les nègres sont bornés, parce que l'esclavage

brise tous les ressorts de l'ame. Ils sont méchans, mais pas assez avec nous. Ils sont fourbes, parce qu'on ne doit pas la vérité à ses tyrans. Ils reconnoissent la supériorité de notre esprit, parce que nous avons perpétué leur ignorance; la justice de notre empire, parce que nous avons abusé de leur foiblesse. Dans l'impossibilité de maintenir notre supériorité par la force, une criminelle politique s'est rejettée sur la ruse. Vous êtes presque parvenus à leur persuader qu'ils étoient une espèce singulière, née pour l'abjection & l'indépendance, pour le travail & le châtiment. Vous n'avez rien négligé pour dégrader ces malheureux, & vous leur reprochez ensuite d'être vils.

Mais ces nègres étoient nés esclaves. A qui, barbares, ferez-vous croire qu'un homme peut être la propriété d'un Souverain; un fils la propriété d'un père; une femme, la propriété d'un mari; un domestique, la propriété d'un maître; un nègre, la propriété d'un colon? Etre superbe & dédaigneux qui méconnois tes frères, ne verras-tu jamais que ce mépris réjaillit sur toi? Ah! si tu veux que ton orgueil soit noble, aies assez d'élévation pour le placer dans les rapports nécessaires avec ces malheureux que tu avilis.

Mais c'est le Gouvernement lui-même qui vend les esclaves.

D'où vient à l'Etat ce droit? Le Magistrat, quelqu'absolu qu'il soit, est-il propriétaire des sujets soumis à son empire? A-t-il d'autre autorité que celle qu'il tient du citoyen? Et jamais un Peuple a-t-il pu donner le privilège de disposer de sa liberté?

Mais l'esclave a voulu se vendre. S'il appartient à lui-même, il a le droit de disposer de lui. S'il est le maître de sa vie, pourquoi ne le seroit-il pas de sa liberté ? C'est à lui à se bien apprécier ; c'est à lui à stipuler ce qu'il croit valoir. Celui dont il aura reçu le prix convenu, l'aura légitimement acquis.

L'homme n'a pas le droit de se vendre, parce qu'il n'a pas celui d'accéder à tout ce qu'un maître injuste, violent, dépravé, pourroit exiger de lui. Il appartient à son premier maître, Dieu, dont il n'est jamais affranchi. Celui qui se vend fait avec son acquéreur un pacte illusoire : car il perd la valeur de lui-même. Au moment qu'il la touche, lui & son argent rentrent dans la possession de celui qui l'achète. Que possède celui qui a renoncé à toute possession ? Que peut avoir à soi celui qui s'est soumis à ne rien avoir ? Pas même de la vertu, pas même de l'honnêteté, pas même une volonté. Celui qui s'est réduit à la condition d'une arme meurtrière, est un fou & non pas un esclave. L'homme peut vendre sa vie comme le soldat ; mais il n'en peut consentir l'abus comme l'esclave ; & c'est la différence de ces deux états.

Pour renverser l'édifice de l'esclavage, étayé par des passions si universelles, par des loix si authentiques, par la rivalité des Nations si puissantes, par des préjugés plus puissans encore, à quel tribunal porterons-nous la cause de l'humanité, que tant d'hommes trahissent de concert ? Rois de la terre ! vous seuls pouvez faire cette révolution. Si vous ne vous jouez pas du reste des humains ; si vous ne regardez pas la puissance des Souverains comme le droit d'un brigandage heureux, & l'obéissance des sujets comme une surprise faite à l'ignorance, pensez à vos devoirs. Refusez le sceau de votre autorité au trafic infâme & criminel d'hommes convertis en vils troupeaux, & ce commerce disparoîtra. Réunissez une fois pour le bonheur du monde, vos forces & vos projets si souvent concertés pour sa ruine. Que si quelqu'un d'entre vous osoit fonder sur la générosité de tous les autres l'espérance de sa richesse & de sa grandeur, c'est un ennemi du genre-humain qu'il faut détruire. Portez chez lui le fer & le feu ; vos armées se rempliront du saint enthousiasme de l'humanité. Vous verrez alors quelle différence met la vertu entre des hommes que sécourent des opprimés, & des mercénaires qui servent des tyrans.

DES JUIFS.

Puisse ce Peuple (les Juifs) d'abord esclave, puis conquérant, & ensuite avili pendant vingt siècles, posséder un jour légitimement la Jamaïque, ou quelque autre Isle riche du Nouveau-Monde! Puisse-t-il y rassembler tous ses enfans, & les élever en paix dans la culture du commerce, à l'abri du fanatisme qui le rendit odieux à la terre, & de la persécution qui l'a trop rigoureusement puni de ses erreurs! Que les Juifs vivent enfin libres, tranquilles & heureux dans un coin de l'Univers, puisqu'ils sont nos frères par les liens de l'humanité, & nos pères par les dogmes de la religion!

DE L'EMPIRE DES GRECS.

L'Empire des Grecs avoit dû à ses armes, à des vertus & à des mœurs frugales, sa force & sa constitution ; mais tout ce qui conserve la prospérité lui manquoit. Corrompus par les richesses prodigieuses qu'un commerce exclusif leur assuroit, presque sans effort & sans vigilance, les Grecs s'abandonnèrent à cette vie oisive & molle qu'amène le luxe, aux frivoles jouissances des arts brillans & voluptueux, aux vaines discussions d'un jargon sophistique sur les matières de goût, de sentiment, & même de religion & de politique. Ils ne savoient que se laisser opprimer, & non se faire gouverner ; caresser tour-à-tour la tyrannie par une lâche adulation, ou l'irriter par une molle résistance. Quand les Empereurs eurent acheté ce Peuple, ils le vendirent à tous les monopoleurs qui voulurent s'enrichir des ruines de l'Etat. Le Gouvernement, toujours plutôt corrompu que les citoyens, laissa tomber sa marine, & ne compta plus pour sa défense, que sur les traités qu'il faisoit avec les étrangers, dont les vaisseaux remplissoient ses ports. Les Italiens s'étoient insensiblement emparés de la navigation de transport, que les Grecs avoient long-temps retenu dans leurs mains. Cette branche d'industrie plus active encore que lucrative, étoit doublement utile à une Nation commerçante, dont la principale richesse est celle qui entretient la vigueur par le travail. L'inaction précipita la perte de Constantinople, pressée, investie de tous les côtés par les conquêtes des Turcs.

Le Grec fut un Peuple frivole, plaisant, menteur & inégal ; le Grec fut le seul Peuple original qu'on ait vu & qu'on verra peut-être sur la terre.

DES ROMAINS.

Les Romains institués pour conquérir, n'ont pas avancé, comme les Grecs, la raison & l'industrie. Ils ont donné au Monde un grand spectacle : mais ils n'ont rien ajouté aux connoissances & aux arts des Grecs. C'est en attachant les Nations au même joug, & non les unissant par le commerce, qu'ils ont augmenté la communication des hommes. Ils ravagèrent le monde, & lorsqu'ils l'eurent soumis, le repos qu'ils lui donnèrent fut une léthargie. Leur despotisme, leur Gouvernement militaire opprimèrent les Peuples, éteignirent le génie, & dégradèrent l'espèce humaine.

Rome, dit-on, fut cimentée des débris échappés aux flames de Troie, ou ne fut qu'une caverne de bandits de la Grèce & de l'Italie ; mais de cette écume du genre-humain sortit un Peuple de héros, fléau de toutes les Nations, vautour de lui-même ; un Peuple plus étonnant qu'admirable, grand par ses qualités, digne d'exécration par l'usage, qu'il en fit aux temps de la république, le Peuple le plus lâche, le plus corrompu sous ses Empereurs, un Peuple dont un des hommes les plus vertueux de son siècle disoit : *si les Rois sont des bêtes féroces qui dévorent les Nations, quelle bête est-ce donc que le Peuple Romain qui dévore les Rois ?*

DE L'EUROPE.

L'EUROPE, cette partie du globe qui agit le plus sur toutes les autres, paroit avoir pris une assiette solide & durable. Ce sont des sociétés puissantes, éclairées, étendues, jalouses dans un dégré presqu'égal. Elles se presseront les unes les autres; & au milieu de cette fluctuation continuelle, les unes s'étendront, d'autres seront resserrées, & la balance penchera alternativement d'un côté & de l'autre, sans être jamais renversée. Le fanatisme de religion & l'esprit de conquête, ces deux causes perturbatrices du globe, ne sont plus ce qu'elles étoient. Le lévier sacré, dont l'extrémité est sur la terre, & le point d'appui dans le ciel, est rompu ou très-affoibli. Les Souverains commencent à s'appercevoir, non pour le bonheur de leurs Peuples, qui les touche peu, mais pour leur propre intérêt, que l'objet important est de réunir la sûreté & les richesses. On entretient de nombreuses armées, on fortifie les frontières & l'on commerce.

Il s'établit en Europe un esprit de troc & d'échanges, qui peut donner lieu à de vastes spéculations dans les têtes des particuliers : mais cet esprit est ami de la tranquillité & de la paix. Une guerre au milieu des Nations commerçantes, est un incendie qui les ravage toutes. Le temps n'est pas loin, où la sanction des Gouvernemens s'étendra aux engagemens particuliers des sujets d'un autre, & où ces banqueroutes, dont les contrecoups se font sentir à des distances immenses, deviendront des considérations d'Etat. Dans ces sociétés mercantilles la découverte d'une Isle, l'importation d'une nouvelle denrée, l'invention d'une machine, l'établissement d'un comptoir, l'invasion d'une branche de commerce, la construction d'un port, deviendront les transactions les plus importantes ; & les annales les Peuples demanderont à être écrites par des commerçans philosophes, comme elles l'étoient autrefois par des historiens orateurs.

DE L'ALLEMAGNE.

C'est à l'Allemagne que l'Europe doit les progrès de sa législation dans tous les Etats; des règles & des procédés dans la vengeance des Nations, une certaine équité dans l'abus de la force, la modération au sein de la victoire; un frein à l'ambition de tous les potentats; enfin de nouveaux obstacles à la guerre & de nouvelles facilités à la paix.

Rien ne contribue à la décadence de l'Empire autant que l'agrandissement demesuré de quelques-uns de ses membres. Ces Souverains, devenus trop puissans, détachent leur intérêt particulier de l'intérêt général. Cette désunion mutuelle des Etats fait que dans les dangers communs chaque Province reste abandonnée à elle-même : elle est obligée de plier sous la loi du plus fort, quel qu'il soit, & la constitution Allemande dégénérera infailliblement en esclavage ou en tyrannie.

DE LA POLOGNE.

Qu'est-ce qu'une constitution qui s'honore du nom de République & qui le profane ? Qu'est-elle autre chose qu'une ligue de petits Despotes contre le Peuple ? Là tout le monde a de la force pour empêcher & personne pour agir. Là le vœu de chacun peut s'opposer au vœu général, & là seulement un sot, un méchant, un insensé est sûr de prévaloir sur une Nation entière.

Dans cette Anarchie s'établit une lutte perpétuelle entre les Grands & le Monarque. Les premiers tourmentent le chef de l'Etat par leur avidité, leur ambition & leurs défiances; ils l'irritent contre la liberté, ils le réduisent à l'intrigue. De son côté le Prince divise pour commander, séduit pour se défendre, oppose la ruse à la ruse pour se maintenir. Les factions s'aigrissent, la discorde met par-tout le trouble, & les Provinces sont livrées au fer, au feu, à la dévastation. Si la confédération triomphe, celui qui devoit conduire la Nation est renversé du trône ou réduit à la plus honteuse dépendance; si elle succombe, le Souverain ne règne que sur des cadavres. Quoiqu'il arrive, le sort de la multitude n'éprouve aucune révolution heureuse : ceux de ces malheureux qui ont échappé à la famine & au carnage, continuent à porter les fers qui les écrasoient. Parcourez ces vastes régions, qu'y verrez-vous ? La dignité royale avec le nom de République, le faste du trône avec l'impuissance de se faire obéir. L'amour, outré de l'indépendance avec toutes les bassesses de la servitude; la liberté avec la cupidité, les loix avec l'Anarchie, le luxe le plus outré avec la plus grande indigence, un sol fertile avec des campagnes en friche, le goût pour tous les arts sans aucun art. Voilà les contrastes étonnans que vous offrira la Pologne. Vous la trouverez exposée à tous les périls; le plus foible de ses ennemis peut impunément & sans précaution entrer sur son territoire, y lever des contributions sans argent, sans Généraux, sans connoissance des principes militaires; quelle résistance pourroit-elle songer à faire? Avec une population suffisante, assez de génie & de ressources pour jouer un rôle, la Pologne est devenue l'opprobre & le jouet des Nations.

DE LA SUEDE.

Quelle sera la suite de la révolution arrivée en *Suède*! on l'ignore. Si le maître veut user des circonstances, jamais la Suède n'aura été gouvernée par un Despote plus absolu; s'il est sage, s'il conçoit que la Souveraineté illimitée ne peut avoir des sujets parce qu'elle ne peut avoir des propriétaires; qu'on ne commande qu'à ceux qui ont quelque chose, & que l'autorité cesse sur ceux qui ne possèdent rien, la Nation reprendra peut-être son premier esprit. Quels que soient son projet & son caractère, la Suède ne sera jamais plus malheureuse qu'elle ne l'étoit.

DE LA FRANCE ET DES FRANÇOIS.

Voyagez beaucoup, & vous ne trouverez pas un Peuple aussi doux, aussi affable, aussi franc, aussi poli, aussi spirituel, aussi galant que le François. Il l'est quelquefois trop : mais ce défaut est-il donc si grand ? Il s'affecte avec vivacité & promptitude, & quelquefois pour des choses très frivoles, tandis que des objets importans, ou le touchent peu, ou n'excitent que sa plaisanterie. Le ridicule est son arme favorite, & la plus redoutable pour les autres & pour lui-même. Il passe rapidement du plaisir à la peine & de la peine au plaisir. Le même bonheur le fatigue. Il n'éprouve guère de sensations profondes. Il s'engoue, mais il n'est ni fantasque, ni intolérant, ni enthousiaste. Il se soucie fort peu de la religion. Il respecte le sacerdoce sans l'estimer, ni le révérer. Il ne se mêle jamais d'affaires d'état que pour chansonner ou dire son épigramme sur les Ministres. Cette légèreté est la source d'une espèce d'égalité dont il n'existe aucune trace ailleurs ; elle met de temps-en-temps l'homme du commun qui a de l'esprit, au niveau du grand Seigneur. C'est en quelque sorte, un Peuple de femmes : car c'est parmi les femmes qu'on découvre, qu'on entend, qu'on apperçoit à côté de l'inconséquence, de la folie & du caprice, un mouvement, un mot, une action forte & sublime. il a le tact exquis, le goût très-fin ; ce qui tient au sentiment de l'honneur dont la nuance se répand

pand sur toutes les conditions & sur tous les objets ; il est brave. Il est plutôt indiscret que confiant, & plus libertin que voluptueux. La sociabilité qui le rassemble en cercles nombreux, & qui le promène en un jour en vingt cercles différens, use tout pour lui. En un clin-d'œil il voit ouvrages, nouvelles, modes, vices, vertus. Chaque semaine à son héros, en bien comme en mal. C'est la contrée où il est le plus facile de faire parler long-temps. Il aime les talens en tout genre ; & c'est moins par les récompenses du Gouvernement que par la considération populaire, qu'ils se soutiennent dans son pays. Il honore le génie ; il se familiarise trop aisément, ce qui n'est pas sans inconvénient pour lui-même, & pour ceux qui veulent se faire respecter. Le François est avec vous ce que vous desirez qu'il soit, mais il faut se tenir avec lui sur ses gardes. Il perfectionne tout ce que les autres inventent. Tels sont les traits dont il porte l'empreinte, plus ou moins marquée, dans les contrées qu'il visite plutôt pour satisfaire la curiosité que pour ajouter à son instruction. Aussi n'en rapporte-t-il que des prétentions. Il est plus fait pour l'amusement que pour l'amitié. Il a des connoissances sans nombre, & souvent il meurt seul. C'est l'être de la terre qui a le plus de jouissances & le moins de régrets. Comme il ne s'attache à rien fortement, il a bientôt oublié ce qu'il a perdu. Il possède supérieurement l'art de remplacer, & il est secondé dans cet art par tout ce qui l'environne. Si vous en exceptez cette prédilection offensante qu'il a pour sa Nation, & qu'il n'est pas en lui de dissimuler, il me semble que le jeune François gai, léger, plaisant & frivole, est l'homme aimable de sa Nation ; & que le François, mûr, instruit & sage, est l'homme aimable & estimable de tous les pays.

Les François, toujours imbus de cet esprit de chevalerie, qui a été si long-temps la brillante folie de toute l'Europe, regardent leur sang comme payé, lorsqu'il a reculé les frontières de leur patrie, c'est-à-dire lors qu'ils ont mis leur Prince dans la nécessité de les gouverner plus mal ; & ils croient leur honneur perdu, si leurs possessions sont restées ce qu'elles étoient. Cette fureur des conquêtes, qu'il faut pardonner à des temps barbares, mais dont les siècles éclairés ne devroient pas avoir à rougir, fit reprouver le traité d'Aix-la-Chapelle, qui restituoit à l'Autriche tout ce qu'on lui avoit pris. La Nation, trop frivole, trop légère pour être politique, ne voulut pas voir qu'en formant en Italie un établissement, quel qu'il fût, à l'Infant Dom Philippe, on s'assuroit de l'alliance de l'Espagne, à qui on donnoit de grands intérêts à discuter avec la Cour de Vienne ; qu'en garantissant au Roi de Prusse la Silésie, on établissoit en Allemagne deux Puissances rivales, fruit précieux de deux siècles de méditation & de travaux ; qu'en rendant Fribourg & les places de Flandre détruites, on se procuroit des conquêtes aisées, si les fureurs de la guerre commençoient, & la facilité les diminuer de cinquante mille hommes les troupes de terre, économie qui pouvoit & devoit être portée à la marine.

On dit même alors en Angleterre, que les François avoient trouvé l'art de faire toucher les extrêmes ; qu'ils réunissoient des vertus & des vices, des traits de foiblesse & de force qui avoient toujours été jugés incompatibles; qu'ils étoient efféminés, mais braves; également amoureux du plaisir & de l'honneur, sérieux dans la bagatelle & enjoués dans les choses graves, toujours prêts à la guerre & prompts à l'attaque; en un mot, des enfans comme les Athéniens, se laissant agiter & passionner pour des intérêts vrais ou faux, aimant à entreprendre & à marcher, quels que soient leurs guides, & se consolant de toutes leurs disgraces par le moindre succès.

Comment ce Peuple frivole perdroit-il dans ces contrées éloignées, le ton de plaisanterie qu'il garde dans son pays, au milieu des plus grandes calamités? Il n'est point cruel, mais une gaieté indigène le suit sous des tentes au milieu des camps, sur un champ de bataille, sur un matelas d'hôpital, où on l'a déposé couvert de blessures dont il expirera dans un moment; elle lui suggère un mot bisarre qui fait sourire ses camarades, aussi maltraités que lui; & la disparate du caractère avec les circonstances se manifeste de la même manière dans tous les François, & dans quelques originaux, chez tous les Peuples de la terre.

Les guerres civiles qui mènent les Peuples libres à l'esclavage & les Peuples esclaves à la liberté, n'ont fait en France qu'abaisser les Grands sans relever le Peuple. Les Ministres qui seront toujours les hommes du Prince, tant que la Nation n'influera pas dans le Gouvernement, ont tous vendu leurs concitoyens à leur maître, & comme le Peuple qui n'avoit rien, ne pouvoit rien perdre à cet asservissement, les Rois y ont trouvé d'autant plus de facilité qu'il a toujours été coloré d'un prétexte de police ou même de soulagement. L'antipathie que produit une excessive inégalité des conditions & des fortunes, a favorisé tous les projets qui devoient agrandir l'autorité royale. Les Princes ont eu la politique d'occuper la Nation, tantôt de guerres au-dehors, tantôt de disputes religieuses au-dedans; de laisser diviser les esprits par les opinions, & les cœurs par les intérêts, de semer & d'entretenir des rivalités entre les divers ordres de l'Etat, de caresser tour-à-tour chaque ambition par une apparence de faveur, & de consoler l'envie naturelle du Peuple par l'humiliation de toutes. La multitude pauvre, dédaignée, en voyant successivement abattre tous les corps puissans, a du moins aimé dans le Monarque l'ennemi de ses ennemis.

L'inconséquence naturelle à l'esprit d'une Nation gaie & vive comme les enfans, a heureusement prévalu sur les systêmes de quelques Ministres Despotes. Les Rois ont trop aimé les plaisirs & en ont trop bien connu la source, pour ne pas déposer souvent ce sceptre de fer qui auroit effrayé la société & dissipé les frivoles amusemens dont ils étoient idolâtres.

Ce sont les François qui savent souffrir avec une patience infinie, les plus longues & les plus cruelles vexations, & montrent les plus sincères, les plus éclatans transports de la reconnoissance au moindre signe de la clémence de leur Souverain. Ils l'aiment, ils le chérissent; il ne tient qu'à lui d'en être adoré. Le Souverain qu'ils mépriseroient seroit le plus méprisable des hommes; le Souverain qu'ils haïroient seroit le plus méchant des Souverains. Malgré tous les efforts que l'on a fait, pendant des siècles pour éteindre dans nos ames le sentiment patriotique, il n'existe peut-être chez aucune Nation plus vif & plus énergique. J'en atteste notre allegresse dans les événemens glorieux, qui ne soulageront point notre misère. Que ne ferions-nous point, si la félicité publique devoit succèder à la gloire de nos armes.

Enfin si l'on considère l'esprit de la Nation Françoise, opposé à celui de la Nation qu'elle combat, on verra que l'ardeur du François est peut-être également prompte à s'allumer & à s'éteindre ; qu'il espère tout lorsqu'il commence, qu'il désespère de tout lorsqu'il est arrêté par un obstacle ; que par son caractère, il a besoin de l'enthousiasme des succès pour obtenir des succès nouveaux : que l'Anglois, au contraire, moins présomptueux d'abord, malgré sa hardiesse naturelle, sait, quand il le faut, s'affermir par la disgrace. Semblable à ce chêne robuste auquel Horace compare les Romains, qui, frappé par la hache & mutilé par le fer, renaît sous les coups qu'on lui porte, & tire une vigueur nouvelle de ses blessures mêmes.

Que n'eût pas fait le génie en France, sous la seule influence des loix, s'il osa de si grandes choses sous l'empire du plus absolu des Rois? En voyant ce que le patriotisme a donné d'énergie aux Anglois malgré l'inactivité du climat, jugez de ce qu'il auroit produit chez les François où le ciel le plus doux invite un Peuple vif & sensible à créer & à jouir ? Un pays où l'on trouve comme autrefois en Grèce des esprits ardens & propres à l'invention ; sous un ciel qui les échauffe de ses plus beaux rayons ; des bras nerveux sous un climat où le fond même excite au travail, des Provinces tempérées entre le Nord & le Midi, des ports de Mer secondés par des fleuves navigables, de vastes plaines abondantes en grains, des côteaux chargés de pampres & de fruits de toutes les espèces : des salines qu'on peut multiplier à son gré, des prairies couvertes de chevaux, des montagnes où croissent les plus beaux arbres, par-tout une terre peuplée d'hommes laborieux, les premières ressources pour la subsistance ; les matières communes des arts & les superfluités du luxe : en un mot le commerce d'Athènes, l'industrie de Corinthe, les soldats de Sparte & les troupeaux d'Arcadie. Avec tous ces avantages de la Grèce, la France auroit porté les beaux arts aussi-loin que cette mère du génie, si elle avoit eu les mêmes loix, le même exercice de la raison & de la liberté, créatrices des grands hommes, souveraines des grands Peuples.

Beaucoup de maladies ne sont dans l'état & dans l'animal que des espèces de rémèdes qui dissipent les humeurs vicieuses, & restituent une vigueur nouvelle à un tempéramment robuste. Les indispositions funestes à l'un & à l'autre, ce sont celles qui, étant lentes, les tiennent dans un malaise habituel, & les conduisent imperceptiblement au tombeau. Mais après que celles qui sont vives ont causé une crise violente, le délire cesse, la foiblesse se passe, & il s'établit avec le recouvrement de la force un mouvement uniforme & régulier qui promet à la machine une longue durée. Ainsi la guerre semble renforcer & soutenir le caractère National, chez plusieurs Peuples de l'Europe, que la prospérité du commerce & la jouissance du luxe, pourroient énerver & corrompre. Les pertes énormes qui suivent presque également la victoire & les défaites, laissent place à l'industrie & raniment le travail. Les Nations refleurissent pourvû que le Gouvernement veuille seconder leur pente, plutôt que diriger leur marche. Ce principe est sur-tout applicable à la France, qui ne demande pour prospérer qu'un champ ouvert à l'activité de ses habitans. Partout où la nature leur laisse une libre carrière, ils réussissent à lui donner son effort.

DE L'ANGLETERRE ET DES ANGLOIS.

LES Anglois, plus portés à s'affliger de la prospérité d'autrui qu'à jouir de la leur, ne veulent pas seulement être riches : ils veulent être les seuls riches. Leur ambition est d'acquérir comme celle de Rome étoit de commander. Ils ne cherchent pas proprement à étendre leur domination, mais leurs colonies. Toutes leurs guerres ont pour but leur commerce ; & le desir de le rendre exclusif, leur a fait faire de grandes choses & de grandes injustices. Les Nations ne se lasseront-elles jamais de cette espèce de tyrannie qui les brave & les avilit ? Resteront-elles éternellement dans cet état de foiblesse qui les contraint à supporter un despotisme qu'elles ne demanderoient pas mieux que d'anéantir ? Si jamais il se formoit une alliance entr'elles, comment une seule Nation pourroit-elle résister, à moins d'une faveur constante du destin, sur laquelle il seroit imprudent de compter ? Qui est-ce qui a promis aux Anglois une prospérité continue ? Quand elle leur seroit assurée, ne seroit-elle pas trop payée, par la perte d'une tranquilité dont-ils ne jouiront jamais, & trop punie par les larmes d'une jalousie qui tiendroit leurs yeux inquiets perpétuellement ouverts sur les mouvemens les plus légers des autres puissances ? Est-il bien glorieux, est-il bien doux, est-il bien avantageux & bien sûr à un Peuple de regner au milieu des autres Peuples, comme un sultan au milieu de ses esclaves ? Un accroissement dangereux de la haine au dehors, est-il suffisamment compensé par le corrupteur accroissement de l'opulence au dedans ? Anglois ! l'avidité n'a point de terme, & la patience à la sien presque toujours funeste à celui qui la pousse à bout : mais la passion du commerce est si forte en vous, qu'elle a subjugé jusqu'à vos philosophes. Le célèbre Bayle disoit *qu'il étoit bon de prêcher l'Evangile aux sauvages ; parce que, dût-on ne leur apprendre qu'autant de Christianisme qu'il leur en faut pour marcher habillés, ce seroit un grand bien pour les manufactures Angloises.*

La dissipation, le plaisir, le désœuvrement, souvent le crime & la corruption des mœurs forment des liaisons vives & fréquentes dans la plupart des Etats de l'Europe. Les Anglois se communiquent moins, vivent moins ensemble, ont moins, si l'on veut, le goût de la société que les autres Peuples ; mais l'idée d'un point utile à leur pays les rassemble. Ils n'ont alors qu'une ame. Toutes les conditions, toutes les parties, toutes les sectes concourent à son succès, avec une générosité qui n'a point d'exemple dans les contrées où l'on n'a point de patrie à soi. En effet, pourquoi s'occuperoit-on de la gloire d'une Nation, lors qu'on ne peut se promettre de ses sacrifices qu'un accroissement de misère ? Lorsque les victoires & les défaites sont également funestes ; les victoires par des impôts qui les préparent, les défaites par des impôts qui les reparent. Sans un reste d'honneur qui subsiste au fonds des ames, malgré tous les efforts qu'on emploie pour l'étouffer, & qui montre que sous les vexations de toute espèce, le Peuple ne perd pas toute sensibilité à l'avilissement national, il s'aigriroit également des succès & des revers. Que le Souverain soit victorieux ou vaincu; qu'il acquierre ou qu'il perde une Province; que le commerce tombe ou prospère, en sera-t-il traité avec moins de dureté?

L'ardeur des Anglois est sur-tout remarquable, lorsque la Nation a une confiance entière dans le Ministre qui est à la tête des affaires.

Le génie Anglois va lentement dans les sièges: il marche toujours en règle. Rien ne le détourne d'achever les ouvrages d'où dépend la sûreté des assaillans. La vie du soldat lui est plus précieuse que le temps. Peut-être cette maxime si sensée en elle-même, n'est-elle pas bien appliquée dans le climat dévorant de l'Amérique: mais c'est la maxime d'un Peuple chez lequel le soldat est un homme au service de l'Etat, & non pas un mercénaire aux gages du Prince.

L'Angleterre est dans l'histoire moderne, la contrée des grands phénomènes politiques. C'est-là qu'on a vu la liberté le plus violemment aux prises avec le despotisme, tantôt foulée sous ses pieds, & tantôt l'écrasant à son tour. C'est-là qu'elle a fini par triompher, & que, jusqu'au fanatisme de religion, tout a concouru à son triomphe. C'est-là qu'un Roi, traîné juridiquement sur l'échaffaud, & qu'un autre, déposé avec toute sa race par un arrêt de la Nation, ont donné une grande leçon à la terre. C'est-là qu'au milieu des convulsions civiles, & dans les intervalles d'un calme momentané, on a vu les sciences exactes & profondes, portées le plus au loin, & les esprits s'accoutumer à raisonner, à réfléchir, à s'occuper sur-tout du Gouvernement.

C'est-là enfin qu'après de longues & violentes fécouffes, s'est formée cette conftitution, finon parfaite, finon exempte d'inconvéniens, du moins la plus heureufement affortie à la fituation du pays ; la plus favorable à fon commerce, la plus propre à développer le génie, l'éloquence, toutes les facultés de l'efprit humain ; la feule, peut-être, où, depuis que l'homme vit en fociété, les loix lui aient affuré fa dignité, fa liberté de penfer ; où elles l'aient fait, en un mot, citoyen, c'est-à-dire, partie conftituante & intégrante de l'Etat & de la Nation.

Le Gouvernement, placé entre la Monarchie abfolue, qui eft une tyrannie, & la démocratie qui penche à l'anarchie, & l'ariftocratie qui, flottant de l'une à l'autre, tombe dans les écueils de toutes les deux : le Gouvernement mixte des Anglois faififfant les avantages de ces trois pouvoirs, qui s'obfervent, fe tempèrent, s'entraident & fe répriment, va de lui-même au bien national par leur action & leur réaction, fes différens refforts formant un équilibre d'où naît la liberté. Cette conftitution, qui fans exemple, dans l'antiquité devroit fervir de modèle à tous les peuples, auxquels leur pofition géographique la permettroit, durera long-temps ; parce qu'à fon origine, ouvrage des troubles, des mœurs & des opinions paffagères, elle eft devenue celui de la raifon & de l'expérience.

Un plus grand appui encore pour la liberté Angloife, c'est le partage du pouvoir légiflatif. Par-tout où le Monarque n'a befoin que de fa volonté pour établir des loix, que de fa volonté pour les abolir, il n'y a point de Gouvernement, le Prince est Despote & le Peuple esclave.

En Angleterre, la marche intérieure, la marche extérieure du Gouvernement sont à découvert. Tout y est exposé au grand jour. Qu'il est noble & sûr d'admettre l'Univers à ses délibérations ! Qu'il est honnête & utile d'y admettre tous les citoyens ! Jamais on n'a dit à l'Europe d'une manière plus énergique : *nous ne te craignons pas*. Jamais avec plus de confiance & de justice on n'a dit à sa Nation : *jugez-nous, & voyez si nous sommes de fidèles dépositaires de vos intérêts, de notre gloire & de votre bonheur*. L'Empire est assez fortement constitué pour résister aux sécousses inséparables de cet usage, & pour donner cet avantage à des voisins peu favorablement disposés.

Les Anglois qui ont tant d'impétuosité dans leurs factions, portent par-tout ailleurs un caractère froid & calme ; il leur faut des passions violentes pour les agiter. Quand ce ressort leur manque, ils calculent tous leurs mouvemens. Alors ils se gouvernent par la trempe de leur esprit, qui en général, si on excepte les arts de l'imagination & du goût, est par-tout ailleurs méthodique & sage. A la guerre leur valeur ne perd jamais les principes, & accorde peu au hasard. Rarement laissent-ils sur leurs flancs ou derrière eux, quelque chose qui puisse leur donner de l'inquiétude.

Loin, & à jamais loin de nous, toute idée qui tendroit à rallumer les flambeaux de la discorde. Que plutôt la voix de la philosophie & de la raison se fasse entendre des maîtres du monde ! Puiſſent tous les Souverains, après tant de ſiècles d'erreur, préférer la vertueuſe gloire de faire un petit nombre d'heureux, à l'ambition frénétique de dominer ſur des régions dévaſtées & des cœurs ulcérés ! Puiſſent tous les hommes, devenus frères, s'accoutumer à regarder l'Univers comme une ſeule famille raſſemblée ſous les yeux d'un Père commun ! Mais ces vœux de toutes les ames éclairées & ſenſibles, paroîtront des rêves dignes de pitié, aux Miniſtres ambitieux qui tiennent les rênes des Empires. Leur inquiette activité continuera à faire répandre des torrens de ſang.

Ce feront de miſérables intérêts de commerce, qui mettront de nouveau les armes à la main des François & des Anglois. Quoique la grande Bretagne, dans la plupart des guerres, ait pour but principal de détruire l'induſtrie de ſes voiſins, & que la ſupériorité de ſes forces navales nourriſſe cette eſpérance tant de fois trompée, on peut prédire qu'elle chercheroit à éloigner les foudres & les ravages des mers d'Aſie, où elle auroit ſi peu à gagner, & tant à perdre. Cette Puiſſance n'ignore pas les vœux ſecrets qui ſe forment de toutes parts pour le renverſement d'un édifice qui offuſque tous les autres de ſon ombre. Le Souba du Bengale eſt dans un déſeſpoir ſecret de n'avoir pas même une apparence d'autorité. Celui du Décan ne ſe déſole pas moins de voir tout ſon commerce dans la dépendance d'une Nation étrangère. Le Nabab d'Arcate n'eſt occupé qu'à diſſiper les finances de ſes tyrans. Les Marattes s'indignent de trouver par-tout des obſtacles à leurs rapines. Toutes les Puiſſances de ces contrées ou portent des fers, ou se croient à la veille d'en recevoir. L'Angleterre voudroit-elle que les François devinssent le centre de tant de haines, & se missent à la tête d'une ligue universelle ? Ne peut-on pas prédire au contraire, qu'une exacte neutralité pour l'Inde seroit le parti qui lui conviendroit le mieux, & qu'elle embrasseroit avec le plus de joie ?

Il n'y a pas une seule Nation qui ne soit jalouse de la prospérité d'une autre Nation ; pourquoi faut-il que cette jalousie se perpétue, malgré l'expérience de ses funestes suites ?

Il n'y a qu'un moyen légitime de l'emporter sur ses concurrens : c'est la douceur dans le régime, la fidélité dans les engagemens, la qualité supérieure dans les marchandises, & la modération dans le gain. A quoi bon en employer d'autres qui nuisent plus à la longue qu'ils ne servent dans le moment ?

Que le commerçant soit humain, qu'il soit juste, & s'il a des possessions, qu'elles ne soient pas usurpées. L'usurpation ne se concilie pas avec une jouissance tranquille.

User de politique ou tromper adroitement, c'est la même chose. Qu'en résulte-t-il ? une méfiance qui naît au moment où la duplicité se manifeste, & qui ne finit plus.

Dans les autres Gouvernemens, les fautes des Ministres ne sont que leurs fautes, ou celles des Roi qui les en punissent. En Angleterre, les fautes du Gouvernement sont presque toujours celles de la Nation, qui veut qu'on suive ses volontés, ne fussent-elles que ses caprices.

La plaie se referme bientôt, lorsque la constitution n'est pas altérée.

Londres est le plus beau port de l'Angleterre. Londres construit des vaisseaux & fabrique des marchandises; Londres fournit des matelots à la navigation & des bras au commerce; Londres est dans une Province tempérée, féconde & centrale. Tout peut y arriver, tout peut en sortir; elle est vraiment le cœur du corps politique par sa situation locale. Cette cité n'est pas remplie de superbes oisifs, qui ne font qu'embarrasser & surcharger un Peuple laborieux. C'est le siège de la Nation assemblée. Là le Palais du Prince n'est ni vaste, ni vuide. Il y règne par sa présence, qui vivifie tout. Le sénat y dicte des loix au gré du Peuple qu'il représente. Il n'y craint pas l'aspect du Monarque, ni les attentats du ministère. Londres n'est point parvenue à sa grandeur par l'influence du Gouvernement, qui force & subordonne toutes les causes physiques: mais par l'impulsion naturelle des hommes & des choses, par une sorte d'attraction de commerce. C'est la mer, c'est l'Angleterre, c'est le monde entier, qui veulent que Londres soit riche & peuplée.

DE LA HOLLANDE ET DES HOLLANDOIS.

LA république de Hollande offre en naissant un grand spectacle aux Nations, & doit rester un puissant objet d'intérêt pour nous, & de curiosité pour notre postérité la plus réculée.

On ne vit pas pourtant durant cette guerre (aux Indes) dans les Hollandois, cette témérité brillante, cette intrépidité inébranlable, qui avoit signalé les entreprises des Portugais : mais on leur vit une suite, une persévérence immuable dans leurs desseins. Souvent battus, jamais découragés, ils revenoient faire de nouvelles tentatives, avec de nouvelles forces & des mesures plus sages. Ils ne s'exposoient jamais à une défaite entière, si, dans un combat, ils avoient plusieurs vaisseaux maltraités, ils se retiroient ; & comme ils ne pouvoient jamais se résoudre à perdre de vue leur commerce, la flotte vaincue, en se réparant chez quelques Princes de l'Inde, y achetoit des marchandises, & retournoit en Hollande. Elle y portoit à la compagnie de nouveaux fonds, qui étoient employés à de nouvelles entreprises. Les Hollandois ne faisoient pas toujours de grandes choses ; mais ils n'en faisoient pas d'inutiles. Il n'avoient pas cette fierté, cette vaine gloire des Portugais, qui avoient fait plus de guerres peut-être pour s'illustrer que pour s'aggrandir.

Pour le commerce, il faut la tranquillité au dedans, la paix au-dehors. Aucune Nation excepté les Suisses, ne cherchera plus que la Hol-
land

lande à se maintenir en bonne intelligence avec ses voisins ; & plus que les Suisses elle cherchera à maintenir ses voisins en paix.

La République s'étoit proposée de maintenir l'union entre les citoyens, par de très-belles loix qui indiquassent à chaque corps ses devoirs, par une administration prompte & désintéressée de la justice, par des réglemens admirables pour les négocians ; elle sentit la nécessité de la bonne foi : elle en montra dans ses traités, & elle chercha à la faire règner entre les particuliers.

Enfin nous ne voyons en Europe aucune Nation qui eût mieux combiné ce que sa situation, ses forces, sa population lui permettoient d'entreprendre, & qui eût mieux connu ou suivi les moyens d'augmenter sa population & ses forces. Nous n'en voyons aucune, dont l'objet étant le commerce & la liberté, qui s'appellent, s'allient, & se soutiennent, se soit mieux conduite pour conserver l'un & l'autre.

Hommes indignes du Gouvernement où vous vivez, frémissez du moins des dangers qui vous environnent ! avec l'ame des esclaves, on n'est pas loin de la servitude. Le feu sacré de la liberté ne peut être entretenu que par des mains pures. Vous n'êtes pas dans ces temps d'anarchie où tous les Souverains de l'Europe, également contrariés par la noblesse de leurs Etats, ne pouvoient mettre dans leurs opérations ni secret, ni union, ni célérité ; où l'équilibre des puissances ne pouvoit-être que l'effet de leur foiblesse mutuelle. Aujourd'hui l'autorité, devenue plus indépendante, assure aux Monarchies des avantages dont un Etat libre ne jouira jamais. Que peuvent opposer des républicains à cette supériorité redoutable ? Des vertus ; & vous n'en avez plus. La corruption de vos mœurs & de vos Magistrats, enhardit par-tout les calomniateurs de la liberté ; & votre exemple funeste resserre peut-être les chaînes des autres Nations. Que voulez-vous que nous répondions à ces hommes, qui, par préjugé d'éducation ou par mauvaise foi, nous disent tous les jours : le voilà ce Gouvernement que vous exaltiez si fort dans vos écrits ; voilà les suites heureuses de ce système de liberté qui vous est si cher. Aux vices que vous reprochiez au despotisme, ils ont ajouté un vice qui les surpasse tous, l'impuissance de réprimer le mal. Que répondre à cette satyre amère de la démocratie ?

Industrieux Bataves, autrefois si pauvres, si braves & si redoutés, aujourd'hui si opulens & si foibles, craignez de retomber sous le joug d'un pouvoir arbitraire que vous avez brisés & qui vous menace encore. Ce n'est pas moi qui vous le dis ; ce sont vos généreux ancêtres qui vous crient du fond de leurs tombeaux.

DES ESPAGNOLS.

Jamais peut-être aucune Nation ne fut idolâtre de ses préjugés au point que le sont les Espagnols. Ces préjugés sont le fond de toutes leurs pensées, ils influent sur leurs jugemens, forment leur caractère. Ils n'employent le génie ardent & vigoureux, que leur donne la nature, qu'à inventer une foule de sophismes, pour s'affermir dans leurs erreurs. Jamais la déraison n'a été plus dogmatique, plus décidée, plus ferme & plus subtile. Ils sont attachés à leurs usages comme à leurs préjugés. Ils ne connoissent qu'eux dans l'univers de sensés, d'éclairés, de vertueux.

L'Espagnol fut despote & cruel; ses succès sont flétris par l'injustice de ses projets. C'est un assassin couvert de sang innocent : mais ses vices sont de son temps & de sa Nation, & ses vertus sont à lui. Placez cet homme chez les Peuples anciens; donnez-lui une autre patrie, une autre religion, une autre éducation, un autre esprit, d'autres mœurs; mettez-le à la tête de la flotte qui s'avança contre Xercès; comptez-le parmi les Spartiates qui se présentèrent au détroit des Thermopiles, ou supposez-le parmi ces généreux Bataves, qui s'affranchirent de la tyrannie de ses compatriotes, & l'Espagnol sera un grand homme. Ses qualités seront héroïques, sa mémoire sera sans reproche. César, né dans le quinzieme siècle & Général du Mexique, eût été plus méchant que l'Espagnol. Pour excuser les fautes qui lui ont été reprochées, il faut se demander à soi-même ce qu'on peut attendre de mieux d'un homme qui fait les premiers pas dans des régions inconnues, & qui est pressé de pourvoir à sa sûreté. Il seroit bien injuste de le confondre avec le fondateur paisible qui connoît la contrée & qui dispose à son gré des moyens, de l'espace & du temps.

Le sort des Espagnols, dans tous les pays du monde, est d'être un sang mêlé ; celui des Maures coule encore dans leurs veines en Europe, & celui des sauvages dans l'autre hémisphère. Peut-être même ne perdent-ils pas à ce mélange, s'il est vrai que les hommes gagnent, comme les animaux à croiser leurs races. Et plût au ciel qu'elles se fussent déja toutes confondues en une seule qui ne conservât aucun de ces germes d'antipathie nationale, qui éternisent les guerres & toutes les passions destructives! Mais la discorde semble naître d'elle-même entre des frères. Comment espérer que le genre-humain devienne jamais une famille, dont les enfans suçant à-peu-près le même lait, ne respirent plus la soif du sang ? Elle s'engendre cette cruelle soif, elle croît & se perpétue avec la soif de l'or.

L'Espagnol, né avec l'esprit de méditation, avec une sagacité ardente, pouvoit découvrir des vérités importantes à sa prospérité. Ce génie se porta & se fixa malheureusement sur des contemplations qui ne pouvoient que l'égarer davantage.

Il nous est doux de pouvoir penser, de pouvoir écrire que la condition de l'Espagne devient tous les jours meilleure. La noblesse n'affecte plus ces airs d'indépendance qui embarrassoient quelquefois le Gouvernement. On a vu arriver des hommes nouveaux, mais habiles au maniment des affaires publiques, lesquelles furent trop long-temps l'apanage de la naissance seule. Les campagnes, mieux peuplées & mieux cultivées, offrent moins de ronces & plus de récoltes. Il sort des ateliers de Grenade, de Malaga, de Séville, de Piégo, de Tolède, de Talavera, & sur-tout de Valence, des soieries qui ont de la réputation & qui la méritent. Ceux de Saint-Ildephonce donnent de très-belles glaces; ceux de Guadalaxara & d'Escaray, des draps fins & des écarlates; ceux de Madrid des chapeaux, des rubans, des tapisseries, de la porcelaine. La Catalogne seule est couverte de manufactures d'armes & de quinquaillerie, de bas & de mouchoirs de soie, de toiles peintes, de coton, de lainages, de galons & de dentelles. Les communications des Provinces à la capitale commencent à s'ouvrir, & ces magnifiques voies sont plantées d'arbres utiles ou agréables. On creuse des canaux d'arrosement ou de navigation, dont le projet, conçu par des étrangers, avoit si long-temps révolté l'orgueil du ministère & celui du Peuple. D'excellentes fabriques de papiers, des Imprimeries de très-bon goût, des sociétés consacrées aux beaux arts, aux arts utiles & aux sciences, étoufferont tôt ou tard les préjugés & l'ignorance. Ces sages établissemens seront secondés par les jeunes gens que le ministère fait instruire dans des contrées dont les connoissances ont étendu la gloire ou les prospérités. Le vice des tributs, si difficile à corriger, a déja subi des réformes très-avantageuses. Le revenu national, anciennement si borné, s'est élevé, dit-on, à

1,404,000, livres. Si le cadastre, dont la confection occupe la Cour de Madrid depuis 1749, est fait sur de bons principes, & qu'il soit exécuté, le fisc verra encore croître ses ressources, & les contribuables seront soulagés.

L'indolence de l'Espagnol n'est pas aussi naturelle qu'on le pense. Pour peu qu'on veuille remonter au temps où ce préjugé défavorable s'établissoit, on verra que cet engourdissement ne s'étendoit pas à tout; & que si l'Espagne étoit dans l'inaction au-dedans, elle portoit son inquiétude chez les voisins, dont elle troubloit sans cesse la tranquillité. Son oisiveté ne vient en partie que d'un fol orgueil. Parce que la noblesse ne faisoit rien, on a cru qu'il n'y avoit rien de si noble que de ne rien faire. Le Peuple entier a voulu jouir de cette prérogative; & l'Espagnol décharné, demi-nu, nonchalamment assis à terre, regarde avec pitié ses voisins, qui, bien nourris, bien vêtus, travaillent & rient de sa folie. L'un méprise par orgueil ce que les autres recherchent par vanité, les commodités de la vie. Le climat avoit rendu l'Espagnol sobre, & il l'est encore devenu par indigence. L'esprit monacal qui le gouverne depuis long-temps, lui fait une vertu de cette même pauvreté qu'il doit à ses vices: comme il n'a rien, il ne desire rien; mais il méprise encore moins les richesses qu'il ne hait le travail.

De son ancien caractère il n'est resté à ce Peuple, pauvre & superbe, qu'un penchant démesuré pour tout ce qui a l'air de l'élévation. Il lui faut de grandes chimères, une immense perspective de gloire. La satisfaction qu'il a de ne plus relever que du trône depuis l'abaissement des Grands, lui fait recevoir tout ce qui vient de la Cour avec respect & avec confiance. Qu'on dirige à son honneur ce puissant ressort; qu'on recherche les moyens, plus aisés qu'on ne croit, de lui faire trouver le travail honorable; & l'on verra la Nation redevenir ce qu'elle étoit avant la découverte du Nouveau-Monde, dans ces temps brillans, où, sans secours étrangers, elle menaçoit la liberté de l'Europe.

Les Espagnols n'eurent jamais ni la délicatesse du goût, ni la sensibilité, ni la grace, qui furent le partage des Grecs : mais la nature les dédommagea par une fierté de caractère, une élévation d'ame, une imagination aussi féconde & plus ardente qu'elle ne l'avoit accordé à aucune autre Nation.

DE MAHOMET ET DES TURCS.

Celui qui perfectionnera le Turc dans l'art militaire, sera l'ennemi commun de toutes les Nations.

Sans la découverte de Vasco de Gama, le flambeau de la liberté s'éteignoit de nouveau, & peut-être pour toujours. Les Turcs alloient remplacer ces Nations féroces, qui, des extrémités de la terre, étoient venues remplacer les Romains, pour devenir, comme eux, le fléau du genre-humain; & à nos barbares institutions, auroit succédé un joug plus pésant encore. Cet événement étoit inévitable si les farouches vainqueurs de l'Egypte n'eussent été repoussés par les Portugais, dans les différentes expéditions qu'ils tentèrent dans l'Inde. Les richesses de l'Asie leur assuroient celles de l'Europe, maîtres de tout le commerce du Monde, ils auroient eu nécessairement la plus redoutable marine qu'on eût jamais vue. Quels obstacles auroient pu arrêter sur notre continent, ce Peuple qui étoit conquérant par la nature de sa religion & de sa politique.

La Mecque fut toujours chère aux Arabes. Ils pensoient qu'elle avoit été la demeure d'Abraham; & ils accouroient de toutes parts dans un Temple dont on le croyoit le fondateur.

Mahomet trop habile pour entreprendre d'abolir une dévotion si généralement établie, se contenta d'en rectifier l'objet. Il bannit les idoles de ce lieu révéré, & il le dédia à l'unité de Dieu:

sublime & puissante idée que toutes les religions doivent à la philosophie, & non au judaïsme, comme on l'imagine. Le Dieu des Juifs, colère, jaloux, vindicatif, ne fut qu'un Dieu local, tel que ceux des autres Nations. Mahomet ne fut pas l'envoyé du ciel; mais un adroit politique & un grand conquérant. Pour augmenter même le concours d'étrangers dans une cité qu'il destinoit à être la capitale de son Empire, il ordonna que tous ceux qui suivroient sa loi, s'y rendissent une fois dans leur vie, sous peine de mourir réprouvés. Ce précepte étoit accompagné d'un autre qui doit faire sentir que la superstition seule ne le guidoit pas. Il exigea que chaque pélerin, de quelques pays qu'il fût, achetât, & fît bénir 5 piéces de toiles de coton, pour servir de suaire, tant à lui qu'à tous ceux de sa famille, que des raisons auroient empêché d'entreprendre ce St. Voyage.

DES PUISSANCES BARBARESQUES.

MAIS à quel Peuple est-il réservé de briser les fers que l'Afrique nous forge lentement, & d'arracher ces épouventails qui glacent d'effroi nos navigateurs ? Aucune Nation ne peut le tenter seule ; & si elle l'osoit, peut-être la jalousie de toutes les autres y mettroit-elle des obstacles secrets ou publics. Ce doit donc être l'ouvrage d'une ligue universelle. Il faut que toutes les puissances maritimes concourent à l'exécution d'un dessein qui les intéresse toutes également. Ces Etats que tout invite à s'allier, à s'aimer, à se défendre, doivent être fatigués des malheurs qu'ils se causent réciproquement. Qu'après s'être si souvent unis pour leur destruction mutuelle, ils prennent les armes pour leur conservation ; la guerre aura été, du moins une fois, utile & juste.

On ose présumer qu'elle ne seroit pas longue, si elle étoit conduite avec l'intelligence & l'harmonie convenables. Chaque membre de la confédération, attaquant dans le même temps l'ennemi qu'il auroit à réduire, n'éprouveroit qu'une foible résistance. Qui sait même s'il en trouveroit aucune ? Peut-être la plus noble, la plus grande des entreprises, coûteroit-elle moins de sang & de trésors à l'Europe, que la moindre des querelles dont elle est continuellement déchirée.

On ne fera pas aux politiques, qui formeroient ce plan, l'injure de soupçonner qu'ils borneroient leur ambition à combler des rades, à démolir des ports, à ravager des côtes ; des idées si étroites seroient trop au-dessous du progrès de la raison humaine. Les pays subjugués resteroient aux conquérans, & chacun des alliés auroit des possessions proportionnées aux moyens qu'ils auroient fournis à la cause commune. Ces conquêtes deviendroient d'autant plus sûres, que le bonheur des vaincus en devroit être la suite. Ce Peuple de pirates, ces monstres de la mer seroient changés en hommes par de bonnes loix & des exemples d'humanité. Elevés insensiblement jusqu'à nous par la communication de nos lumières, ils abjureroient avec le temps un fanatisme que l'ignorance & la misère ont nourris dans leurs ames, ils se souviendroient toujours avec attendrissement de l'époque mémorable qui nous auroit amenés sur leurs rivages.

On ne verroit plus en friche une terre autrefois si fertile. Des grains & des fruits variés couvriroient cette plage immense : ces productions seroient échangées contre les ouvrages de notre industrie & de nos manufactures. Les négocians d'Europe, établis en Afrique, deviendroient les agens de ce commerce, réciproquement utile aux deux contrées. Une communication si naturelle entre des côtes qui se regardent, entre des Peuples qui se rencontrent nécessairement, reculeroit, pour ainsi dire, les barrières du monde. Ce nouveau genre de conquêtes, qui s'offre à nos premiers regards, deviendroit un dédommagement précieux de celles qui, depuis tant de siècles, font le malheur de l'humanité.

DE L'INDOSTAN.

EN général, ne peut-on pas dire que le climat le plus favorable à l'espèce humaine, est le plus anciennement peuplé ? Un climat doux, un air pur, un sol fertile, & qui produit presque sans culture, ont dû rassembler les premiers hommes. Si le genre-humain a pu se multiplier & s'étendre dans des régions affreuses, où il a fallu lutter sans cesse contre la nature ; si des sables brûlans & arrides, des marais impraticables, des glaces éternelles, ont reçu des habitans ; si nous avons peuplé des déserts & des forêts où il falloit se défendre contre les élémens & les bêtes féroces, avec quelle facilité n'a-t-on pas dû se réunir dans ces contrées délicieuses, où l'homme, exempt de besoins, n'avoit que des plaisirs à desirer ; où jouissant, sans travail & sans inquiétude, des meilleures productions & du plus beau spectacle de l'Univers, il pouvoit s'appeller, à juste titre, l'Etre par excellence & le Roi de la nature ? Telles étoient & sont encore les rives du Gange & les belles contrées de l'Indostan. Les fruits les plus délicieux y parfument l'air & fournissent une nourriture saine & rafraîchissante ; des arbres y présentent des ombrages impénétrables à la chaleur du jour. Tandis que les espèces vivantes qui couvrent le globe, ne peuvent subsister ailleurs qu'à force de se détruire, dans l'Inde elles partagent avec leur maître l'abondance & la sûreté. Aujourd'hui même, que la terre devroit y être épuisée par les productions de tant de siècles, & par leur consommation dans des régions éloignées, l'Indostan, si l'on en excepte un petit nombre de lieux ingrats & sablonneux, est encore le pays le plus fertile du monde.

Le moral n'y est pas moins extraordinaire que le physique. Lorsqu'on arrête ses regards sur cette vaste contrée, on ne peut voir sans douleur que la nature y a fait tout pour le bonheur de l'homme, & que l'homme y a tout fait contre elle. La fureur des conquêtes & un autre fléau qui n'est guère moins destructeur, l'avidité des commerçans, ont ravagé tour-à-tour & opprimé le plus beau pays de l'Univers.

Au milieu des brigands féroces & de ce ramas d'étrangers, que la guerre & l'avidité ont attirés dans l'Inde, on démêle aisément les anciens habitans. La couleur de leur teint & leur forme extérieure, les distinguent encore moins que les traits particuliers de leur caractère. Ce Peuple, écrasé sous le joug du despotisme, ou plutôt de l'anarchie la plus extravagante, n'a pris ni les mœurs, ni les loix, ni la religion de ses tyrans. Le spectacle continuel de toutes les fureurs de la guerre, de tous les excès & de tous les vices dont la nature humaine est capable, n'a pu corrompre son caractère. Doux, humain, timide, rien n'a pu familiariser un Indien avec la vue du sang, ni lui inspirer le courage & le sentiment de la révolte. Il n'a que les vices de la foiblesse.

DES CHINOIS ET DES JAPONOIS.

L'ÉDUCATION des Chinois règle l'ame, la dispose à l'ordre : celle des Japonois l'enflame & la porte à l'héroïsme : on les conduit toute leur vie par le sentiment, & les Chinois par la raison & les usages. Tandis que le Chinois ne cherchant que la vérité dans les livres, se contente du bonheur qui naît de la tranquillité ; le Japonois, avide de jouissances, aime mieux souffrir que de ne rien sentir. Il semble qu'en général les Chinois tendent à prévenir la violence & l'impétuosité de l'ame ; les Japonois, son engourdissement & sa foiblesse.

Le Japonois, ardent comme son climat, agité comme la mer qui l'environne, avoit besoin de la plus grande activité, que le commerce le plus vif pouvoit seule lui donner. Pour n'être pas forcé de le contenir par les supplices, il falloit l'exercer par les travaux. Son inquiétude devoit avoir une carrière libre au-dehors ; si on ne craignoit qu'elle n'allumât un feu séditieux au-dedans. Cette énergie de l'ame, qui est dégénérée en fanatisme, se seroit exaltée en industrie. La contemplation se seroit changée en action ; la crainte des peines en amour du plaisir. Cette haîne de la vie qui tourmente le Japonois enchaîné, gourmandé, effarouché par le frein des loix qu'il ronge dans sa rage, auroit cédé, dans son ame, à la curiosité de courir les mers & de voir les Nations. En changeant souvent de place & de climat, il eût insensiblement changé de mœurs, d'opinions, de caractère; & ce changement eût été un bien pour lui, comme il l'est pour la plupart des Peuples. Par le commerce, on est moins citoyen peut-être, mais on devient plus homme, & le Japonois est devenu tigre sous la verge de ses tyrans.

DES INDIENS ET DES SAUVAGES DE L'AMÉRIQUE.

PEUT-ON douter qu'une autorité absolue, arbitraire, tyrannique, qui enveloppe pour ainsi dire l'Indien de tous les côtés, ne brise tous les ressorts de son ame, & ne le rende incapable des sacrifices qu'exige le courage ?

Les Indiens sont naturellement doux & humains, malgré le caractère atroce du despotisme qui les écrase. Les Peuples anciens qui trafiquoient avec eux, se louèrent toujours de leur candeur, de leur bonne foi. Cette partie de la terre est actuellement dans une position orageuse pour elle & pour nous. Notre ambition y a semé par-tout la discorde ; & notre cupidité y a inspiré de la haine, de la crainte, du mépris pour notre continent. Conquérans usurpateurs, oppresseurs aussi prodigues du sang qu'avide de richesses, voilà ce que nous avons paru dans l'Orient. Nos exemples y ont multiplié les vices nationaux ; & nous y avons enseigné à se défier des nôtres.

Si nous avions porté chez les Indiens des procédés établis sur la bonne foi ; si nous leur avions fait connoître que l'utilité réciproque est la base du commerce ; si nous avions encouragé leur culture & leur industrie, par des échanges également avantageux pour eux & pour nous, insensiblement on se seroit concilié l'esprit, de ces Peuples. L'heureuse habitude de traiter sûrement avec nous, auroit fait tomber leurs préjugés

jugés & changé peut-être leur Gouvernement. Nous en ferions venus jusqu'au point de vivre au milieu d'eux, de former autour de nous des Nations ſtables & ſolidement policées, dont les forces auroient protégé nos établiſſemens par une réciprocité d'intérêt. Chacun de nos comptoirs fût devenu pour chaque Peuple de l'Europe une nouvelle patrie, où nous aurions trouvé une ſûreté entière. Notre ſituation dans l'Inde eſt une ſuite de nos déréglemens, des ſyſtêmes homicides que nous y avons portés. Les Indiens penſent ne nous rien devoir, parce que toutes nos actions leur ont prouvé que nous ne nous croyons tenus à rien envers eux.

Cet Etat violent déplaît à la plupart des Peuples de l'Aſie, & ils font des vœux ardens pour une heureuſe révolution. Le déſordre de nos affaires doit nous avoir mis dans les mêmes diſpoſitions. Pour qu'il réſultât un rapprochement ſolide de cet intérêt à la paix & à la bonne intelligence, il ſuffiroit peut-être que les Nations Européennes qui trafiquent aux Indes, convinſſent entr'elles, pour ces mers éloignées, d'une neutralité que les orages, ſi fréquens dans leur continent, ne duſſent jamais altérer. Si elles pouvoient ſe regarder comme membres d'une même république, elles ſeroient diſpenſées d'entretenir des forces qui les rendent odieuſes & qui les ruinent.

Les ſauvages ont une pénétration & une ſagacité qui étonne tout homme qui ne ſait pas combien nos arts & nos méthodes ont rendu notre eſprit pareſſeux, parce que nous n'avons preſque jamais la peine d'apprendre, & très-rarement le besoin de penser. S'ils n'ont cependant rien perfectionné, non plus que les animaux à qui on remarque le plus d'adresse, c'est peut-être que ces Peuples n'ayant que des idées rélatives aux premiers besoins, l'égalité qui règne entre eux met chaque sauvage dans la nécessité de les acquérir & de passer toute sa vie à faire son cours de connoissances usuelles; d'où il résulte que la somme des idées de chaque société de sauvages n'est pas plus grande que la somme des idées de chaque individu.

Tout est grand chez des Peuples qui ne sont pas asservis. C'est le sublime de la nature dans ses horreurs & ses beautés.

Il est sans doute important aux générations futures, de ne pas perdre de vue le tableau de la vie & des mœurs des sauvages. C'est peut-être à cette connoissance que nous devons tous les progrès que la philosophie morale a faits parmi nous. Jusqu'ici les moralistes avoient les fondemens de la société dans les sociétés qu'ils avoient sous leurs yeux. Supposant à l'homme des crimes pour lui donner des expiateurs; le jettant dans l'aveuglement pour devenir ses guides & ses maîtres, ils appelloient mystérieux, surnaturel & céleste, ce qui n'est que l'ouvrage du temps, de l'ignorance, de la foiblesse ou de la fourberie. Mais depuis qu'on a vu que les institutions sociales ne dérivoient ni des besoins de la nature, ni des dogmes de la religion, puisque des Peuples innombrables vivoient indépendans & sans culte, on a découvert les vices de la morale & de la législation dans l'établissement des sociétés. On a senti que ces maux originels venoient des fondateurs & des législateurs, qui, la plupart, avoient créé la police pour leur utilité propre, ou dont les sages vues de justice & de bien public avoient été perverties par l'ambition de leurs successeurs, & par l'altération des temps & des mœurs. Cette découverte a déjà répandu de grandes lumières : mais elle n'est encore pour l'humanité que l'aurore d'un beau jour. Trop contraire aux préjugés établis, pour avoir pu sitôt produire de grands biens, elle en fera jouir, sans doute, les races futures ; & pour la génération présente, cette perspective riante doit être une consolation. Quoi qu'il en soit, nous pouvons dire que c'est l'ignorance des sauvages qui a éclairé, en quelque sorte, les Peuples policés.

Tous les hommes parlent de la liberté ; les sauvages seuls la possèdent. Ce n'est pas simplement la Nation entière, c'est l'individu qui est vraiment libre. Le sentiment de son indépendance agit sur toutes ses pensées, sur toutes ses actions. Il entreroit dans le Palais d'un Despote de l'Asie, comme dans la cabane d'un laboureur, sans être ébloui ni des richesses, ni de la puissance. C'est l'espèce, c'est l'homme, c'est son égal qu'il aime & qu'il respecte. Il ne pourroit que haïr un maître & le tuer.

Si nous préférons notre état à celui des Peuples sauvages, c'est par l'impuissance où la vie civile nous a réduits de supporter certains maux de la nature où le sauvage est plus exposé que nous ; c'est par l'attachement à certaines douceurs, dont l'habitude nous a fait un besoin. Encore, dans la force de l'âge, un homme civilisé s'accoutumeroit, avec des sauvages, à rentrer même dans l'état de nature ? Témoin, cet Ecossois qui, jetté & abandonné seul dans l'Isle Fernandez, ne fut malheureux que jusqu'au temps où les besoins physiques l'occupèrent assez pour lui faire oublier sa patrie, sa langue, son nom, & jusqu'à l'articulation des mots. Après quatre ans, cet Européen se sentit soulagé du grand fardeau de la vie sociale, quand il eut le bonheur d'avoir perdu l'usage de la réflexion & de la pensée, qui le ramenoient vers le passé, ou le tourmentoient sur l'avenir.

Enfin, le sentiment de l'indépendance étant un des premiers instincts de l'homme, celui qui joint à la jouissance de ce droit primitif, la sûreté morale d'une subsistance suffisante, est incomparablement plus heureux que l'homme riche environné de loix, de maîtres, de préjugés & de modes, qui lui font sentir à chaque instant la perte de sa liberté. Comparer l'état des sauvages à celui des enfans, n'est pas décider la question, si fortement débattue entre les Philosophes, sur les avantages de l'état de nature & de l'état social ? Les enfans, malgré les gênes de l'éducation, ne sont-ils pas dans l'âge le plus heureux de la vie humaine ? Leur gaieté habituelle, tant qu'ils ne sont pas sous la verge du pédantisme, n'est-elle pas le plus sûr indice du bonheur qui leur est propre ? Après tout, un mot peut terminer ce grand procès. Demandez à l'homme civil s'il est heureux. Demandez à l'homme sauvage s'il est malheureux ? Si tous deux vous répondent non, la dispute est finie.

Les Peuples sauvages, quand ils se sont réunis

en société, voulurent, ainsi que les enfans, être menés par la douceur & réprimés par la force. Faute de l'expérience, qui seule forme la raison, incapables de se gouverner eux-mêmes, dans la vicissitude des événemens & des rapports qu'amène l'état d'une société naissante: le Gouvernement doit être éclairé pour eux, & les conduire par l'autorité jusqu'à l'âge des lumières. Aussi les Peuples barbares se trouvent-ils naturellement sous les lisières & la verge du despotisme, jusqu'à ce que les progrès de la société leur aient appris à se conduire par leurs intérêts.

Les Peuples policés, semblables aux adolescens, plus ou moins avancés, non en raison de leurs facultés, mais du régime de leur première institution, dès qu'ils sentent leurs forces & leurs droits, veulent être ménagés & même respectés par ceux qui les gouvernent. Un fils, bien élevé, ne doit rien entreprendre sans consulter son père: un Prince, au contraire, ne doit rien établir sans consulter son Peuple. Il y a plus: le fils, dans les résolutions où il prend conseil de son père, souvent ne hasarde que son propre bonheur: un Prince compromet toujours l'intérêt du Peuple dans tout ce qu'il statue. L'opinion publique chez une Nation qui pense & qui parle, est la règle du Gouvernement: jamais il ne la doit heurter sans des raisons publiques, ni la contrarier sans l'avoir désabusée. C'est d'après cette opinion que le Gouvernement doit modifier toutes ses formes. L'opinion, comme on le sait, varie avec les mœurs, les habitudes & les lumières. Ainsi tel Prince pourra faire, sans trouver la moindre résistance, un acte d'autorité que son successeur ne renouvelleroit point fans exciter l'indignation. D'où vient cette différence ? Le premier n'aura pas choqué l'opinion qui ne fera pas encore née ; le second l'aura bleffée ouvertement un fiècle plus tard. L'un aura fait, pour ainfi dire, à l'infu du Peuple, une démarche dont il aura corrigé ou réparé la violence, par les fuccès heureux de fon gouvernement : l'autre aura, peut-être, comblé les malheurs publics par des volontés injuftes, qui devoient perpétuer les premiers abus de fon autorité. La réclamation publique eft conftamment le cri de l'opinion ; & l'opinion générale eft la règle du Gouvernement ; c'eft parce qu'elle eft la Reine du monde, que les Rois font les maîtres des hommes. Les Gouvernemens doivent donc s'améliorer & fe perfectionner comme les opinions ? Mais quelle eft la règle des opinions chez les Peuples éclairés ? L'intérêt permanent de la fociété, le falut & l'utilité de la Nation. Cet intérêt fe modifie au gré des événemens & des fituations ; l'opinion publique & la forme du Gouvernement fuivent ces différentes modifications.

DES FLIBUSTIERS.

CES hommes, d'une trempe peu commune, n'avoient en Europe pour toute fortune que leur épée & leur audace, dont-ils firent un si terrible usage en Amérique. Là, ennemis de tous, redoutés de tous, sans cesse exposés à des périls extrêmes, ils devoient regarder chaque jour comme le dernier de leur vie, & dissiper la richesse comme ils l'avoient acquise ; s'abandonner à tous les excès de la débauche & de la profusion ; au retour d'un combat, porter dans leurs bras sanglans leurs maîtresses ; s'assoupir un moment dans le sein de la volupté, & ne se reveiller que pour aller à de nouveaux massacres. Indifférens où ils laisseroient leurs cadavres, sur la terre ou dans le sein des eaux, ils devoient regarder d'un œil également froid la vie & le trépas. Avec un cœur féroce & une conscience égarée, sans liaisons, sans parens, sans amis, sans concitoyens, sans patrie, sans asyle, sans aucuns motifs qui tempèrent la bravoure par le prix qu'ils attachent à l'existence, ils devoient se livrer en aveugles aux tentatives les plus désepérées. Incapables de supporter l'indigence & le repos ; trop fiers pour s'occuper des travaux communs, s'ils n'avoient pas été les fléaux du Nouveau-Monde, ils l'auroient été de celui-ci. S'ils n'étoient pas allés ravager des contrées éloignées, ils auroient ravagé nos Provinces, & laissé un nom fameux dans la liste des grands scélérats.

DES INSULAIRES.

LA nature a placé certains Peuples au milieu de la Mer, comme les lions dans les déserts, pour être libres. Les tempêtes, les fables, les forêts, les montagnes, & les cavernes, font l'afyle & les remparts de tous êtres indépendans. Malheur aux Nations policées, qui voudront s'élever contre les forces & les droits des Peuples insulaires & sauvages ! Elles deviendront cruelles & barbares fans fruit ; elles fémeront la haîne dans la dévastation, & ne recueilleront que l'opprobre & la vengeance.

A ne consulter qu'une spéculation vague, on seroit porté à penser que les insulaires ont été les premiers hommes policés. Rien n'emprisonne les habitans du continent : ils peuvent en même temps aller chercher au loin leur subsistance, & s'éloigner des combats. Dans les Isles, la guerre & les maux d'une société trop resserrée, devroient amener plus vîte la nécessité des loix & des conventions. On voit cependant leurs mœurs & leur Gouvernement formés plus tard & plus imparfaitement. C'est dans leur sein qu'est née cette foule d'institutions bifarres qui mettent des obstacles à la population : l'antropophagie, la castration des mâles, l'infibulation des femelles, les mariages tardifs, la confécration de la virginité, l'estime du célibat; les châtimens exercés contre les filles qui se hâtoient d'être mères, les sacrifices humains ; peut-être les jeunes, les macérations & toutes les extravagances qui naîtroient dans les couvens, s'il y avoit un monastère d'hommes ou de femmes, surabondant en moines, sans aucune possibilité d'émigration.

Lorsque ces hommes eurent découvert le moyen de s'échapper de l'enceinte étroite où des causes physiques les avoient tenus renfermés pendant des siècles, ils portèrent leurs usages sur le continent où ils se sont perpétués d'âge en âge, & où encore aujourd'hui ils mettent quelquefois à la torture les philosophes qui en cherchent la raison. La surabondance de la population dans les Isles, fut celle de la lenteur de la civilisation dans leurs habitans. Il fallut y remédier continuellement par des moyens violens. Le lieu où les membres d'une même famille sont contraints de s'exterminer les uns les autres, est le séjour de l'extrême barbarie. C'est le commerce des Peuples entr'eux qui diminue leur férocité. C'est leur séparation qui la fait durer. Les insulaires de nos jours n'ont pas entièrement perdu leur caractère primitif; & peut-être qu'un observateur attentif en trouveroit quelques vestiges dans la Grande-Bretagne même.

Les insulaires séparés des autres Peuples, ne doivent avoir que peu de lumières. Les sociétés isolées s'éclairent lentement, difficilement; elles ne s'enrichissent d'aucune des découvertes que le temps & l'expérience font naître chez les autres Peuples; le nombre des hasards qui menent à l'instruction est plus borné pour elles.

TABLEAUX.

I.

EN France, Louis XI. venoit d'abaisser les grands vassaux, de rélever la Magistrature, & de soumettre la noblesse aux loix. Le Peuple François, moins dépendant de ses Seigneurs, devoit dans peu devenir plus industrieux, plus actif & plus estimable ; mais l'industrie & le commerce ne pouvoient fleurir subitement. Les progrès de la raison devoient être lents au milieu des troubles que les grands excitoient encore, & sous le règne d'un Prince livré à la plus vîle superstition. Les Barons n'avoient qu'un faste barbare. Leurs revenus suffisoient à peine pour entretenir à leur suite une foule de gentils-hommes désœuvrés, qui les défendoient contre les Souverains & contre les loix. La dépense de leur table étoit excessive ; & ce luxe sauvage, dont il reste encore trop de vestiges, n'encourageoit aucun des arts utiles. Il n'y avoit ni dans les mœurs, ni dans le langage, cette sorte de décence qui distingue les premières classes des citoyens, & apprend aux autres à les respecter. Malgré la courtoisie prescrite aux chevaliers, il régnoit parmi les Grands de la grossiéreté & de la rudesse. La Nation avoit alors ce caractère d'inconséquence, qu'elle a eu depuis, & qu'aura toujours un Peuple dont les mœurs & les manières ne seront pas d'accord avec ses loix. Les Conseils du Prince donnoient des édits sans nombre, & souvent contradictoires ;

mais le Prince difpenfoit aifément d'obéir. Ce caractère de facilité des Souverains, a été fouvent le remède à la légéreté avec laquelle les Miniftres de France ont donné & multiplié les loix.

II.

L'Angleterre, moins riche & moins induftrieufe que la France, avoit des Barons infolens, des Evêques defpotes, & un Peuple qui fe laffoit de leur joug. La Nation avoit déja cet efprit d'inquiétude, qui devoit, tôt ou tard, la conduire à la liberté : elle devoit ce caractère à la tyrannie abfurde de Guillaume le conquérant, & au génie atroce de plufieurs de fes fucceffeurs. L'abus exceffif de l'autorité avoit donné aux Anglois une extrême défiance de leurs Souverains. On ne prononçoit chez eux le nom de Roi qu'avec crainte; & ces fentimens, tranfmis de race en race, ont fervi depuis à leur faire établir le Gouvernement fous lequel ils ont le bonheur de vivre. Les longues guerres entre les maifons de Lancaftre & d'Yorck, avoient nourri le courage guerrier & l'impatience de la fervitude; mais elles avoient entretenu le défordre & la pauvreté. C'étoit les Flamands qui mettoient alors en œuvre les laines de l'Angleterre. Ses laines, fon plomb, fon étain, étoient tranfportés fur les vaiffeaux des villes anféatiques. Elle n'avoit ni marine, ni police intérieure, ni jurifprudence, ni luxe, ni beaux arts; elle étoit d'ailleurs furchargée d'une multitude de riches couvens & d'hôpitaux. Les nobles, fans aifance, alloient de couvent en couvent, & le Peuple d'hôpitaux en hôpitaux : ces établissemens superstitieux maintenoient la paresse & la barbarie.

III.

Sous Jacques premier tout s'agitoit au-dehors. La naissance de l'Amérique avoit hâté la maturité de l'Europe. La navigation embrassoit le globe entier ; la communication entre les Peuples alloit être le fléau des préjugés : elle ouvroit une porte à l'industrie & aux lumières, les arts méchaniques & libéraux s'étendoient & marchoient à leur perfection par le luxe. La littérature prenoit les ornemens du goût ; la science acquéroit la solidité que donne l'esprit calculateur du commerce ; la politique aggrandissoit la sphère de ses vues. Cette fermentation universelle élevoit, exaltoit les idées des hommes. Bientôt tous les corps qui formoient le colosse monstrueux du Gouvernement Gothique, endormis depuis plusieurs siècles dans la léthargie de l'ignorance, commencèrent de toutes parts à se remuer à former des entreprises. Dans le continent, où sous prétexte de la discipline, on avoit levé des armées mercénaires, la plupart des Princes acquirent une autorité sans bornes, opprimant leurs Peuples par la force ou par l'intrigue. En Angleterre, l'amour de la liberté, si naturel à l'homme qui se sent ou qui pense, excité dans le Peuple par les novateurs en matière de religion, réveillé dans les esprits par un commerce familier avec les grands écrivains de l'antiquité, qui puisèrent dans la démocratie le sublime de la raison & du sentiment : cet amour de la liberté alluma dans les cœurs généreux la haîne excessive d'une autorité sans limites. L'ascendant que sut prendre & conserver Elisabeth par une prospérité de quarante ans, retint cette inquiétude, ou la détourna vers des entreprises utiles à l'Etat. Mais on ne vit pas plutôt une branche étrangère sur le trône, & le scèptre dans les mains d'un Monarque peu redoutable par la violence même de ses prétentions, que la Nation révendiqua ses droits, & conçut l'ambition de se gouverner

Alors éclatèrent les disputes vives entre la Cour & le Parlement. Les deux pouvoirs sembloient essayer leurs forces, en se choquant continuellement. Le Prince prétendoit qu'on lui devoit une obéissance purement passive, & que les assemblées nationales ne servoient que d'ornement, & non de base à la constitution. Les citoyens réclamoient avec chaleur contre ces principes toujours foibles, dès qu'ils sont discutés, & soutenoient que le Peuple faisoit l'essence du Gouvernement, autant & plus que le Monarque. L'un est la matière, l'autre la forme : or, la matière peut & doit changer de forme pour sa conservation. La loi suprême est le salut du Peuple, & non du Prince. Le Roi peut mourir, la Monarchie périr, & la société subsister sans monarque & sans trône ; ainsi raisonnoient les Anglois dès l'aurore de la liberté. On se chicanoit, on se contrarioit, on se menaçoit. Jacques finit sa carrière au milieu de ces débats, laissant à son fils ses droits à discuter avec la résolution de les étendre.

IV.

L'Allemagne, long-temps agitée par les querelles des Empereurs & des Papes, & par des guerres inteſtines, venoit de prendre une aſſiette plus tranquille. L'ordre avoit ſuccédé à l'anarchie, & les Peuples de cette vaſte contrée, ſans richeſſe, ſans commerce, mais guerriers & cultivateurs, n'avoient rien à craindre de leurs voiſins, & ne pouvoient leur être redoutables. Le Gouvernement féodal y étoit moins funeſte à la nature humaine, qu'il ne l'avoit été dans d'autres Pays. En général, les différens Princes de cette grande portion de l'Europe gouvernoient aſſez ſagement leurs Etats. Ils abuſoient peu de leur autorité ; & ſi la poſſeſſion paiſible de ſon héritage peut dédommager l'homme de la liberté, le Peuple d'Allemagne étoit heureux. C'étoit dans les ſeules villes libres & alliées de la Grande-Anſe qu'il y avoit du commerce & de l'induſtrie ; les mines d'Hanovre & de Saxe n'étoient pas connues : l'argent étoit rare. Le cultivateur vendoit à l'étranger quelques chevaux. Les Princes ne vendoient pas encore des hommes. La table, & de nombreux équipages étoient le ſeul luxe. Les Grands & le Clergé s'enivroient ſans troubler l'Etat. On avoit de la peine à dégoûter les gentilshommes de voler ſur les grands chemins. Les mœurs étoient féroces ; & juſques dans les deux ſiècles ſuivans, les troupes Allemandes furent plus célèbres par leurs cruautés, que par leur diſcipline & leur courage.

V.

Le Nord étoit encore moins avancé que l'Allemagne. Il étoit opprimé par les nobles & par les prêtres. Aucun des Peuples qui l'habitoient, n'avoit conservé cet enthousiasme de gloire que leur avoit autrefois inspiré la religion d'Odin, & ils n'avoient encore reçu aucune des loix sages, que de meilleurs Gouvernemens ont données depuis à quelques-uns d'entr'eux. Leur puissance n'étoit rien ; une seule ville de la Grande-Anse faisoit trembler les trois Couronnes du Nord. Elles redevinrent des Nations après la réforme de la religion, & sous les loix de Frédéric & de Gustave Vasa.

VI.

L'Angleterre se déchiroit pour les intérêts de sa liberté ; la France, pour les intérêts de ses maîtres ; l'Allemagne pour ceux de la religion ; l'Italie pour les prétentions réciproques d'un tyran & d'un imposteur. Couverte de fanatiques & de combattans, l'Europe entière ressembloit à un malade, qui, tombé dans le délire, s'ouvre les veines, & perd dans sa fureur son sang & ses forces. Dans cet Etat d'épuisement & d'anarchie, elle n'auroit opposé aux Turcs qu'une foible résistance. Plus le calme, qui succède aux guerres civiles, rend les Peuples redoutables à leurs voisins, plus les troubles de la dissension qui les divise les exposent à l'invasion & à l'oppression. La conduite dépravée du clergé auroit encore favorisé les progrès d'un culte étranger, & nous serions sans retour dans les chaînes de l'esclavage. En effet, de tous les systêmes politiques & religieux qui affligent l'espèce humaine, il n'en est point qui laissent moins de carrière à la liberté que celui des Musulmans. Dans presque toute l'Europe, une religion étrangère au Gouvernement, & dont les progrès se font presque toujours faits à son insu ; une morale répandue sans ordre, sans précision dans des livres obscurs & susceptibles d'une seule bonne interprétation entre une infinité de mauvaises ; une autorité en proie aux prêtres & aux Souverains qui se disputent tour-à-tour le droit de commander aux hommes ; des loix politiques & civiles sans cesse en contradiction avec la religion dominante, qui condamne l'inégalité & l'ambition, qui, pour dominer avec plus d'empire, oppose continuellement une partie de l'Etat à l'autre partie : tous ces germes de trouble doivent entretenir dans les esprits une fermentation violente. Est-il surprenant qu'au milieu de ces mouvemens, la nature s'éveille & s'écrie aux fonds des cœurs, *l'homme est né libre ?*

Mais sous le joug d'une religion qui consacre la tyrannie, en fondant le trône sur l'autel ; qui semble imposer silence à l'ambition, en permettant la volupté qui favorise la paresse naturelle, en interdisant les opérations de l'esprit : il n'y a point d'espérance pour les grandes révolutions. Aussi les Turcs, qui égorgent si souvent leurs maîtres, n'ont-ils jamais pensé à changer leur Gouvernement. Cette idée est au-dessus de leurs ames énervées & corrompues. C'en étoit dont fait de la liberté du monde entier ; elle étoit perdue, si le Peuple de la Chrétienté, le plus superstitieux,

tieux, & peut-être le plus esclave, n'eût arrêté le progrès du fanatisme des Musulmans, & brisé le cours impétueux de leurs conquêtes, en leur coupant le nerf des richesses. Albuquerque fit plus : après avoir pris des mesures efficaces pour qu'aucun vaisseau ne pût passer de la mer d'Arabie dans les mers des Indes, il chercha à se donner l'empire du Golfe persique.

VII.

Un Gouvernement est toujours une machine très-compliquée qui a son commencement, ses progrès & son moment de perfection, lorsqu'il est bien conçu ; son commencement, ses progrès & son moment d'extrême corruption, lorsqu'il est vicieux à son origine. Dans l'un & l'autre cas, il embrasse un si grand nombre d'objets, tant au-dedans qu'au-dehors, que sa dissolution amenée, soit par l'imbécilité du chef, soit par l'impatience des sujets, ne peut avoir que les suites les plus effrayantes. Si l'impatience des sujets vient à briser un joug sous lequel ils sont las de gémir, une Nation s'avance plus ou moins rapidement à l'anarchie, à travers des flots de sang. Si elle arrive insensiblement à ce terme fatal, par l'indolence ou la foiblesse d'un Souverain incapable de tenir les rênes de l'Empire ; le sang est épargné, mais la Nation tombe dans un état de mort. Ce n'est plus qu'un cadavre dont toutes les parties entrent en putréfaction, se séparent & se transforment en un amas de vers qui pourissent eux-mêmes après avoir tout dévoré. Cependant les Nations adjacentes tournent autour, comme on voit dans les campagnes les animaux voraces. Elles s'emparent sans efforts d'une contrée sans défence. Alors les Peuples passent sous un Etat pire qu'au sortir de la barbarie. Les loix du conquérant luttent contre les loix du Peuple conquis ; les usages de l'un contre les usages de l'autre ; ses mœurs contre ses mœurs ; sa religion contre sa religion ; sa langue se confond avec un idiome étranger. C'est un cahos dont il est difficile de présager la fin ; un cahos qui ne se débrouille qu'après le laps de plusieurs siècles, & dont il reste des traces que les événemens les plus heureux n'effacent jamais entiérement.

Telle est l'image du Portugal à la mort du Roi Sébastien.

VIII.

Les sauvages de Saint-Domingue étoient accouplés au travail comme des bêtes. On faisoit relever, à force de coups, ceux qui plioient sous leurs fardeaux. Il n'y avoit de communication entre les deux sexes qu'à la dérobée. Les hommes périssoient dans les mines, & les femmes dans les champs que cultivoient leurs foibles mains. Une nourriture mal saine, insuffisante, achevoit d'épuiser leurs corps excédés de fatigues. Le lait tarrissoit dans le sein des mères : elles expiroient de lassitude, pressant contre leurs mamelles desséchées leurs enfans morts ou mourans. Les pères s'empoisonnoient ; quelques uns se pendirent aux arbres, après y avoir pendus leurs fils & leurs épouses. Leur race n'est plus. Il faut que je m'arrête ici un moment ; mes yeux se remplissent de larmes & je ne vois plus ce que j'écris.

IX.

Les François, (en 1567) égarés dans un cahos de dogmes inconcevables, perdirent la raison & l'humanité. Le Peuple le plus doux & le plus sociable, devint le plus barbare & le plus sanguinaire des Peuples. Ce n'étoit pas assez des bûchers & des échaffauds ; criminels les uns aux yeux des autres, tous furent boureaux, tous furent victimes. Après s'être condamnés mutuellement aux flammes de l'enfer, ils s'égorgèrent à la voix des Prêtres qui ne crioient que sang & que vengeance. Enfin, le généreux Henri toucha l'ame de ses sujets ; en pleurant sur leurs maux, il leur apprit à les sentir ; il leur rendit les doux penchans de la vie sociale, leur ôta les armes des mains, & les fit consentir à vivre heureux sous ses loix paternelles.

DESCRIPTIONS.

I.

Les anciennes pagodes étonnent, il est vrai, par leur solidité & leur étendue ; mais la structure & les ornemens en sont du plus mauvais genre. Toutes sont absolument sans fenêtres, & la plupart ont une forme pyramidale. Des animaux & des miracles, grossiérement sculptés dans la brique, couvrent les murs extérieurs & les murs intérieurs. Au milieu du temple, sur un autel richement orné, est une Divinité colossale, noircie par la fumée des flambeaux qu'on fait continuellement brûler autour d'elle, & toujours tournée vers la porte principale, afin que ceux de ses adorateurs, auxquels l'entrée du sanctuaire est interdite, puissent jouir de l'objet de leur culte.

II.

Dans cette disette, les malheureux habitans du Bengale, sans moyens, sans ressource, périssoient tous les jours par milliers, faute de pouvoir se procurer la moindre nourriture. On les voyoit dans leurs allées, le long des chemins, au milieu de nos colonies Européennes, pâles, défaits, exténués, déchirés par la faim ; les uns couchés par terre & attendant la mort, les autres se traînant avec peine, pour chercher quelques alimens autour d'eux, & embrassant les pieds des

Européens, en les suppliant de les recevoir pour esclaves.

Qu'à ce tableau qui fait frémir l'humanité, l'on ajoute des objets également affligeans pour elle; que l'imagination se les exagère, s'il est possible; que l'on se représente encore des enfans abandonnés, d'autres expirans sur le sein de leur mère. Par-tout des morts & des mourans : partout les gémissemens de la douleur & les larmes du désespoir; & l'on aura une foible idée du spectacle horrible qu'offrit le Bengale pendant six mois.

Durant tout ce temps, le Gange fut couvert de cadavres; les campagnes & les chemins en furent jonchés; des exhalaisons infectes remplirent l'air; les maladies se multiplièrent. Peu s'en fallut qu'un fléau succédant à l'autre, la peste n'enlevât le reste des habitans de ce malheureux Royaume. Il paroît suivant les calculs, assez généralement avoués, que la famine en fit périr un quart, c'est-à-dire environ 3,000,000.

III.

L'habitant du Quito a sans cesse sous les yeux l'agréable tableau des trois belles saisons de l'année. A mesure que l'herbe se dessèche, il en revient d'autre; l'émail des prairies est à peine tombé qu'on le voit renaître. Les arbres sont sans cesse couverts de feuilles vertes, & ornés de fleurs odoriférantes; sans cesse chargés de fruits dont la couleur, la forme, la beauté varient partout; les degrés de développement vont de la naissance à la maturité. Les grains s'élèvent dans la même progression d'une fécondité toujours renaissante. On voit d'un coup-d'œil germer les semences nouvelles; d'autres grandir & se hérisser d'épis; d'autres jaunir; d'autres enfin tomber sous la faucille du moissonneur. Toute l'année se passe à semer & à récueillir dans l'enceinte du même horison : cette variété constante tient uniquement à la variété des expositions.

IV.

Ce phénomène, (le tremblement de terre) toujours irrégulier dans ses retours inopinés, s'annonce cependant par des avant-coureurs sensibles. Lorsqu'il doit être considérable, il est précédé d'un frémissement dans l'air, dont le bruit est semblable à celui d'une grosse pluie qui tombe d'un nuage dissous & crévé tout-à-coup : ce bruit paroît l'effet d'une vibration dans l'air qui s'agite en sens contraires. Les oiseaux volent alors par élancement : leur queue ni leurs ailes ne leur servent plus de rames ou de gouvernail pour nager dans le fluide des cieux. Ils vont s'écraser contre les murs, les arbres, les rochers; soit que ce vertige de la nature leur cause des éblouissemens, ou que les vapeurs de la terre leur ôtent la faculté de maîtriser leurs mouvemens.

A ce fracas des airs se joint le murmure de la terre, dont les cavités & les antres sourds gémissent comme autant d'échos. Les chiens répondent par des hurlemens extraordinaires à ce pressentiment d'un désordre général. Les animaux s'arrêtent, & par un instinct naturel écartent les jambes pour ne pas tomber. A ces indices les hommes fuient de leurs maisons & courent chercher dans l'enceinte des places ou dans la campagne un asyle contre la chûte de leurs toits. Les cris des enfans, les lamentations des femmes, les ténèbres subites d'une nuit inattendue : tout se réunit pour aggrandir les maux trop réels d'un fléau qui renverse tout, par les maux de l'imagination qui se trouble, se confond & perd dans la contemplation de ce désordre, l'idée & le courage d'y remédier.

V.

L'ouragan est un vent furieux, le plus souvent accompagné de pluie, d'éclairs, de tonnerre, quelquefois de tremblemens de terre, & toujours des circonstances les plus terribles, les plus destructives que les vents puissent rassembler. Tout-à-coup, au jour vif & brillant de la Zone-Torride, succède une nuit universelle & profonde; à la parure du printemps éternel, la nudité des plus tristes hivers. Des arbres aussi anciens que le monde sont déracinés ou leurs débris dispersés. Les plus solides édifices n'offrent en un moment que des décombres. Où l'œil se plaisoit à regarder des coteaux riches & verdoyans, on ne voit plus que des plantations bouleversées & des cavernes hideuses. Des malheureux, dépouillés de tout, pleurent sur des cadavres ou cherchent leurs parens sous des ruines. Le bruit des eaux, des bois, de la foudre & des vents qui tombent & se brisent contre les rochers ébranlés & fracaffés; les cris & les hurlemens des hommes & des animaux pêle-mêle, emportés dans un tourbillon de fable, de pierres & de débris: tout semble annoncer les dernières convulsions & l'agonie de la nature.

MŒURS, USAGES ET COUTUMES.

La vanité, le mensonge, la honte, toutes les sortes de préjugés civils ou religieux peuvent donc élever l'homme jusqu'au mépris de la vie, le plus grand des biens, de la mort, la plus grande des terreurs, & de la douleur, le plus grand des maux. Législateurs imbécilles, pourquoi n'avez-vous pas su démêler ce terrible ressort ? Ou si vous l'avez connu, pourquoi n'en avez-vous pas su tirer parti, pour nous attacher à tous nos devoirs ? Quels pères, quels enfans, quels amis, quels citoyens, n'eussiez-vous pas fait de nous, par la seule dispensation de l'honneur & de la honte ? Si la crainte du mépris précipite au Malabar une femme dans un brasier ardent, en quel endroit du monde ne résoudroit-elle pas une mère à alaiter son enfant, une épouse à garder la fidélité à son époux ?

Les Indiens sont foibles, doux & humains. Ils connoissent à peine plusieurs des passions qui nous agitent. Quelle ambition pourroient avoir des hommes destinés à rester toujours dans le même état ? Les pratiques répétées de la religion sont le seul plaisir de la plûpart d'entr'eux, ce sont les travaux paisibles & l'oisiveté qu'ils aiment. On leur entend citer souvent ce passage d'un de leurs auteurs favoris ; *il vaut mieux être assis que marcher : il vaut mieux dormir que veiller : mais la mort est au-dessus de tout.*

Leur tempérament & la chaleur excessive du

climat ne répriment pas en eux la fougue des sens pour les plaisirs de l'amour, comme on ne cesse de le répéter. La multitude des courtisans & l'attention des pères pour marier leurs enfans, avant que les deux sexes puissent se rapprocher, attestent la vivacité de ce penchant. Ils ont de plus l'avarice, passion des corps foibles & des petites ames.

Les Chingulois entendent la guerre. Ils ont su faire usage de la nature de leur pays de montagnes, pour se défendre contre les Européens, qu'ils ont souvent vaincus. Ils sont fourbes, intéressés, complimenteurs, comme tous les Peuples esclaves. Ils ont deux langues, celle du Peuple & celle des savans: par-tout où cet usage est établi, il a donné aux prêtres & au Gouvernement un moyen de plus pour tromper les hommes.

Une éducation auſtère rend les habitans de Célèbes ou les Macaſſarais agiles, induſtrieux, robuſtes. A toutes les heures du jour, les nourrices les frottent avec de l'huile ou de l'eau tiède. Ces onctions répétées, aident la nature à se développer avec liberté. On les sevre un an après leur naissance, dans l'idée qu'ils auroient moins d'intelligence, s'ils continuoient d'être nourris plus long-temps du lait maternel. A l'âge de cinq ou six ans, les enfans mâles de quelque distinction, sont mis comme en dépôt chez un parent ou chez un ami, de peur que leur courage ne soit amolli par les caresses de leurs mères, & par l'habitude d'une tendresse réciproque. Ils ne retournent dans leur famille qu'à l'âge où la loi leur permet de se marier.

Voilà certes des esclaves bien civilisés sur le

point le plus important de la vie humaine. Quel est le Peuple civilisé de l'Europe, qui ait poussé aussi-loin le soin de l'éducation ? Qui, de nous, s'est encore avisé de garantir sa postérité de la séduction paternelle & maternelle ? Les précautions prises à Célèbes, utiles dans toutes les conditions, seroient sur-tout nécessaires pour les enfans des Rois.

L'institution de la Chevalerie, une de celles qui ont le plus élevé la nature humaine ; cet amour de la gloire substitué à celui de la patrie ; cet esprit épuré de la lie des siècles barbares, né des vices même du Gouvernement féodal, pour en réparer ou tempérer les maux : la Chevalerie reparut alors sur les bords du Tage, avec tout l'éclat qu'elle avoit eu dans sa naissance en France & en Angleterre. Les Rois cherchèrent à la conserver, à l'étendre, par l'établissement de plusieurs ordres formés sur le modèle des anciens, & dont l'esprit étoit le même ; c'est-à-dire, un mélange d'héroïsme, de galanterie, & de dévotion.

La première source de l'économie rurale des Chinois, est le caractère de la Nation la plus laborieuse que l'on connoisse, & l'une de celles dont la constitution physique exige le moins de repos. Tous les jours de l'année sont pour elle des jours de travail, excepté le premier destiné aux visites réciproques des familles, & le dernier consacré à la mémoire des ancêtres. L'un est un devoir de société, l'autre un culte domestique. Chez ce Peuple de sages, tout ce qui lie & civilise les hommes est religion, & la religion elle-même n'est que la pratique des vertus sociales. C'est un Peuple mûr & raisonnable, qui n'a besoin que du frein des loix civiles pour être juste. Le culte intérieur est l'amour de ses pères, vivants ou morts; le culte public est l'amour du travail; & le travail le plus religieusement honoré, c'est l'agriculture.

Une des fonctions publiques des Empereurs de la Chine, est d'ouvrir la terre au printemps, avec un appareil de fête & de magnificence qui attire des environs de la capitale tous les cultivateurs. Ils courent en foule, pour être témoins de l'honneur solemnel que le Prince rend au premier de tous les arts. Ce n'est plus comme dans les fables de la Grèce, un Dieu qui garde les troupeaux d'un Roi : c'est le père des Peuples, qui, la main appésantie sur le soc, montre à ses enfans les véritables trésors de l'état. Bientôt après il revient au champ qu'il a labouré lui-même, y jetter les semences que la terre demande. L'exemple du Prince est suivi dans toutes les Provinces; & dans la même saison, les Vice-Rois y répètent les mêmes cérémonies en présence d'une multitude de laboureurs. Les Européens qui ont été témoins de ces solemnités à Canton, ne peuvent en parler sans attendrissement. Ils nous font regretter que cette fête politique, dont le but est d'encourager au travail, ne soit pas substituée dans nos climats à tant de fêtes religieuses, qui semblent inventées par la fainéantise pour la stérilité des campagnes.

La manière de lever les contributions à la Chine, est aussi paternelle que les contributions mêmes : l'unique peine qu'on impose aux contribuables, trop lents à s'acquitter des charges publiques de l'impôt, est qu'on envoye chez eux des vieillards, des infirmes & des pauvres, pour y vivre à leurs dépens, jusqu'à ce qu'ils aient payé leur dette à l'Etat. C'est la commisération, c'est l'humanité qu'on va solliciter dans le cœur du citoyen, par le spectacle de la misère, par les cris & les pleurs de la faim ; & non pas révolter son ame, & soulever son indignation par les recherches & les visites importunes de la finance Européenne, par la violence des saisies, par les menaces d'une soldatesque insolente, qui vient s'établir, à discrétion, dans une maison ouverte aux cent bouches du fisc.

Le Chinois, à demi-civilisé, est à nos yeux un barbare à prétentions, un Peuple profondément corrompu, une condition plus malheureuse que la barbarie pure & naturelle. Le germe de la vertu peut se dévélopper dans la barbarie, par un enchaînement de circonstances favorables ; mais nous n'en connoissons pas, nous n'en imaginons point qui puissent rendre ce grand service au Chinois, en qui ce germe est non-pas étouffé, mais totalement détruit.

C'est un usage à Java, que les épouses disputent à leurs époux les premières faveurs de l'amour. Cette espèce de guerre, que les hommes se font honneur de terminer au plutôt, & les femmes de prolonger le plus qu'il leur est possible, dure quelquefois des semaines entières. D'où vient ce bizarre rafinement de coquetterie, qui n'est ni dans la nature de l'homme, ni dans celle de l'animal ? La Javanoise se proposeroit-elle d'inspirer à son époux de la confiance sur ses mœurs, avant & après le mariage ; d'irriter la passion toujours plus violente dans un ravisseur que dans un amant ; ou d'accroître le prix qu'elle met à ses charmes, à ses faveurs, & au sacrifice de sa liberté ?

C'est des Arabes dit-on, que plusieurs Nations de l'Asie, de l'Afrique, de l'Europe même, ont emprunté les viles précautions que la jalousie inspire, contre un sexe qui doit être le dépositaire, & non le tributaire de nos plaisirs. Aussi-tôt que les filles des Arabes sont nées, ils rapprochent par une sorte de couture les parties que la nature à séparées, & n'y laissent libre que l'espace qui est nécessaire pour les écoulemens naturels. Les chairs adhèrent peu-à-peu à mesure que l'enfant prend son accroissement, de sorte qu'on est obligé de les séparer par une incision, lorsque le temps du mariage est arrivé. On se contente quelquefois d'y passer un anneau. Les femmes sont soumises comme les filles, à cet usage outrageant pour la vertu. La seule différence est que l'anneau des filles ne peut s'ôter, & que celui des femmes a une espèce de serrure, dont le mari seul a la clef. Cette pratique connue dans toutes les parties de l'Arabie, est presque généralement reçue dans celle qui porte le nom de Petrée.

Les Arabes qui se vouent au brigandage, s'associent avec les chameaux, pour un commerce ou une guerre, dont l'homme a tout le profit, & l'animal la principale peine. Comme ces deux êtres doivent vivre ensemble, ils sont élevés l'un pour l'autre. L'Arabe forme son chameau dès la naissance, aux exercices & aux rigueurs qu'il doit supporter toute sa vie. Il l'accoutume à travailler beaucoup & à consommer peu. L'animal passe de bonne heure les jours sans boire, & les nuits sans dormir. On l'exerce à plier ses jambes sous le ventre, pour laisser charger son dos de fardeaux qu'on augmente insensiblement, à mesure que ses forces croissent par l'âge & par la fatigue. Dans cette éducation singulière, dont il paroît que les Rois se servent quelquefois pour mieux dompter les Peuples, à proportion qu'on double ses travaux, on diminue sa substance. On le forme à la course par l'émulation. Un cheval Arabe est le rival qu'on présente au chameau. Celui-ci, moins prompt & moins léger, lasse à la fin son vainqueur dans la longueur des routes. Quand le maître & le chameau sont prêts & dressés pour le brigandage, ils partent ensemble, traversent les sables du désert, & vont attendre sur les confins, le marchand ou le voyageur pour les piller. L'homme dévaste, massacre, enlève, & le chameau porte le butin. Si ses compagnons de fortune sont poursuivis, ils hâtent leur fuite. Le maître voleur monte son chameau favori, pousse la troupe, fait jusqu'à 300 lieues en huit jours, sans décharger ses chameaux, ni leur donner qu'une heure de repos par jour, avec un morceau de pâte pour toute nourriture. Souvent ils passent tout ce temps-là sans boire, à moins qu'ils ne sentent par hasard une source à quelque distance de leur route: Alors ils doublent le pas & courent à l'eau avec une ardeur qui les fait boire, en une seule fois, pour la soif passée & pour la soif à venir. Tel est cet animal si souvent célébré dans la Bible, dans l'Alcoran & dans les romans orientaux.

La liberté & la propriété sont sacrées dans le

Bilnapore. On n'y entend parler ni de vol particulier, ni de vol public. Un voyageur, quel qu'il soit, n'y est pas plutôt entré qu'il fixe l'attention des loix qui se chargent de sa sûreté. On lui donne gratuitement des guides, qui le conduisent d'un lieu à un autre, & qui répondent de sa personne & de ses effets. Lorsqu'il change de conducteur, les nouveaux donnent à ceux qu'ils relèvent, une attestation de conduite, qui est enrégistrée & envoyée ensuite au Raja. Tout le temps qu'il est sur le territoire, il est nourri & voituré avec ses marchandises aux dépens de l'Etat, à moins qu'il ne demande de séjourner plus de trois jours dans la même place. Il est alors obligé de payer sa dépense, s'il n'est pas retenu par quelque maladie, ou par un autre accident forcé. Cette bienfaisance pour les étrangers, est la suite du vif intérêt que les citoyens prenent les uns aux autres. Ils sont si éloignés de se nuire, que celui qui trouve une bourse ou quelqu'autre effet de prix, les suspend au premier arbre & en avertit le corps-de-garde le plus prochain, qui l'annonce au public au son du tambour. Ces principes de probité sont si généralement reçus, qu'ils dirigent jusqu'aux opérations du Gouvernement. De sept à huit millions qu'il reçoit annuellement, sans que la culture ni l'industrie en souffrent, ce qui n'est pas consommé par les dépenses indispensables de l'Etat, est employé à son amélioration.

Les Balliaderes sont réunies en troupes dans des séminaires de volupté. Leur destination est de danser dans les pagodes aux grandes solemnités, & de servir aux plaisirs des Brames.

Ces

Ces prêtres, qui n'ont pas fait le vœu artificieux & imposteur de renoncer à tout, pour mieux jouir de tout, aiment mieux avoir des femmes qui leur appartiennent, que de corrompre à la fois le célibat & le mariage. Ils n'attentent pas aux droits d'autrui par l'adultère : mais ils sont jaloux des danseuses dont ils partagent & le culte & les vœux avec leurs Dieux, jusqu'à ne permettre jamais sans répugnance qu'elles aillent amuser les Rois & les Grands.

On ignore comment cette institution singulière s'est formée. Il est vraisemblable qu'un Brame qui avoit sa concubine ou sa femme, s'associa d'abord avec un autre Brame qui avoit aussi sa concubine ou sa femme; mais qu'à la longue le mêlange d'un grand nombre de Brames & de femmes, occasionna tant d'infidélités, que les femmes devinrent communes entre tous ces Prêtres. Réunissez dans un seul cloître des célibataires des deux sexes, & vous ne tarderez pas à voir naître la communauté des hommes & des femmes.

Rien n'égale l'attention des Balliadères à conserver leur sein, comme un des trésors les plus précieux de leur beauté. Pour l'empêcher de se grossir ou de se déformer, elles l'enferment dans deux étuis d'un bois très-léger, joints ensemble & bouclés par derrière. Ces étuis sont si polis & si souples qu'ils se prêtent à tous les mouvemens du corps, sans applatir, sans offencer le tissu délicat de la peau. Le dehors de ces étuis est revêtu d'une feuille d'or parsémée de brillans. C'est-là, sans contredit, la parure la plus recherchée, la plus chère à la beauté. On la quitte, on la reprend avec une légéreté singulière. Ce voile qui couvre le sein, n'en cache point les palpitations, les soupirs, les molles ondulations; il n'ôte rien à la volupté.

En Amérique, les hommes se livroient généralement à cette débauche honteuse qui choque la nature & pervertit l'instinct animal. On a voulu attribuer cette dépravation à la foiblesse physique, qui cependant devroit plutôt en éloigner qu'y entraîner. Il faut en chercher la cause dans la chaleur du climat; dans le mépris pour un sexe foible; dans l'insipidité du plaisir entre les bras d'une femme harrassée de fatigues; dans l'inconstance du goût; dans la bisarerie qui pousse en tout à des jouissances moins communes; dans une recherche de volupté, plus facile à concevoir qu'honnête à expliquer. D'ailleurs, ces chasses qui séparoient quelquefois, pendant des mois entiers, l'homme de la femme, ne tendoient-elles pas à rapprocher l'homme de l'homme? Le reste n'est plus que la suite d'une passion générale & violente, qui foule aux pieds, même dans les contrées policées, l'honneur, la vertu, la décence, la probité, les loix du sang, le sentiment patriotique: sans compter qu'il est des actions auxquelles les Peuples policés ont attaché avec raison des idées de moralité tout-à-fait étrangères à des sauvages.

Les sauvages du Darien ont une pratique bien extraordinaire: c'est que les maris, à la mort de leurs femmes, les femmes à la mort de leurs maris, se coupent le bout du doigt; la seule inspection de leurs mains indique s'ils sont veufs, & combien de fois ils l'ont été.

Lorsqu'une veuve Darienne mouroit, on enterroit avec elle ceux de ses enfans que la foiblesse de leur âge mettoit dans l'impossibilité de pourvoir à leur subsistance. Comme personne ne vouloit se charger de ces orphelins, la Nation les faisoit périr pour les empêcher de mourir de faim. La charité de ces barbares ne s'étendoit pas plus loin. C'est la plus grande atrocité où la déplorable constitution de la vie sauvage ait jamais pu pousser les hommes.

La superstition qui règne sur toute l'étendue de la domination Espagnole, tient au Pérou deux sceptres dans ses mains, l'un d'or pour la Nation usurpatrice & triomphante, l'autre de fer pour ses habitans esclaves & dépouillés. Le scapulaire & le rosaire sont toutes les marques de religion que les moines exigent des Espagnols Péruviens. C'est sur la forme & la couleur de ces espèces de talismans, que le Peuple & les Grands fondent la prospérité de leurs entreprises, le succès de leurs intrigues amoureuses, l'espérance de leur salut. L'habit monacal fait au dernier moment la sécurité des riches malversateurs. Ils sont convaincus qu'enveloppés de ce vêtement redoutable au démon, cet être vengeur du crime n'osera descendre dans leurs tombeaux & s'emparer de leur ame. Si leurs cendres reposent près de l'autel, ils espèrent participer aux sacrifices des Pontifes, beaucoup plus que les pauvres & les esclaves.

D'après d'aussi funestes erreurs, que ne se permet-on pas pour acquérir des richesses qui assurent le bonheur dans l'un & l'autre monde ? La vanité d'éterniser son nom & la promesse d'une vie éternelle, transmettent à des cénobites une fortune dont on ne sauroit plus jouir ; & les familles sont frustrées d'un héritage bien ou mal acquis, par des legs qui vont enrichir ces hommes, qui ont trouvé le secret d'échapper à la pauvreté en s'y dévouant. Ainsi l'ordre des sentimens, des idées & des choses est renversé ; & les enfans des pères opulens sont condamnés à une misère forcée par la pieuse rapacité d'une foule de mendians volontaires. L'Anglois, le Hollandois, le François perdent leurs préjugés nationaux en voyageant. L'Espagnol traîne avec lui les siens par-tout l'univers ; & telle est la manie de léguer à l'Eglise, qu'au Pérou tous les biens fonds appartiennent au sacerdoce ou lui doivent des redevances. Le monachisme y a fait ce que la loi du *Vacuf* fera tôt ou tard à Constantinople ; ici l'on attache sa fortune à un *Minaret*, pour l'assurer à son héritier ; là on en dépouille un héritier en l'attachant à un monastère par la crainte d'être damné. Les motifs sont un peu divers, mais à la longue l'effet est le même. Dans l'une & l'autre contrée, l'Eglise est le gouffre où toute la richesse va se précipiter ; & ces Castillans, autrefois si redoutés, sont aussi petits devant la superstition, que des esclaves Asiatiques en présence de leur despote.

 La danse & le chant sont deux arts chez les Peuples policés. Au fond des forêts ce sont presque des signes naturels de la concorde, de l'amitié, de la tendresse & du plaisir. Nous apprenons sous des maîtres à déployer notre voix, à mouvoir nos membres en cadence. Le sauvage n'a d'autre maître que sa passion, son cœur &

la nature. Ce qu'il sent, nous le simulons. Aussi le sauvage qui chante ou qui danse, est-il toujours heureux.

Le défaut de société que la séparation des deux sexes entraîne nécessairement, n'est pas le seul inconvénient qui trouble à Bahia les jouissances & les douceurs de la vie. L'hypocrisie des uns, la superstition des autres; l'avarice au-dedans, le faste au-dehors; une extrême molesse qui tient à l'extrême cruauté dans un climat où toutes les sensations sont promptes & impétueuses, les défiances qui accompagnent les foiblesses, une indolence qui se repose entiérement sur des esclaves du soin des plaisirs & des affaires: tous les vices, qui sont épars ou rassemblés dans les pays méridionaux les plus corrompus, forment le caractère des Portugais de Bahia. Cependant, la dépravation de mœurs semble diminuer depuis que l'ignorance n'est plus tout-à-fait la même. Les lumières, dont l'abus corrompt quelquefois des Peuples vertueux, peuvent sinon épurer & réformer une Nation dégénérée, du moins rendre le crime plus rare, jetter un vernis d'élégance sur la corruption, y introduire une hypocrite urbanité, & le mépris du vice grossier.

Dans tous les temps les hommes ont affecté l'étalage de leurs richesses, soit parce que dans l'origine elles ont été le prix de la force & le signe du pouvoir, soit parce qu'elles ont obtenu la considération due aux talens & aux vertus. Le desir de fixer le regard sur soi invite l'homme à se parer de ce que la nature a de plus brillant & de plus rare. Les Peuples sauvages & les Nations civilisées ont à cet égard la même vanité. De toutes les matières qui représentent l'éclat de l'opulence, le diamant est la plus précieuse. Il n'y en a jamais eu aucune qui ait eu autant de valeur dans le commerce, aucune qui ait été d'un si grand ornement dans la société. Nos femmes en sont quelquefois éblouissantes ; on diroit qu'elles sont plus jalouses de se montrer riches que belles. Ignoreroient-elles donc qu'un cou, que des bras d'une forme élégante, ont mille fois plus d'attraits nuds, qu'entourés de pierres précieuses ; que le poids de leurs girandoles déforme leurs oreilles ; que l'éclat du diamant ne fait qu'affoiblir l'éclat de leurs yeux ; que cette dispendieuse parure fait mieux la satyre de leurs époux ou de leurs amans, que l'éloge de leurs charmes ; que la Vénus de Médicis n'a qu'un simple bracelet ; & que celui qui ne voit dans une belle femme que la richesse de son écrin, est un homme sans goût ?

Quand on demande aux Peuples de Guinée pourquoi ils ont laissé perdre le souvenir de ce qu'ont fait leurs pères, ils répondent qu'ils leur importe peu de savoir comment ont vécu les morts, que l'essentiel des vivans est d'avoir de la vertu. Le passé les touche si peu, qu'ils ne comptent pas même le nombre de leurs années. Ce seroit, disent-ils, se charger la mémoire d'un calcul inutile, puisqu'il n'empêcheroit pas de mourir, & qu'il ne donneroit aucune lumière sur le terme de la vie.

Le Roi d'Angole ne peut ni posséder, ni toucher rien de ce qui vient d'Europe, à l'exception des métaux, des armes, des ouvrages en bois, & en ivoire. Il est vraisemblable que quelques-uns de ses prédécesseurs se seront condamnés à cette privation, afin de diminuer la passion effrénée de leurs sujets pour les marchandises étrangéres. Si tel a été le motif de cette institution, le succès n'a pas répondu à l'attente. Les dernières classes de citoyens s'enivrent de nos liqueurs, lorsqu'ils ont des moyens pour s'en procurer ; & les riches, les Grands, les Ministres mêmes, s'habillent généralement de nos toiles & de nos étoffes. Seulement ils ont l'attention de quitter ces parures, lorsqu'ils vont à la Cour, où il n'est pas permis d'étaler un luxe interdit aux seuls despotes.

L'homme (le Caraïbe de la Guyanne) qui se destinoit à marcher le premier devant *les hommes*, devoit connoître d'avance tous les lieux propres à la chasse, à la pêche, toutes les fontaines & toutes les routes. Il soutenoit d'abord des jeûnes longs & rigoureux, on lui faisoit porter ensuite des fardeaux d'une pésanteur énorme ; il passoit la plupart des nuits en sentinelle ; on l'enterroit jusqu'à la ceinture dans une fourmillière où il restoit exposé un temps considérable à des piquures vives & sanglantes. S'il montroit dans toutes ces situations une force de corps & d'ame à l'épreuve des dangers, ou des fléaux où la nature expose la vie des sauvages ; s'il étoit *l'homme* qui pouvoit tout endurer & ne rien craindre, les suffrages s'arrêtoient sur lui. Cependant, comme s'il eût senti ce qu'impose l'honneur de commander à des hommes, il se déroboit sous d'épais feuillages ; la Nation alloit le chercher dans une retraite qui le rendoit plus digne du poste qu'il fuyoit. Chacun des assistans lui mettoit le pied sur la tête, pour lui faire connoître qu'étant tiré de la poussière par ses égaux, ils pouvoient l'y faire rentrer, s'il oublioit les devoirs de sa place. C'étoit la cérémonie de son couronnement. Voilà des sauvages qui avoient des notions plus justes de la souveraineté, & qui connoissoient mieux leurs prérogatives que la plupart des Peuples civilisés. Après cette leçon politique, tous les arcs, toutes les flèches tomboient à ses pieds, & la Nation obéissoit à ses loix, ou plutôt à ses exemples.

Les premiers voyageurs qui ont pénétré les premiers dans l'intérieur des terres d'Afrique, ont apperçu l'oppression des femmes; des superstitions qui empêchent la multiplication des hommes; des haines qui ne s'éteignent que par la destruction des familles & des Peuplades; l'abandon révoltant des vieillards & des malades; l'usage habituel des poisons les plus variés & les plus subtils; cent autres désordres, dont la nature brute offre trop généralement l'hideux tableau. Cependant, le voyageur y est accueilli avec respect, secouru avec la générosité la plus illimitée & la plus touchante simplicité : il entre dans la cabane du sauvage, il s'assied à côté de sa femme & de ses filles nues & il partage leurs repas. La nuit il prend son repos sur un même lit. Au jour on le charge de provisions, on l'accompagne assez loin sur sa route, & l'on s'en sépare avec les démonstrations de l'amitié. Mais cette scène d'hospitalité peut devenir sanglante en un moment. Ce sauvage est jaloux à l'extrême; & au moindre signe de familiarité qui l'alarmeroit, on seroit égorgé.

Les habitans des villes du Canada, sur-tout de la capitale, passoient l'hiver comme l'été, dans une dissipation générale & continuelle. On ne leur trouvoit aucune sensibilité pour le spectacle de la nature, ni pour les plaisirs de l'imagination; nul goût pour les sciences, pour les arts, pour la lecture, pour l'instruction. L'amusement étoit l'unique passion; & la danse faisoit dans les assemblées, les délices de tous les âges. Ce genre de vie donnoit le plus grand empire aux femmes, qui avoient tous les appas, excepté ces douces émotions de l'ame, qui seules font le prix & le charme de la beauté. Vives, gaies, coquêtes & galantes, elles étoient plus heureuses d'inspirer une passion que de la sentir. On remarquoit dans les deux sexes plus de dévotion que de vertu, plus de religion que de probité, plus d'honneur que de véritable honnêteté. La superstition y affoiblissoit le sens moral, comme il arrive par-tout où l'on se persuade que les cérémonies tiennent lieu de bonnes œuvres, & que les crimes s'effacent par des prières.

Gens de Cour! votre grandeur est dans vos terres, & non pas aux pieds d'un maître; soyez moins ambitieux & vous serez plus riches. Allez rendre justice à vos vassaux, & vous augmenterez votre fortune en augmentant la masse du bonheur commun. Que gagnez-vous à élever l'édifice du despotisme sur les ruines de toute espèce de liberté, de vertu, de sentiment, de propriété? Songez qu'il vous écrasera tous. Autour de ce colosse de terreur, vous n'êtes que des figures de bronze qui représentez les Nations enchaînées aux pieds d'une statue.

Les bonnes loix se maintiennent par les bonnes mœurs ; mais les bonnes mœurs s'établissent par les bonnes loix. Les hommes sont ce que le Gouvernement les fait : pour les modifier, il est toujours armé d'une force irrésistible, celle de l'opinion publique ; & le Gouvernement deviendra toujours corrupteur, quand, par sa nature, il sera corrompu. Voilà le mot, les Nations de l'Europe auront de bonnes mœurs lorsqu'elles auront de bons Gouvernemens.

En général, les Peuples simples, vertueux, sauvages mêmes & pauvres, sont attachés au soin de la sépulture. C'est qu'ils regardent ces derniers honneurs comme des devoirs, & ces devoirs comme une portion du sentiment d'amour, qui lie étroitement les familles dans l'état le plus voisin de la nature. Ce n'est pas l'amour qui exige ces honneurs ; ce sont les parens, une épouse, des enfans, qui rendent ces devoirs à la cendre chérie d'un père ou d'un époux digne d'être pleuré. Les convois funèbres sont toujours plus nombreux dans les petites sociétés que dans les grandes, parce que s'il y a moins de familles, elles sont beaucoup plus étendues. Il y règne plus d'union, plus de force ; tous les moyens, tous les ressorts y sont plus actifs. C'est la raison pourquoi de petits Peuples ont vaincu de grandes Nations, pourquoi les Grecs vinrent à bout des Perses, pourquoi les Corses chasseront tôt ou tard les François de leur Isle.

Politiques nouveaux, qui, avancez avec tant de confiance que les mœurs n'ont aucune influence sur le sort des Etats ; que pour eux, la mesure de la grandeur est celle de la richesse ; que le luxe de la paix, & les voluptés du citoyen ne peuvent affoiblir l'effet de ces grandes machines qu'on nomme des armées; & dont la discipline Européenne a tant perfectionné, selon vous, le jeu sûr & terrible : vous qui, pour soutenir votre opinion, détournez vos regards des cendres de Carthage & des ruines de Rome : sur le récit que je vous fais, suspendez du moins votre jugement, & croyez que peut-être il est des occasions de succès qu'ôte le luxe. Croyez que pour des troupes mêmes braves, l'indépendance des besoins fut souvent le premier ressort de la victoire. Il est trop aisé peut-être de n'affronter que la mort. Aux Nations corrompues par l'opulence, est réservée une épreuve plus difficile : celle de supporter la perte de leurs plaisirs.

PORTRAITS ET CARACTÈRES.

Les Arabes, avec une petite taille, un corps maigre, une voix grêle, ont un tempérament robuste, le poil brun, le visage basané, les yeux noirs & vifs, une physionomie ingénieuse, mais rarement agréable. Ce contraste de traits & de qualités, qui paroissent incompatibles, semblent s'être réunis dans cette race d'hommes, pour en faire une Nation singulière, dont la figure & le caractère tranchent assez fortement entre les Turcs, les Africains & les Persans, dont ils sont environnés. Graves & sérieux, ils attachent de la dignité à leur longue barbe, parlent peu, sans gestes, sans s'interrompre, sans se choquer dans leurs expressions; ils se piquent entr'eux de la plus exacte probité, par une suite de cet amour-propre & de cet esprit patriotique, qui, joints ensemble, font qu'une Nation, une horde, un corps, s'estime, se ménage, se préfère à tout le reste de la terre. Plus ils conservent leur caractère flegmatique, plus ils sont redoutables dans la colère qui les en fait sortir. Ce Peuple a de l'intelligence & même de l'ouverture pour les sciences ; mais il les cultive peu, soit par défaut de secours ou même de besoins : aimant mieux souffrir, sans doute, les maux de la nature que les peines du travail. Les Arabes de nos jours n'ont aucun monument de génie, aucune production de leur industrie, qui les rende recommandables dans l'histoire de l'esprit humain.

Jacques I.er étoit un Prince foible, infecté de la fausse Philosophie de son siècle, bel esprit, subtil & pédant, plus fait pour être à la tête d'une Université que d'un empire. Ce Prince théologien, croyoit tenir tout de Dieu, rien des hommes; il voyoit en lui seul l'esprit de raison, de sagesse, de conseil; il sembloit s'attribuer l'infaillibilité, que la réformation, dont il suivoit les dogmes sans les aimer, avoit ôtée aux Papes. Ces faux principes, qui feroient du Gouvernement un mystère de religion d'autant plus révoltant, qu'il porteroit à la fois sur les opinions, sur les volontés & sur les actions, s'étoient si fort enracinés dans son esprit, avec tous les autres préjugés d'une mauvaise éducation, qu'il ne pensoit pas même à les appuyer d'aucune des ressources humaines, de la prudence ou de la force.

Charles II. n'étoit sur le trône qu'un particulier, un voluptueux dissipateur. Ce Prince étoit un de ces voluptueux délicats, que l'amour du plaisir sensuel rend quelquefois humains & sensibles à la pitié.

Si Louis XIV, qu'on doit peut-être moins regarder comme le plus grand Monarque de son siècle, que comme celui qui représenta sur le trône avec le plus de dignité, eût voulu modérer l'usage de sa puissance & le sentiment de sa supériorité, il est difficile de prévoir jusqu'où il auroit poussé la fortune. Sa vanité nuisit à son ambition. Après avoir plié ses sujets à ses volontés, il voulut y assujettir ses voisins. Son orgueil lui suscita plus d'ennemis, que son ascendant & son génie ne pouvoient lui procurer d'alliés & de ressources. Le goût qu'il sembloit prendre aux flatteries de ses panégyristes & de ses courtisans, qui lui promettoient l'empire universel, servoit plus que l'étendue même de son pouvoir, à faire naître la crainte du conquérant & d'une servitude générale. Les pleurs & les satyres de ses sujets protestans, dispersés par un fanatisme tyrannique, mirent le comble à la haine que ses succès & l'abus de ses prospérités avoient inspirée.

Le Duc d'Orléans, Régent, avoit reçu de la nature une pénétration vive, une mémoire rare, un sens droit & juste. Il dut au travail une éloquence noble, un discernement exquis, le goût & la pratique des Arts. A la guerre, il montra une valeur brillante, & dans les affaires une dextérité pleine de franchise. Son caractère & les circonstances le placèrent dans des situations délicates, où il acquit une grande connoissance des hommes & une expérience prématurée. L'espèce de disgrace où il vécut long-temps, lui donna des mœurs sociables : il étoit d'un accès facile. On n'avoit ni humeur, ni hauteur à craindre de son commerce. Sa conversation étoit insinuante, & ses manières remplies de graces. Il avoit de la bonté, ou du moins il en prenoit le masque. Jamais il ne put prendre sur lui de rien refuser à ses amis, à ses ennemis, à ses maîtresses, surtout à Dubois, le plus corrompu, & le plus corrupteur des hommes.

Colombe avoit, comme tous ceux qui forment des projets extraordinaires, cet enthousiasme qui les roidit contre les jugemens de l'ignorance, les dédains de l'orgueil, les petitesses de l'avarice, les délais de la paresse. Son ame ferme, élevée, courageuse, sa prudence & son adresse, le firent enfin triompher de tous les obstacles.

Guillaume Pitt avoit la passion des grandes choses, une éloquence sûre d'entraîner les esprits, le caractère entreprenant & ferme; il avoit l'ambition d'élever sa patrie au-dessus de tout, & de s'élever avec elle. Son enthousiasme transporta une Nation, qu'au défaut de son climat sa liberté passionnera toujours.

Les Anglois, également fatigués, & avilis par l'empire de Pitt, cherchoient à rétablir cet esprit d'égalité, qui est l'ame du Gouvernement républicain. Le désespoir de s'élever à la hauteur d'un homme si accrédité, ou de le faire descendre jusqu'à eux, les réunit pour le perdre. Les voies directes auroient tourné contre eux; ils s'attachèrent à des moyens plus adroits. On chercha à l'aigrir, son caractère ardent s'offrit à ce piège : il y tomba. Si Pitt quitta sa place par humeur, il est blamable de ne l'avoir pas étouffée ou maîtrisée. Si ce fut dans l'espérance de mettre ses ennemis à ses pieds, il montra qu'il avoit plus de connoissance des affaires que des hommes. Si, comme on l'a dit, il se retira parce qu'il ne vouloit pas répondre des opérations qu'il n'étoit pas le maître de diriger ; il est permis de croire qu'il tenoit plus à sa gloire personnelle qu'aux intérêts de son pays.

L'Amiral de Coligny fut un des génies les plus étendus, les plus fermes, les plus actifs qui aient jamais illustré la France. Ce grand politique étoit citoyen jusques dans les horreurs des guerres civiles.

Le bien général est un doux rêve des ames

débonnaires. O tendre Pasteur de Cambray, ô bon Abbé de St. Pierre ! vos ouvrages sont faits pour peupler les déserts non pas de solitaires qui fuient les malheurs & les vices du monde, mais de familles heureuses qui chanteroient la magnificence de Dieu sur la terre, comme les astres l'annoncent dans le firmament. C'est dans vos écrits vraiment inspirés, puisque l'humanité est un présent du ciel, que se trouvent la vie & l'humanité. Soyez aimez des Rois, & les Rois seront aimés des Peuples.

Montesquieu ne s'est point apperçu qu'il faisoit des hommes pour les Gouvernemens, au lieu de faire des Gouvernemens pour les hommes.

Le Roi de Prusse, en cessant de combattre ne cessa pas d'agir. On le vit aspirer à l'admiration des mêmes Peuples, dont il avoit été la terreur. Il appella tous les arts à lui, & les associa à sa gloire. Il réforma les abus de la justice, & dicta lui-même des loix pleines de sagesse. Un ordre simple, invariable, s'établit dans toutes les parties de l'administration. Persuadé que l'autorité du Souverain est un bien commun à tout les sujets, une protection dont ils doivent tous également jouir. Il voulut que chacun d'eux eût la liberté de l'approcher & de lui écrire. Tous les instans de sa vie étoient consacrés au bien de ses Peuples. Ses délassemens même leur étoient utiles. Ses ouvrages d'histoire, de morale, de politique étoient remplis de vérités pratiques. On vit règner jusques dans ses poésies des idées profondes propres à répandre la lumière.

O Frédéric, Frédéric ! tu reçus de la nature une imagination vive & hardie, une curiosité sans bornes,

bornes, du goût pour le travail, des forces pour le supporter. L'étude du Gouvernement, de la politique, de la législation, occupa ta jeunesse. L'humanité par-tout abbattue, essuya les larmes à la vue de tes premiers travaux, & sembla se consoler de ses malheurs, dans l'espérance de trouver en toi son vengeur. Elle augura & bénit d'avance tes succès. L'Europe te donna le nom de Roi Philosophe.

Lorsque tu parus sur le théatre de la guerre, la célérité de tes marches, l'art de tes campemens, l'ordre de tes batailles étonnèrent toutes les Nations. On ne cessoit d'exalter cette discipline inviolable de tes troupes, qui leur assuroit la victoire; cette subordination méchanique, qui ne fait de plusieurs armées qu'un corps dont tous les mouvemens dirigés par une impulsion unique, frappent au même but. Les philosophes même, prévénus par l'espoir dont tu les avoit remplis, enorgueillis de voir un ami des arts & des hommes parmi les Rois, applaudissoient peut-être à tes succès sanglans. Tu fus regardé comme le modèle des Rois guerriers.

Il existe un titre plus glorieux, c'est celui du Roi citoyen. On ne l'accorde pas aux Princes qui, confondant les erreurs & les vérités, la justice & les préjugés, les sources du bien & du mal, envisageant les principes de la morale comme des hipothèses de métaphysique, ne voient dans la raison qu'un orateur gagné par l'intérêt. O si l'amour de la gloire s'étoit éteint au fond de ton cœur! Si ton ame, épuisée par tes grandes actions, avoit perdue son ressort & son énergie! Si les foibles passions de la vieillesse vouloient te faire rentrer dans la foule des Rois! Que deviendroit ta mémoire? Que deviendroient tous les éloges que toutes les bouches de la rénommée, que la voix immortelle des lettres & des arts t'ont prodigués? Mais non : ton règne & ta vie ne feront pas un problême dans l'histoire. Rouvres ton cœur aux sentimens nobles & vertueux qui firent tes premiers délices. Occupes tes derniers jours du bonheur de tes Peuples. Préparés la félicité de la génération actuelle. La puissance de la Prusse appartient à ton génie. C'est toi qui l'a créée, c'est toi qui la soutiens. Il faut la rendre propre à l'Etat qui te doit sa gloire.

Que ces innombrables métaux, enfouis dans tes coffres, en rentrant dans la circulation, rendent la vie au corps politique : que tes richesses personnelles, qu'un revers peut dissiper, n'aient désormais pour base que la richesse nationale, qui ne tarira jamais : que tes sujets, courbés sous le joug intolérable d'une administration violente & arbitraire, retrouvent les tendresses d'un père, au lieu des vexations d'un oppresseur : que des droits exorbitans sur les personnes & les consommations, cessent d'étouffer également la culture & l'industrie : que les habitans de la campagne, sortis de l'esclavage, que ceux des villes véritablement libres, se multiplient au gré de leurs penchans & de leurs efforts. Ainsi tu parviendras à donner de la stabilité à l'empire, que tes qualités brillantes ont illustré, ont étendu ; tu seras placé dans la liste respectable & peu nombreuse des Rois citoyens.

Oses davantage ; donne le repos à la terre.

Que l'autorité de la médiation, que le pouvoir de tes armes force à la paix des Nations inquiètes. L'Univers est la patrie d'un grand homme ; c'est le théatre qui convient à tes talens : deviens le bienfaiteur de tous les Peuples.

ANECDOTES.

La veuve d'un Bramine, jeune, belle & intéressante, vouloit renouveller à Surate la tragédie de se brûler. On se refusoit à ses sollicitations. Cette femme indignée prit des charbons ardens dans ses mains, & paroissant supérieure à la douleur, elle dit d'un ton ferme au Nabab : *ne considères pas seulement les foiblesses de mon âge & de mon sexe. Vois avec quelle insensibilité je tiens ce feu dans mes mains. Saches que c'est avec la même constance que je me précipiterai au milieu des flammes.*

Albuquerque vouloit assiéger Malaca; (en 1511) les habitans avoient en leur puissance Araujo son ami ; ils menaçoient de le faire périr, au moment où commenceroit le siège. Albuquerque étoit sensible, & il étoit arrêté par le danger de son ami, lorsqu'il en reçut ce billet : *Ne pensez qu'à la gloire & à l'avantage du Portugal ; si je ne puis être un instrument de votre victoire, que je n'y sois pas au moins un obstacle.*

Un Européen, arrivé pour la première fois dans l'Empire de la Chine, acheta des marchandises d'un Chinois, qui le trompa sur la qualité & sur le prix. Les marchandises avoient été portées au bord du vaisseau, & le marché étoit consommé. L'Européen se flatta que peut-être il toucheroit le Chinois par des représentations modérées, & il lui dit : *Chinois, tu m'as vendu de mauvaises marchandises*.... *cela se peut*, lui répondit le

Chinois, *mais il faut payer.... Tu as blessé les loix de la justice & abusé de ma confiance.... Cela se peut, mais il faut payer.... Mais tu n'es donc qu'un fripon, un malheureux?.... Cela se peut, mais il faut payer.... Quelle opinion veux-tu donc que je porte dans mon pays de ces Chinois si renommés par leur sagesse? Je dirai que vous n'êtes que de la canaille..... Cela se peut, mais il faut payer....* L'Européen, après avoir renchéri sur ces injures de toutes celles que la fureur lui dicta, sans n'en avoir arraché que ces mots froids & froidement prononcés: *cela se peut, mais il faut payer*, délia sa bourse & paya. Alors le Chinois, prenant son argent, lui dit: *Européen, au lieu de tempêter comme tu viens de faire, ne valloit-il pas mieux te taire & commencer par où tu as fini? car qu'y as-tu gagné.*

Un seul vaisseau, commandé par Lopès-Carasco, se battit pendant trois jours contre la flotte entière du Roi d'Achem. Au milieu du combat, on vint dire au fils de Lopès que son père avoit été tué: *c'est*, dit-il, *un brave homme de moins; il faut vaincre ou mériter de mourir comme lui.* Il prit le commandement du vaisseau; & traversant en vainqueur la flotte ennemie, se rendit devant Malaca.

Thomas de Souza venoit de faire esclave une belle femme, promise depuis peu à un jeune homme qui l'aimoit. Celui-ci, instruit du malheur de sa maîtresse, alla se jetter à ses pieds, & partager ses fers. Souza fut témoin de leur entrevue : ils s'embrassoient; ils fondoient en larmes: *je vous affranchis*, leur dit le Général Portugais, *allez vivre heureux où vous voudrez.*

Un Roi de Perse, ayant demandé à un Ambassadeur de Portugal, arrivé à Goa, combien de Gouverneur son maître avoit fait décapiter, depuis qu'il avoit introduit sa domination dans les Indes, *aucun*, répondit l'Ambassadeur. *Tant pis*, repliqua le Monarque : *sa puissance dans un pays où il se commet tant de vexations & de barbaries, ne durera pas long-temps.*

Le Pirate Equam s'étant emparé de l'Isle Formose, envoya un Ministre Hollandois, nommé Hambroeck, au fort de Zélande, pour qu'il en engageât ses compatriotes à capituler. La mort de Hambroeck étoit certaine, si ses compatriotes ne capituloient pas. Loin de les y engager, Hambroeck les exorta à tenir ferme, & tacha de leur persuader, qu'avec beaucoup de constance ils forceroient l'ennemi à se retirer. La garnison, qui ne doutoit pas que cet homme généreux ne payât sa magnanimité de sa tête, de retour au camp, fit les plus grands efforts pour le retenir. Ces instances furent tendrement appuyées par deux de ses filles qui étoient dans la place. *J'ai promis*, dit-il, *d'aller reprendre mes fers ; il faut dégager ma parole. Jamais on ne reprochera à ma mémoire, que, pour me mettre à couvert, j'aie appésanti le joug, &, peut-être, causé la mort des compagnons de mon infortune.* Après ces mots héroïques, il reprit tranquillement la route du camp Chinois, & le siège commença.

Il y a environ deux siècles que quelques Chrétiens & quelques Mahométans, ayant apporté à Célèbes leurs idées, le principal Roi du pays se dégoûta entièrement du culte national. Frappé de l'avenir terrible, dont les deux nouvelles religions le menaçoient également, il convoqua une assemblée générale. Au jour indiqué, il monta sur un endroit élevé ; & là, tendant ses mains vers le ciel, & se tenant debout, il adressa cette prière à l'Etre suprême.

„ Grand Dieu ! je ne me prosterne point à tes
„ pieds, en ce moment, parce que je n'implore
„ point ta clémence. Je n'ai à te demander qu'une
„ chose juste, & tu me la dois. Deux Nations
„ étrangères, opposées dans leur culte, sont ve-
„ nues porter la terreur dans mon ame, & dans
„ celle de mes sujets. Elles m'assurent que tu me
„ puniras à jamais, si je n'obéis à tes loix. J'ai
„ donc le droit d'exiger de toi, que tu me les
„ fasses connoître. Je ne demande point que tu
„ me revèles les mystères impénétrables qui en-
„ veloppent ton être, & qui me sont inutiles.
„ Je suis venu pour t'intéroger avec mon Peu-
„ ple, sur les devoirs que tu veux nous imposer.
„ Parles, ô mon Dieu ! puisque tu es l'auteur
„ de la nature, tu connois le fonds de nos cœurs,
„ & tu sais qu'il leur est impossible de concevoir
„ un projet de désobéissance. Mais si tu dédai-
„ gnes de te faire entendre à des mortels ; si tu
„ trouves indigne de ton essence d'employer le
„ langage de l'homme pour dicter les devoirs à
„ l'homme ; je prends à témoin ma Nation en-
„ tière, le soleil qui m'éclaire, la terre qui me
„ porte, les eaux qui environnent mon Empire,
„ & toi-même, que je cherche dans la sincérité
„ de mon cœur, à connoître ta volonté : & je
„ préviens aujourd'hui que je reconnoîtrai, pour
„ les dépositaires de tes oracles, les premiers Mi-
„ nistres de l'une ou de l'autre religion que tu

» feras arriver dans nos ports. Les vents & les
» eaux sont les ministres de ta puissance ; qu'ils
» soient le signal de ta volonté. Si dans la bonne-
» foi qui me guide, je venois à embrasser l'er-
» reur, ma conscience seroit tranquille, & c'est
» toi qui seroit le méchant."

Le Peuple se sépara en attendant les ordres du ciel, & résolu de se livrer aux premiers missionnaires qui arriveroient à Célèbes. Les Apôtres de l'Alcoran furent les plus actifs ; & le Souverain se fit circoncire avec son Peuple. Le reste de l'Isle ne tarda pas à suivre cet exemple.

Vers l'an 1426, les Hollandois présentèrent quelques pièces de tapisseries au Souverain de Bornéo ; ce Prince imbécille prit les figures qu'elles représentoient, pour des hommes enchaînés qui l'étrangleroient pendant la nuit, s'il les admettoit auprès de sa personne. Les explications qu'on donna pour dissiper ces vaines terreurs, ne le rassurèrent pas ; il refusa opiniâtrément de recevoir les présens dans son Palais, & d'admettre dans sa capitale ceux qui les avoient apportés.

Un Hottentot fut pris au berceau : on l'éleva dans nos mœurs & dans notre croyance ; il fut envoyé aux Indes, & utilement employé dans le commerce. Les circonstances l'ayant ramené dans sa patrie, il alla visiter ses parens dans leur cabane. La singularité de ce qu'il vit le frappa. Il se couvrit d'une peau de brébis, & alla rapporter au fort ses habillemens Européen. » Je
» viens, dit-il, au Gouverneur, je viens renon-
» cer pour toujours au genre de vie que vous
» m'aviez fait embrasser. Ma résolution est de sui-

» vre jusqu'à la mort, la religion & les usages
» de mes ancêtres. Je garderai pour l'amour de
» vous le collier & l'épée que vous m'avez don-
» nés. Trouvez bon que j'abandonne tout le res-
» te." Il n'attendit point de réponse & se déroba
par la fuite, on ne le revit jamais.

Un Perse disoit que toutes les fois qu'il sortoit de la chambre du Roi, il tâtoit sa tête avec ses deux mains, pour voir si elle étoit encore sur ses épaules.

Durant le siège de Bombay, la mère du Nabab n'avoit pas quitté son fils ; bravant, comme lui le ravage du canon & des bombes. Ils sortirent ensemble de la place lorsqu'elle ne fut plus tenable. On les poursuivoit. *Allez*, dit cette héroïque femme au compagnon de sa fuite, *allez chercher un azyle & des secours chez vos alliés, je retarderai la marche de nos ennemis, & leur échapperai peut-etre.* Se voyant serré de trop près, on lui vit prendre le parti si ordinaire dans l'Indostan aux personnes de son sexe, qui ont conservé leur poignard : elle se perça le cœur pour éviter de porter des fers. Son fils ne lui survécu que peu.

Un des directeurs de la compagnie des Indes de France demandoit un jour à la Bourdonnois comment il avoit si mal fait les affaires de la compagnie, & si bien les siennes. *C'est*, répondit-il, *que j'ai fait mes affaires selon mes lumières, & celles de la compagnie selon vos instructions.*

Pierre I se promettoit le plus grand succès du retour des jeunes gens qu'il avoit envoyé puiser des lumières dans les contrées les plus éclairées de l'Europe. Son bouffon, qui l'écoutoit, plia, le plus fortement qu'il put, un feuille de papier, la lui perfenta, & le défia d'effacer ce pli.

Un pilotte de l'ancien monde qui avoit enfin obfervé les vents, n'employa qu'un mois de Ceilan au Pérou, au lieu d'un an qu'on y mettoit. Il paffa pour forcier ; l'Inquifition qui eft ridicule par fon ignorance, quand elle n'eft pas odieufe par fes fureurs, le fit arrêter. Son journal le juftifia, On reconnu que, pour avoir le même fuccès, il ne falloit que s'éloigner des côtes ; & cette méthode fut adoptée généralement.

Un Efpagnol qui revenoit du Nouveau-Monde, où il avoit rempli un emploi important, fe plaignoit à quelqu'un des bruits qu'il trouvoit fémés contre l'honnêteté de fon adminiftration.... " Si " l'on vous calomnie, lui dit fon ami, vous êtes " perdu fans reffources, mais fi l'on n'exagère pas " vos brigandages, vous en ferez quitte pour en " facrifier une partie ; vous jouirez paifiblement " & même glorieufement du refte. "

Lopès d'Aguirre étant tombé entre les mains des Efpagnols, & ne voyant pas moyen de s'échapper, dit à fa fille unique, qui le fuivoit dans fes voyages, " jefpérois te placer fur le trône ; " les événemens trompent mon attente. Mon " honneur & le tien ne permettent pas que tu vives " pour devenir l'efclave de mes ennemis : meurs " de la main d'un père. " A l'inftant, il lui tire un coup de fufil à travers du corps, & l'achève tout de fuite, en plongeant un poignard dans fon cœur encore palpitant. Après ces actes dénaturés, les forces l'abandonnent ; il eft pris, & écartelé.

Le Filibuftier Morgan devint amoureux, au milieu des horreurs qui fe commettoient à Panama. Son caractère féroce n'étoit pas propre à inspirer de tendres desirs. Il voulut triompher, par la violence de la belle Espagnole, qui tourmentoit son cœur farouche. *Arrêtes,* lui cria-t-elle, en s'arrachant de ses bras avec précipitation, *Arrêtes, crois-tu me ravir l'honneur, comme tu m'as ôté les biens & la liberté ? Apprends que je puis mourir & me venger.* A ces mots, elle tire de dessous sa robe un poignard qu'elle lui auroit plongé dans le cœur, s'il n'eût évité le coup.

Les Filibustiers s'étoient chargés, pour une somme, d'escorter un vaisseau Espagnol très-richement chargé. Un d'entr'eux osa proposer à ses camarades de faire tout-d'un-coup leur fortune, en s'emparant de ce bâtiment. Montaubant qui commandoit la troupe, n'eut pas plutôt entendu ce discours, qu'il voulut abdiquer sa place, & demanda d'être mis à terre. Quoi ! nous quitter lui dirent ces hommes intrépides. Y a-t-il quelqu'un ici qui approuve la perfidie qui vous fait horreur ? On délibéra sur-le-champ. On arrêta que le coupable seroit jetté sur la première côte qui se présenteroit. On jura que cet homme sans foi ne seroit jamais reçu dans aucun armement où se trouveroit un seul des braves gens que sa société déshonoroit. Si ce n'est pas là de l'héroïsme, sera-ce dans un siècle, où tout ce qu'il y a de grand est tourné en ridicule sous le nom d'enthousiasme, qu'il faudra chercher des héros ?

Schildcrop, agent de la traite des nègres Danois, s'étoit acquis une si grande réputation d'humanité & de bonté, qu'un Souverain d'une contrée éloignée, lui envoya sa fille avec de l'or & des esclaves pour obtenir un petit fils de Schilderop. O vertu! tu respires encore dans l'ame de ces misérables, condamnés à habiter parmi les tigres ou à gémir sous la tyrannie des hommes? Ils peuvent donc avoir un cœur pour sentir les doux attraits de l'humanité bienfaisante! juste & magnanime Danois! Quel Monarque reçut jamais un tel hommage aussi pur, aussi glorieux, que celui dont ta Nation ta vu jouir! & dans quels lieux encore? Sur une mer, sur une terre que trois siècles ont à jamais souillée d'un infâme trafic de crimes & de malheurs, d'hommes échangés pour des armes, d'enfans vendus par leurs pères. On n'a pas assez de larmes pour déplorer de pareilles horreurs, & ces larmes sont inutiles.

Un bâtiment Anglois, qui en 1752, commerçoit en Guinée, fut obligé d'y laisser son chirurgien, auquel le mauvais état de sa santé ne permettoit plus de soutenir la mer. Murrai s'occupoit du soin de se rétablir, lorsqu'un vaisseau Hollandois s'approcha de la côte, mit aux fers des noirs que la curiosité avoit attirés sur son bord, & s'éloignât rapidement avec sa proie.

Ceux qui s'intéressoient à ces malheureux indignés d'une trahison si noire, accoururent à l'instant chez Cudjod, qui les arrête à sa porte, & leur demande ce qu'ils cherchent. *Le Blanc qui est chez vous*, s'écrient-ils; *il doit être mis à mort, puisque ses frères ont enlevé nos frères. Les Européens qui on ravi nos concitoyens sont des barbares*, répond l'hôte généreux de Murrai *tuez-les quand vous les rencontrerez. Mais celui qui loge chez moi est un être bon, il est mon ami; ma maison lui sert de fort; je suis son soldat, & je le* défendrai. *Avant d'arriver à lui vous marcherez sur moi. O mes amis! quel homme juste voudroit entrer chez moi, si j'avois souffert que mon habitation, fût souillée du sang d'un innocent?* Ce discours calma le courroux des noirs; ils se retirèrent tout honteux du dessein qui les avoit conduits; & quelques jours après ils témoignèrent à Murrai lui-même, combien ils se trouvoient heureux de n'avoir pas consommé un crime qui leur auroit causé d'éternels remords.

Un esclave Portugais, qui avoit déserté dans les bois, ayant appris que son ancien maître étoit arrêté par un assassinat, vint s'en accuser lui-même en justice, se mit dans les fers à la place du coupable, fournit les preuves fausses, mais juridiques, de son prétendu crime, & subit le dernier supplice. Des actes d'une nature si sublime doivent être rares.

On reprochoit à un Gouverneur de la Virginie de saluer un nègre qui l'avoit prévenu: *je serois bien fâché*, répondit-il, *qu'un esclave fût plus honnête que moi.*

Le Cacique Hatuey, attaché par les Espagnols sur un bucher, n'attendoit que la flamme qui devoit le consumer, lorsqu'un prêtre barbare vint lui proposer le baptême, & lui parler du Paradis. *Dans ce lieu de délices*, dit le Cacique, *y a-t-il des Espagnols? Oui*, répondit le missionnaire, *mais il n'y en a que de bons. Le meilleur ne vaut rien*, reprit Hatuey, *& je ne veux point aller dans un lieu où je craindrois d'en trouver un seul. Ne me parlez plus de votre religion & laissez-moi mourir.*

Les Hollandois ayant été obligés plusieurs fois

de traiter avec leurs nègres fugitifs, de Surinam, pour donner la sanction à ces différens traités, les plénipotentiaires des parties contractantes se sont fait faire une incision au bras. Le sang qui en a coulé a été reçu dans des vases remplis d'eau & de terre. Cette mixion révoltante a été bue des deux côtés en signe de fidélité. S'ils se fussent refusé à cet excès d'humiliation, jamais des maîtres oppresseurs n'auroient obtenu la paix de leurs anciens esclaves.

Un jeune Anglois, long-temps poursuivi par les Caraïbes, se jetta dans un bois. Une Indienne l'ayant rencontré, sauva ses jours, le nourrit secrétement, & le conduisit, après quelque temps, sur les bords de la mer. Ses compagnons y attendoient à l'ancre ceux qui s'étoient égarés : la chaloupe vint le prendre. Sa libératrice voulut le suivre. Dès qu'ils furent arrivés à la Barbade, le monstre vendit celle qui lui avoit conservé la vie, qui lui avoit donné son cœur avec tous les sentimens & tous les trésors de l'amour.

Un nègre de St. Cristophe (en 1756) fut associé dès l'enfance aux jeux de son maître. Cette familiarité, communément si dangereuse, étendit les idées de l'esclave, sans altérer son caractère. Quazy mérita bientôt d'être choisi pour être directeur des travaux de la plantation ; & il montra dans ce poste important, une intelligence rare & un zèle infatiguable. Sa conduite & ses talens augmentèrent encore sa faveur. Elle paroissoit hors de toute atteinte, lorsque ce chef des ateliers, jusqu'alors si chéri & si distingué, fût soupçonné d'avoir manqué à la police établie, & publiquement menacé d'une punition humiliante.

Un esclave qui a long-temps échappé aux châtimens, infligés trop facilement & trop souvent à ses pareils, est infiniment jaloux de cette distinction. Quazy qui craignoit l'opprobre plus que le tombeau, & qui ne se flattoit pas de faire révoquer, par les supplications, l'arrêt prononcé contre lui, sortit à l'entrée de la nuit pour aller invoquer une médiation puissante. Son maître s'en apperçut malheureusement & voulut l'arrêter. On se prend corps à corps. Les deux champinions, adroits & vigoureux, luttent quelques momens avec des succès variés. L'esclave terrasse à la fin son inflexible ennemi, le met hors d'état de sortir de cette situation facheuse, & lui portant un poignard sur le sein, lui tient ce discours : " Maître, j'ai été élevé avec vous, vos " plaisirs ont été les miens. Jamais mon cœur " ne connut d'autres intérêts que les vôtres. Je " suis innocent de la petite faute dont on m'accuse ; & quand j'en aurois été coupable, vous " auriez dû me la pardonner. Tous mes sens " s'indignent de l'affront que vous me préparez ; " & voici par quels moyens je veux l'éviter." en disant ces mots, il se coupe la gorge & tombe mort sans maudire un tyran qu'il baigne de son sang.

Dans la même Isle, l'amour & l'amitié se sont signalés par une tragédie, dont la fable & l'histoire n'ont point encore fournit d'exemple.

Deux nègres jeunes, bienfaits, robustes, courageux, nés avec une ame rare, s'aimoient depuis l'enfance. Associés aux mêmes travaux, ils s'étoient unis par leurs peines, qui, dans les cœurs sensibles, attachent plus que les plaisirs. S'ils n'étoient pas heureux, ils se consoloient au moins dans leurs infortunes. L'amour, qui les fait toutes oublier, vint y mettre le comble. Une négresse, esclave comme eux, avec des regards plus vifs sans doute & plus brûlans à travers un tein d'ébène que sous un front d'albâtre, aluma dans ces deux amis une égale fureur. Plus faite pour inspirer que pour sentir une grande passion, leur amante auroit accepté l'un ou l'autre pour époux: mais aucun des deux ne vouloit la ravir, ne pouvoit la céder à son ami. Le temps ne fit qu'accroître les tourmens qui dévoroient leur ame, sans affoiblir ni leur amitié, ni leur amour. Souvent leurs larmes amères & cuisantes couloient dans les embrassemens qu'ils se prodiguoient à la vue de l'objet trop chéri, qui les désespéroit. Ils se juroient quelquefois de ne plus l'aimer, de renoncer à la vie plutôt qu'à l'amitié. Toute l'habitation étoit attendrie par le spectacle de ces combats déchirans. On ne parloit que de l'amour des deux amis pour la belle négresse.

Un jour ils la suivirent au fond d'un bois. Là chacun des deux l'embrasse à l'envie, la serre mille fois contre son cœur, lui fait tous les sermens, lui donne tous les noms qu'inventa la tendresse ; & tout-à-coup sans se parler, sans se regarder, ils lui plongent un poignard dans le sein. Elle expire ; & leurs larmes, leurs sanglots, se confondent avec ses derniers soupirs, ils rugissent. Le bois retentit de leurs cris forcénés. Un esclave accourt. Il les voit de loin qu'ils couvrent de leurs baisers, la victime de leur amour. Il appelle ; on vient, & l'on trouve ces deux amis qui, le poignard à la main, se tenant embrassés

sur

sur le corps de leur malheureuse amante, baignés dans leur sang, expiroient eux-mêmes dans les flots qui ruisseloient de leurs propres blessures.

L'Elisabet, vaisseau de guerre Anglois, alloit infailliblement périr dans les écueils de la Floride, lorsqu'il aima mieux entrer dans la Havane. C'étoit un port ennemi & dans le feu de la guerre. " Je
" viens, dit le Capitaine Edward, au Gouverneur
" de la place, je viens vous livrer mon navire,
" mes matelots, mes soldats, & moi-même. Je
" ne commettrai point, dit le commandant Espa-
" gnol, une action déshonorante. Si nous vous
" avions pris dans le combat, en pleine mer, ou
" sur nos côtes, votre vaisseau seroit à nous,
" & vous seriez nos prisonniers. Mais, battus par
" la tempête, & poussés dans ce port par la crainte
" du naufrage, j'oublie & je dois oublier que
" ma Nation est en guerre avec la vôtre. Vous
" êtes des hommes & nous le sommes aussi.
" Vous êtes malheureux, nous vous devons de
" la pitié. Déchargez-donc avec assurance, &
" radoubez votre vaisseau. Trafiquez s'il le faut,
" dans ce port, pour les frais que vous devez
" payer, vous partirez ensuite, & vous aurez un
" passe-port jusqu'au de-là des Bermudes. Si vous
" êtes pris après ce terme, le droit de la guerre
" vous aura mis dans nos mains ; mais, en ce mo-
" ment, je ne vois dans des Anglois que des étran-
" gers pour qui l'humanité réclame du secours.

Les habitans de la Grénade s'étant révoltés contre leur Gouverneur, le condamnèrent au dernier supplice. Dans toute la Cour de justice, qui fit authentiquement le procès à ce brigand, un seul homme, nommé Archangéli, savoit écrire.

Un Maréchal ferrant fit les informations. Au lieu de sa signature, il avoit pour sceau un fer à cheval, autour duquel Archangeli, qui remplissoit l'office de greffier, écrivit gravement: *marque de Monsieur de la Brie, Conseiller rapporteur.*

Eh quoi! dit plaisamment François I, *le Roi d'Espagne & le Roi de Portugal partagent tranquillement entre eux toute l'Amérique, sans souffrir que j'y prenne part comme leur frère! je voudrois bien voir l'article du testament d'Adam, qui leur legue ce vaste héritage.*

Un sauvage qu'on vouloit éloigner de sa patrie, disoit: *nous sommes nés sur cette terre, nos peres y sont ensévélis. Dirons-nous aux ossemens de nos peres levez-vous, & venez avec nous dans une terre étrangère?*

Un bâtiment François s'étoit brisé, à l'entrée de l'hiver, sur les rochers d'Anticosti. Ceux des matelots qui, dans cette Isle déserte & sauvage, avoient échappés aux rigueurs des frimats & de la famine, formèrent, des débris de leur navire, un radeau qui, au printemps, les conduisit dans le continent. Une cabane de sauvages s'offrit à leurs regards expirans. *Mes frères,* leur dit affectueusement le chef de cette famille solitaire, *les malheureux ont droit à notre commisération & à notre assistance; nous sommes hommes, & les miseres de l'humanité nous touchent dans les autres comme dans nous-mêmes.* Ces expressions d'une ame tendre furent suivies de tous les secours qui étoient au pouvoir de ces généreux sauvages.

Un Miamis tenoit ce discours à un de nos commissaires. *Nous ne pouvions plus bien vivre ensemble, ma femme & moi. Mon voisin n'étoit pas mieux* avec la sienne. *Nous avons changé de femme, & nous sommes tous contens.*

Un Orateur chrétien, prêchant devant les chefs de la république de Venise, crut devoir ouvrir son discours par un éloge du Gouvernement : aussi-tôt un satellite le fait descendre de la chaire, & le tribunal des inquisiteurs d'Etat, devant lequel il fut appellé le lendemain, lui dit : *qu'avons-nous besoin de ton panégyrique ? Sois plus reservé.* On savoit là qu'on ne tarde pas à censurer l'administration lorsqu'il est permis de l'exalter.

A Venise, le Peuple en général est persuadé que les diables voltigent au-dessus du gibet pour se saisir de l'ame du supplicié. Un capucin s'avisa de dire, que *de cent noyés aucun ne seroit sauvé, & que de cent pendus aucun ne seroit damnés*. Comme il importe aux Vénitiens qu'on ne craigne pas d'être noyé & qu'on craigne d'être pendu, le prédicateur eut ordre de prêcher le contraire, malgré l'autorité de St. Augustin.

La fureur étoit si exaltée parmi les sauvages du Canada, qu'un prisonnier Anglois ayant été conduit dans une habitation écartée, la femme lui coupa aussi-tôt un bras, & fit boire à sa famille le sang qui en dégoutoit. *Je veux*, répondit-elle à un missionnaire Jésuite, qui lui reprochoit l'atrocité de cette action, *je veux que mes enfans soient guerriers ; il faut donc qu'ils soient nourris de la chair de leurs ennemis.*

Dans une ville de la Nouvelle-Angleterre, nommée Salem, vivoient deux filles sujettes à des convulsions, qui étoient accompagnées de symptomes extraordinaires. Leur père, Pasteur de cette Eglise, les crut ensorcelées. Soupçonnant une Indienne qu'il avoit chez lui, d'avoir jetté quelque fort fur fa famille, à force de mauvais traitemens, il lui fit avouer qu'elle étoit forcière. D'autres femmes, féduites par le plaifir d'intéreffer le public, crurent que des convulfions, qu'elles ne devoient qu'à la nature de leur fexe, avoient la même origine. Trois citoyens, qu'on nomme au hafard, font auffi-tôt mis en prifon, accufés de fortilège, condamnés à être pendus, & leurs cadavres font abandonnés aux bêtes féroces, aux oifeaux de proie. Peu de jours après, feize perfonnes fubiffent le même fort avec un Jurifconfulte, qui, refufant de plaider contr'elles, eft dès-lors, convaincu d'être leur complice.

En 1774, Logan, chef des Shawenefes, fauvages de la Virginie, tint à Dunmore, Gouverneur de cette province, le difcours fuivant. " Je
" demande aujourd'hui à tout homme blanc, fi
" preffé par la faim, il eft jamais entré dans la
" cabane de Logan, fans qu'il lui ait donné à
" manger ; fi, venant nud ou tranfi de froid, Logan
" ne lui a pas donné de quoi fe couvrir ? Pendant
" le cours de la dernière guerre, fi longue & fi
" fanglante, Logan eft refté tranquille fur fa
" natte, defirant d'être l'Avocat de la paix. Oui,
" tel étoit mon attachement pour les blancs, que
" ceux-mêmes de ma Nation, lorfqu'ils paffoient
" près de moi, me montroient au doigt, & di-
" foient : *Logan eft ami des blancs.* J'avois mê-
" me penfé à vivre parmi vous : mais c'étoit
" avant l'injure que m'avoit faite l'un de vous.
" Le printemps dernier, le Colonel Creffop, de
" fang froid & fans être provoqué, a maffacré
" tous les parens de Logan, fans épargner ni fa

« femme, ni ses enfans. Il ne coule plus au-
« cune goute de mon sang dans les veines d'au-
« cune créature humaine. C'est ce qui a excité
« ma vengeance. Je t'ai cherché ; j'ai tué beau-
« coup des vôtres. Ma haine est assouvie ; je
« me réjouis de voir luire les rayons de la paix
« sur mon pays Mais n'allez point penser que
« ma joie soit la joie de la peur. Logan n'a ja-
« mais senti la crainte. Il ne tournera pas le dos
« pour sauver sa vie. Que restera-t-il pour pleu-
« rer Logan quand il ne sera plus ? Personne. »

Le guerrier & terrible Pontheack étoit brouillé avec les Anglois en 1762. Le Major Robers, chargé de le regagner, lui envoya de l'eau-de-vie. Quelques Iroquois, qui entouroient leur chef, frémirent à la vue de cette liqueur, ne doutant pas qu'elle ne fût empoisonnée, ils vouloient absolument qu'on rejettât un présent si suspect : *comment se pourroit-il*, leur dit leur général, *qu'un homme qui est sûr de mon estime, & auquel j'ai rendu des services signalés, pût songer à m'ôter le jour ?* Et il avala la boisson d'un air aussi assuré que l'auroient pu faire les Héros les plus vantés de l'antiquité.

Les sauvages Masphis parurent seuls s'intéresser au sort des Américains. « Voilà seize sche-
« lings, leur dirent ces bons sauvages, c'est tout
« ce que nous possédons. Nous comptions en
« acheter du rhum ; nous boirons de l'eau ; nous
« irons chasser. Si quelques bêtes tombent sous
« nos flèches, nous en vendrons les peaux, &
« nous vous en porterons le prix.

PENSÉES, MAXIMES ET RÉFLEXIONS.

TANT que la bonne foi régna sur la terre, la simple promesse suffit pour inspirer la confiance. Le serment naquit de la perfidie. On n'exigea de l'homme qu'il prît le Dieu qui l'entendoit, à témoin de sa véracité, que lorsqu'il ne mérita plus d'être cru. Magistrats, Souverains, que faites vous donc? Ou vous faites attester le ciel & lever la main à l'homme de bien, & c'est une injure inutile; ou celui à qui vous ordonnez le serment est un méchant. Et de quel prix peut-être à vos yeux le serment d'un méchant? Mon serment est-il contraire à ma sécurité? Il devient absurde. Est-il conforme à mon intérêt? Il est superflu. Est-ce connoître le cœur humain que de placer le débiteur entre sa ruine & le mensonge; le criminel entre la mort & le parjure? Celui que la vengeance, l'intérêt & la scélératesse auront déterminé au faux témoignage, sera-t-il arrêté par la crainte d'un crime de plus? Craindra-t-il en approchant du tribunal de la loi, qu'on exige de lui cette formalité? Et ne l'a-t-il pas méprisée au fond de son cœur avant que de s'y soumettre? N'est-ce pas une espèce d'impiété que d'introduire le nom de Dieu, dans nos misérables débats? N'est-ce pas un moyen bizarre de rendre le ciel complice d'un forfait, que de souffrir l'interpellation de ce ciel qui n'a jamais réclamé & qui ne réclamera pas d'avantage? Quelle ne doit donc pas être l'intrépidité du faux témoin, lorsqu'il a impunément appellé sur sa tête la vengeance divine, sans crainte d'être convaincu ? Le serment paroît tellement avili & prostitué par sa fréquence, que les faux témoins sont aussi communs que les voleurs.

Par-tout l'âge présent est le plus corrompu. Par-tout son siècle est la lie des siècles : comme si le vice & la vertu n'étoient pas aussi vieux que l'homme & le monde.

Quel laps de temps ne suppose pas une langue (la Chinoise), aussi difficile & aussi perfectionnée ? Que les folies modernes sont vieilles ! il est parlé dans le Samskret des jugemens de Dieu par l'eau & par le feu : combien les mêmes erreurs & les mêmes vérités on fait de fois le tour du globe !

C'est la guerre, le fanatisme, le malheur de notre situation, qu'il faut accuser de la briéveté de notre histoire & de la petitesse de nos Nations qui se sont succédées & détruites avec rapidité.

Les méchans veulent jouir sans délai, & c'est ce qui les distingue des bons administrateurs. Ceux-ci se contentent de méditer des projets, & de répandre des vérités utiles, sans espérance de les voir eux-mêmes prospérer ; mais ils aiment la génération à naître, comme la génération vivante.

Il n'est pas difficile de persuader à des hommes nés égaux qu'ils sont tous frères. Il y a tout à gagner pour eux dans cette opinion ; il y auroit tout à perdre dans l'opinion contraire.

Quand on soumet ses conquérans par les mœurs, on n'a pas besoin de dompter ses ennemis par les armes,

L'expérience générale, nous apprend que les

vices des sociétés sont en proportion du nombre des individus qui la composent.

L'ascendant d'un grand homme, est tout-puissant, même sur les Nations les plus corrompues.

Une injustice, une cruauté de plus, ne doivent rien coûter à des Peuples policés, qui ont foulés aux pieds tous les droits, tous les sentimens de la nature, pour s'approprier l'univers. Il n'y a pas une seule Nation en Europe, qui ne pense avoir les plus légitimes raisons pour s'emparer des richesses de l'Inde. Au défaut de la religion, qu'il n'est plus honnête d'invoquer, depuis que les Ministres l'ont eux-mêmes décréditée, par une cupidité & une ambition sans bornes, combien ne reste-t-il pas encore de prétextes à la fureur d'envahir ? Un Peuple Monarchiste veut étendre au-de-là des mers la gloire & l'empire de son maître. Ce Peuple, si heureux, veut bien aller exposer sa vie au bout d'un autre monde, pour tacher d'augmenter le nombre des fortunés sujets qui vivent sous les loix du meilleur des Princes. Un Peuple libre, & maître de lui-même, est né sur l'Océan pour y régner. Il ne peut s'assurer de l'empire de la mer qu'en s'emparant de la terre : elle est au premier occupant, c'est-à-dire à celui qui peut en chasser les plus anciens habitans ; il faut les subjuger par la force ou par la ruse, & les exterminer pour avoir leurs biens. L'intérêt du commerce, la dette Nationale, la Majesté du Peuple, l'exigent ainsi. Des républicains ont heureusement sécoué le joug d'une tyrannie étrangère, il faut qu'ils l'imposent à leur tour. S'ils ont brisés des fers c'est pour en forger d'autres. Ils haïssent la Monarchie ; mais ils ont besoin d'esclaves. Ils n'ont point de terres chez eux ; il faut qu'ils en prennent chez les autres.

Européens, vous êtes fiers de vos lumières ; mais à quoi vous servent-elles ? De quelle utilité seroient-elles à l'Hottentot ? Est-il donc si important de savoir parler de la vertu sans la pratiquer ? Quelle obligation vous aura le sauvage lorsque vous lui aurez porté des arts, sans lesquels il est satisfait ; des industries qui ne feroient que multiplier ses besoins & ses travaux ; des loix dont il ne peut se promettre plus de sécurité que vous n'en avez ?

La jalousie du commerce est un des plus grands fléaux qui affligent l'humanité.

L'unité si nécessaire dans les arts, est également précieuse dans les affaires.

Seroit-il donc vrai que la modération est une vertu uniquement attachée à la médiocrité ?

Telle est la puissance de l'or, lorsqu'il est devenu le Dieu d'une Nation, qu'il supplée à tout talent, qu'il remplace toute vertu, qu'il faut avoir des richesses ou faire croire qu'on en a.

La gloire n'appartient qu'à la vertu, & non à des actions qui sont éclatantes sans être utiles aux hommes.

Il vaut mieux avoir à lutter contre la nature que contre les hommes, & s'exposer aux secousses de la terre qu'aux insultes des Nations.

Jetté chez des sauvages, je ne leur dirois pas construisez une cabane qui vous assure contre l'inclémence des saisons ; ils se mocqueroient de moi : mais je la bâtirois. Le temps rigoureux arriveroit, je jouirois de ma prévoyance ; le sauvage le verroit, & l'année suivante il m'imiteroit. Je ne dirois pas à un Peuple esclave, sois libre, mais je lui mettrois devant les yeux les avantages de la liberté, & il la desireroit.

Il y a moins d'héroïsme à exposer sa vie qu'à la consacrer à de longues fatigues.

Rarement les résolutions désespérées sont-elles heureuses.

Les noms du Mexique, du Pérou, du Potosi, ne nous font pas frissonner; & nous sommes des hommes! Aujourdh'ui même que l'esprit de justice & le sentiment de l'humanité, sont devenus l'ame de nos écrits, la règle invariable de nos jugemens; un navigateur qui descendroit dans nos ports avec un vaisseau chargé de richesses, notoirement acquises par des moyens aussi barbares, ne passeroit-il pas de son bord dans sa maison, au milieu du bruit général de nos acclamations? Quelle est donc cette sagesse dont notre siècle s'enorgueillit si fort? Qu'est-ce donc que cet or, qui nous ôte l'idée du crime & l'horreur du sang? Sans doute qu'un moyen d'échange entre les Nations, un signe représentatif de toutes les sortes de valeurs, une évaluation commune de tous les travaux, a quelques avantages. Mais ne faudroit-il pas mieux que les Nations fussent demeurées sédentaires, isolées, ignorantes & hospitalières, que de s'être empoisonnées de la plus féroce de toutes les passions?

Il n'y a rien dont on ne vienne à bout avec de la douceur, & par la bienfaisance, puisque ces vertus peuvent éteindre le ressentiment dans l'ame même du sauvage.

L'obéissance filiale est, sinon plus vive, du

moins plus vraie dans l'état de nature, que dans celui de société.

La peur est fille de l'ignorance & de l'étonnement.

Tout est lié dans le système du monde. Le cours des fleuves tient aux révolutions, soit journalières, soit annuelles de la terre.

La vue du désordre ne déplaît pas toujours; elle étonne quelquefois : celle de la destruction afflige.

L'attention des hommes d'Etat doit être éclairée par la philosophie dans toutes leurs démarches.

La force de l'habitude étouffe souvent le cri de la raison, & gouverne encore plus absolument les états que les individus.

L'homme sans passions n'existe ni dans le fond d'un bois, ni dans la société, ni dans une cellule.

L'opprobre brise tous les ressorts de l'ame. L'expérience de tous les âges prouve qu'on ne peut beaucoup demander à la terre, qu'après lui avoir beaucoup donné.

Il n'y a presque pas une seule circonstance dans ce monde où le bien ne se trouve entre deux inconvéniens. Le courage consiste à s'y conformer, au hasard de ce qui peut en arriver : mais le courage est-il bien commun ?

Faut-il que les soupirs de l'homme vertueux pour la prospérité du monde, périssent; tandis que ceux de l'ambitieux, de l'insensé, sont si souvent exaucés ou secondés par la fatalité !

On se fait souvent un grand nom en occasionnant de grands malheurs.

On pardonne à l'aveugle multitude de se borner à jouir, sans connoître les sources de la prospérité qu'elle goûte : mais la philosophie & la politique doivent perpétuer la gloire des bienfaiteurs de l'humanité, & suivre, s'il est possible, la marche de leur bienfaisance.

Le génie, sur-tout le génie impatient de jouir, ne prévoit pas tout.

Le monopole se détruit par son avidité même : c'est un torrent qui se perd dans les gouffres qu'il creuse.

Le partage des terres amena la division entre les hommes.

La chimère de l'immortalité fut toujours la passion des hommes, & la consolation du dernier âge.

L'histoire offre plus d'un exemple où l'on peut soupçonner que ce n'est pas la chose qui a fait le mot, mais le mot a fait la chose.

Peut-on introduire de bonnes mœurs malgré le climat ? Est-il possible que des Peuples barbares se civilisent sans avoir des mœurs ?

Parcourez toutes les contrées de la terre & par-tout où vous ne trouverez aucune facilité de commerce d'une cité à un bourg, d'un bourg à un village, d'un village à un hameau, prononcez que les Peuples sont barbares & vous ne vous tromperez que du plus au moins.

Les sauvages sans loix, les vertueux spartiates, les religieux Hébreux, les Grecs & les Romains, éclairés & belliqueux ; tous les Peuples brutes ou policés, ont toujours composé ce qu'on appelle le droit des gens, de la ruse & de la force.

Le Hollandois est par état un citoyen du monde;

le Suisse est par état un destructeur de l'Europe.

Plus on cultive, plus on consomme de denrées plus la Hollande gagne ; plus il y a de batailles & de carnage, *plus la Suisse* prospère

I. L'Etat n'est point fait pour la religion, mais la religion est faite pour l'Etat.

II. L'intérêt général est la règle de tout ce qui doit subsister dans l'Etat.

III. Le Peuple, ou l'autorité Souveraine dépositaire de la sienne, a seule le droit de juger de la conformité de quelque institution que ce soit avec l'intérêt général.

Ces trois principes paroissent d'*une évidence* incontestable.

L'aumône est le devoir commun de tous ceux qui ont au-de-là du besoin absolu. Le soulagement des vieillards & des infirmes indigens est un devoir pour l'Etat qu'ils ont servi.

Point d'autres Apôtres que le législateur & les Magistrats.

Point d'autres livres sacrés que ceux qu'ils auront reconnu pour tels.

Rien de droit divin que le bien de la répuplique.

Un Etat est une machine très-compliquée qu'on ne peut montrer, ni faire agir sans en connoître toutes les pièces. On n'en sauroit presser ou rélâcher une seule que toutes les autres n'en soient dérangées.

Toute puissance forte qui se met en défense, projette d'attaquer.

Le vice ne peuple point, ne travaille point, ne se fixe point.

Où règne une aisance honnête fruit du travail

& de l'industrie, là sont ordinairement les bonnes mœurs.

Les économies mesquines qui font la ressource essentielle de quelques professions, abaissent l'ame, l'avilissent, y éteignent tout sentiment de dignité; & il n'y a rien de vraiment louable à recommander ni à attendre d'une espèce d'hommes conduite à ce point de dégradation.

L'amour de la patrie doit-être subordonné aux loix de l'honneur & de la justice.

Le crédit d'un commerçant renaît plus difficilement encore que l'honneur d'une femme.

Le commerçant ne doit pas être moins jaloux de son crédit, que le militaire de son honneur.

Quand celui qui n'a que de la richesse vient à mourir il n'y a rien de perdu.

Les arts & les talens agréables, en poliçant la société la corrompent; les sexes venant à se rapprocher; à se séduire mutuellement, le plus foible entraîne le plus fort dans ses goûts frivoles de parure & d'amusement. La femme devient enfant & l'homme devient femme. On ne parle, on ne s'occupe que de jouir.

Il ne s'agit pas de multiplier les hommes pour rendre heureux; mais il suffit de les rendre heureux pour qu'ils se multiplient.

Tous les moyens qui concourent à la prospérité d'un Etat aboutissent d'eux-mêmes à la propagation de ses citoyens.

L'empire de l'opinion est le plus puissant de tous & le plus constant.

Il y a peut-être moins de séduction au pied du trône que dans l'anti-chambre d'un Ministre, & moins encore au pied du trône & dans l'anti-chambre des autres Miniftres qu'à l'entrée du cabinet du Miniftre de la Finance.

Le génie appartient à l'imagination, & l'imagination au climat.

S'il n'y a point de bonheur fans vertu, jamais auffi la vertu ne fe foutiendra fans un fond de bonheur.

L'enthoufiafme, qui eft fondé fur l'erreur ou fur la vérité, fait toujours de grandes chofes.

FIN.

Nous nous propofons de donner fucceffivement l'Efprit & le Génie des Auteurs célèbres de ce fiècle. Nous avons mis fous preffe l'Efprit & le Génie de J. J. Rouffeau, extrait de la dernière Edition de fes Ouvrages. Ces diverfes compilations feront imprimées fur même papier & de même format.

www.ingramcontent.com/pod-product-compliance
Lightning Source LLC
Chambersburg PA
CBHW071912230426
43671CB00010B/1577